玫瑰	 非洲菊	 百合花
 康乃馨	 朱顶红	 芍药
 洋桔梗	 绣球花	 唐棉

彩图 2　团状花材

彩图3 散状花材

彩图 4　特殊形态花材

彩图5　插花配叶

彩图 6　干花花材

黄玫瑰绢花　　　　　　　　　　　牡丹绢花

彩图 7　人造花花材

一品红	杜鹃	仙客来
菊花	梅花	凤梨

彩图 8　观花类盆栽

南洋杉

龙血树

白鹤芋

彩图 9　观叶类盆栽

佛手果

苹果

金橘

彩图 10　观果类盆栽

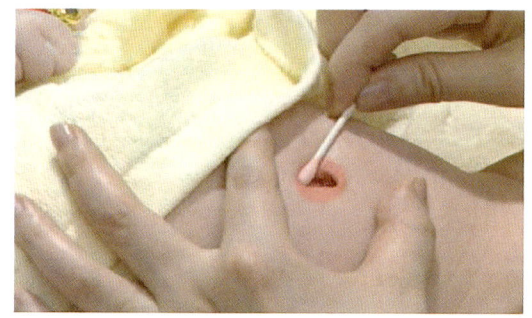

彩图 11　脐炎

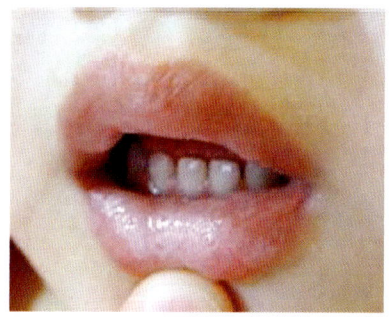

彩图 12　鹅口疮

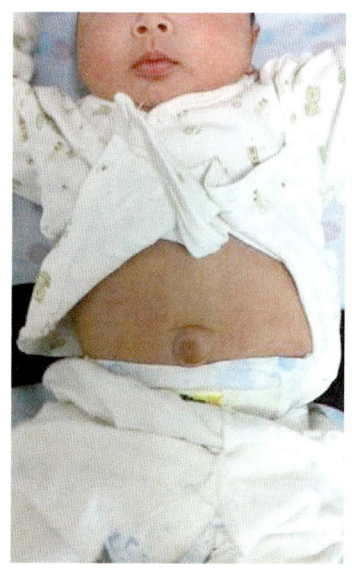

彩图 13　脐疝

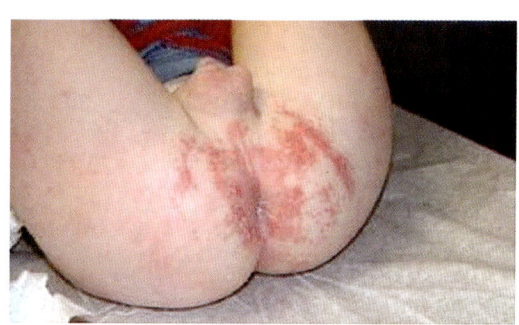

彩图 14　红臀

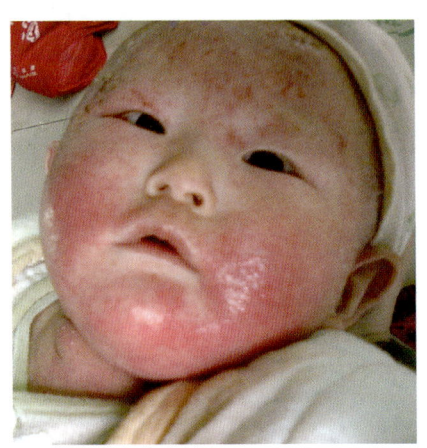
面部湿疹

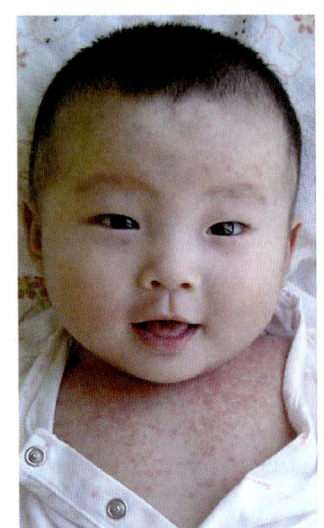
胸部湿疹

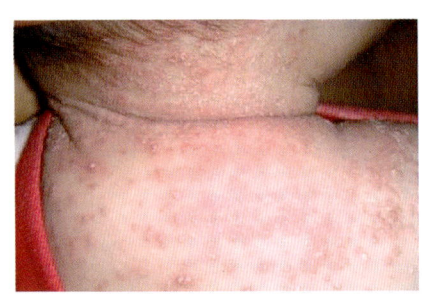
颈背部湿疹

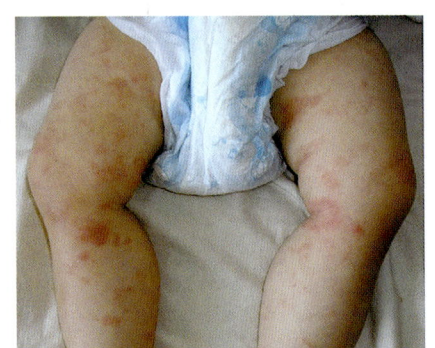
腿部湿疹

彩图 15　湿疹

国家职业技能等级认定培训教材
国家基本职业培训包教材资源

家政服务员

（高级）

本书编审人员

主　编　王　君
编　者　王　方　王　君　王怡然　陈雅宜　周秋芳
　　　　陈珊玲
主　审　陈　恒
审　稿　陈　恒　刘冬红

中国人力资源和社会保障出版集团

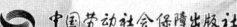 

图书在版编目（CIP）数据

家政服务员：高级 / 人力资源社会保障部教材办公室组织编写. --北京：中国劳动社会保障出版社：中国人事出版社，2020
国家职业技能等级认定培训教材
ISBN 978-7-5167-4574-8

Ⅰ. ①家… Ⅱ. ①人… Ⅲ. ①家政服务 - 职业技能 - 鉴定 - 教材 Ⅳ. ①TS976.7

中国版本图书馆 CIP 数据核字（2020）第 183021 号

中国劳动社会保障出版社
中国人事出版社 出版发行
（北京市惠新东街 1 号　邮政编码：100029）

*

北京市白帆印务有限公司印刷装订　　　新华书店经销
787 毫米 ×1092 毫米　16 开本　19.25 印张　0.5 彩色印张　300 千字
2020 年 11 月第 1 版　2024 年 11 月第 5 次印刷
定价：50.00 元

营销中心电话：400-606-6496
出版社网址：http://www.class.com.cn

版权专有　　　侵权必究

如有印装差错，请与本社联系调换：（010）81211666
我社将与版权执法机关配合，大力打击盗印、销售和使用盗版图书活动，敬请广大读者协助举报，经查实将给予举报者奖励。
举报电话：（010）64954652

前　言

为加快建立劳动者终身职业技能培训制度，大力实施职业技能提升行动，全面推行职业技能等级制度，推进技能人才评价制度改革，促进国家基本职业培训包制度与职业技能等级认定制度的有效衔接，进一步规范培训管理，提高培训质量，人力资源社会保障部教材办公室组织有关专家在《家政服务员国家职业技能标准》（以下简称《标准》）和国家基本职业培训包（以下简称培训包）制定工作基础上，编写了家政服务员国家职业技能等级认定培训系列教材（以下简称等级教材）。

家政服务员等级教材紧贴《标准》和培训包要求编写，内容上突出职业能力优先的编写原则，结构上按照职业功能模块分级别编写。该等级教材共包括《家政服务员（基础知识）》《家政服务员（初级）》《家政服务员（中级）》《家政服务员（高级）》《家政服务员（技师）》5本。《家政服务员（基础知识）》是各级别家政服务员均需掌握的基础知识，其他各级别教材内容分别包括各级别家政服务员应掌握的理论知识和操作技能。

本书是家政服务员等级教材中的一本，是职业技能等级认定推荐教材，也是职业技能等级认定题库开发的重要依据，已纳入国家基本职业培训包教材资源，适用于职业技能等级认定培训和中短期职业技能培训。

本书在编写过程中得到中国就业培训技术指导中心、北京家政服务协会、北京市朝阳区家庭服务业协会、北京中青家政有限公司、北京市朝阳区中青职业技能培训学校、国开文化传播（北京）有限公司等单位的大力支持与协助，在此一并表示衷心的感谢。

人力资源社会保障部教材办公室

目 录 CONTENTS

第1篇　家务服务员

职业模块1　制作家庭餐 ······ 3
培训课程1　加工配菜 ······ 5
　学习单元1　拼摆复合水果原料拼盘 ······ 5
　学习单元2　初加工海鲜类食物 ······ 12
　学习单元3　水发、油发干制食物原料 ······ 17
培训课程2　烹制膳食 ······ 22
　学习单元1　制作清汤、高汤、素汤 ······ 22
　学习单元2　制作鱼、虾、鸡类茸泥制品 ······ 26
　学习单元3　走红及走油 ······ 29
　学习单元4　用烤、熘、爆、扒、煨等技法烹制菜肴 ······ 31
　学习单元5　制作5种中式面点 ······ 37
　学习单元6　研磨咖啡豆煮制咖啡 ······ 47

职业模块2　美化家居 ······ 55
培训课程1　美化居室 ······ 57
　学习单元1　识别与选择插花花材 ······ 57
　学习单元2　插摆花卉 ······ 60
　学习单元3　摆放家具和饰品 ······ 85
培训课程2　美化庭院 ······ 88
　学习单元1　花木肥水管理 ······ 88
　学习单元2　修剪草坪和绿篱 ······ 99
　学习单元3　摆放盆栽花卉绿植 ······ 106

第 2 篇　母婴护理员

职业模块 3　照护孕产妇与新生儿 ····· 115

培训课程 1　照护孕妇 ····· 117
- 学习单元 1　妊娠期功能膳食制作 ····· 117
- 学习单元 2　疏导孕妇的不良情绪 ····· 129
- 学习单元 3　指导孕妇做好胎心、胎动监测 ····· 132
- 学习单元 4　为孕妇推荐胎教音乐和胎教故事 ····· 134
- 学习单元 5　妊娠期常见病护理方法 ····· 138
- 学习单元 6　异常妊娠识别与应对 ····· 142
- 学习单元 7　照护临产孕妇分娩 ····· 144

培训课程 2　照护产妇 ····· 147
- 学习单元 1　不同体质的产妇调理膳食制作 ····· 147
- 学习单元 2　产后不适的调理膳食制作 ····· 153
- 学习单元 3　按摩产妇乳房、疏通堵塞乳腺 ····· 162
- 学习单元 4　母乳喂养常见问题与应对 ····· 165
- 学习单元 5　照护剖宫产产妇 ····· 171
- 学习单元 6　疏导产妇的不良情绪 ····· 173

培训课程 3　照护新生儿 ····· 176
- 学习单元 1　预防新生儿意外伤害 ····· 176
- 学习单元 2　照护早产儿、低出生体重儿和巨大儿 ····· 180
- 学习单元 3　新生儿异常情况及处理 ····· 184
- 学习单元 4　新生儿疾病筛查与常见病预防 ····· 194
- 学习单元 5　促进新生儿发展 ····· 196

职业模块 4　照护婴幼儿 ····· 199

培训课程 1　功能训练 ····· 201
- 学习单元 1　带领婴幼儿做主被动操 ····· 201

学习单元 2　带领婴幼儿做模仿操 ·················208
　　学习单元 3　训练婴幼儿的语言能力 ·················210
　　学习单元 4　训练婴幼儿的生活自理能力 ·················214
　　学习单元 5　训练婴幼儿的认知能力 ·················220
　培训课程 2　照护起居 ·················224
　　学习单元 1　为婴幼儿制订日间照护计划 ·················224
　　学习单元 2　带领婴幼儿进行计划免疫 ·················226
　　学习单元 3　婴幼儿起居异常情况及处理 ·················230
　　学习单元 4　遵医嘱照护患常见病的婴幼儿 ·················232
　培训课程 3　婴幼儿异常状况的紧急处理 ·················235
　　学习单元 1　婴幼儿气管异物的紧急处理 ·················235
　　学习单元 2　婴幼儿烫伤的紧急处理 ·················238
　　学习单元 3　婴幼儿高热惊厥的紧急处理 ·················240

第 3 篇　家庭照护员

职业模块 5　照护病患 ·················245
　培训课程 1　照护病患生活 ·················247
　　学习单元 1　制作病患膳食 ·················247
　　学习单元 2　制作管灌膳食 ·················250
　　学习单元 3　指导病患健康生活 ·················252
　培训课程 2　康复护理 ·················258
　　学习单元 1　给瘫痪病患做肢体被动运动 ·················258
　　学习单元 2　照护压疮病患 ·················260
　　学习单元 3　心肺复苏术应用 ·················264
　　学习单元 4　观察并及时疏导病患的不良情绪 ·················267

第4篇 培训与指导

职业模块6 技能培训与就业指导 ……………………………………… 275
培训课程1 技能培训 ……………………………………………… 277
学习单元1 培训初级、中级家政服务员 ……………………… 277
学习单元2 评估家政服务员的工作绩效 ……………………… 290
培训课程2 就业指导 ……………………………………………… 295

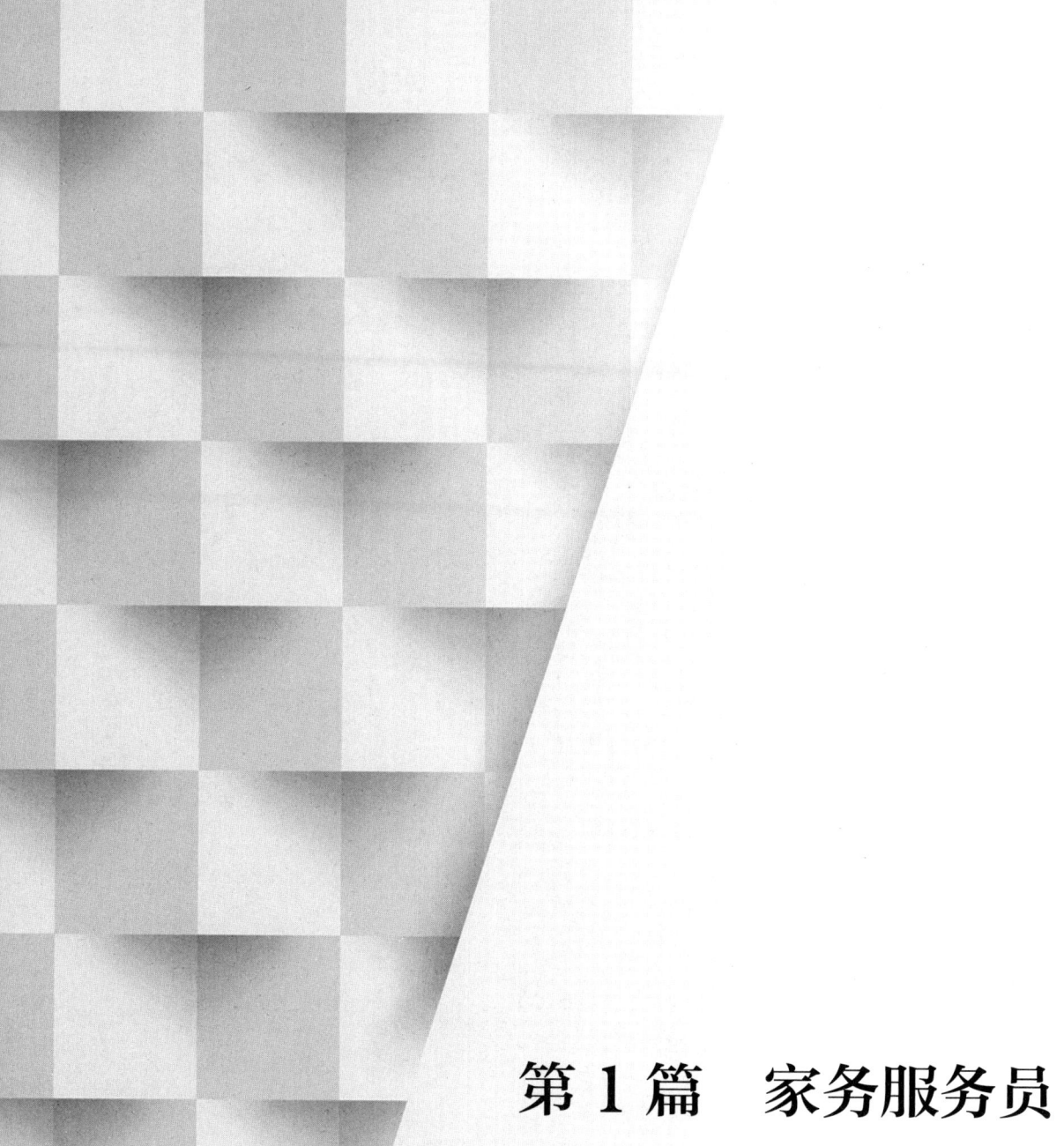

第1篇　家务服务员

职业模块 ① 制作家庭餐

内容结构图

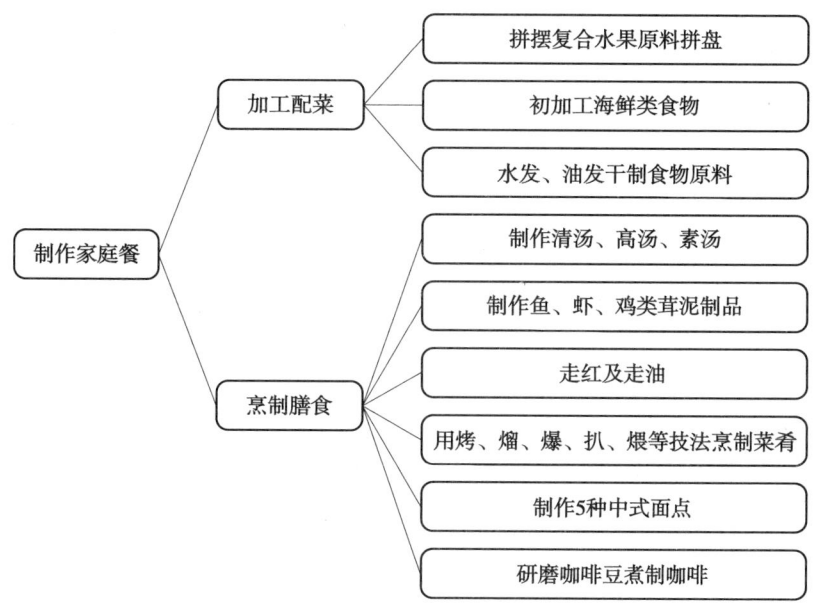

培训课程 1

加工配菜

学习单元1　拼摆复合水果原料拼盘

知=识=要=求

制作水果拼盘的目的是使简单的个体水果，通过形状、色彩等几方面艺术性地结合为一个整体，以色彩和美观取胜，从而刺激人的感官，增进食欲。水果拼盘如图1-1所示。

图1-1　水果拼盘

一、选料

应从水果的色泽、形状、口味、营养价值、外观完美度等多方面对水果进行选择。选择的几种水果组合在一起，搭配应协调。最重要的一点是水果本身应是成熟的、新鲜的、卫生的。制作拼盘的水果不宜过熟，过熟的水果会影响其加工和摆放。

二、命名

水果拼盘虽比不上冷拼和食品雕刻那样复杂，但也不能随便应付，制作前应充分考虑家庭宴会的主题，并围绕家庭宴会主题为水果拼盘命名，如一帆风顺、大团圆、花好月圆等。

三、色彩搭配

大部分人将水果作为饭后食品，这时大多数人已没有多少食欲，这就为设计水果拼盘提出了一个难题：怎样的色、香、味、形、器才能重新引起人们的食欲。

水果的色、香、味是人们所无法改变的，若改变了可能也失去了本身的意义。但人们可以根据想象将各种颜色的水果艺术地搭配成一个整体，通过艳丽的色彩唤起人们的食欲。

水果颜色的搭配一般有"对比色"搭配、"相近色"搭配及"多色"搭配三种。红配绿、黑配白便是典型的对比色搭配；红、黄、橙是相近色搭配；红、绿、紫、黑、白是丰富的多色搭配。

四、艺术造型与器皿选择

根据选定水果的色彩和形状进一步确定其整盘的造型。整盘水果的造型要有器皿来辅助，不同的艺术造型要选择不同形状、规格的器皿。如长形的水果造型便不能选择圆盘来盛放。另外，还要考虑盘边的水果花边装饰，也应符合整体美并能衬托主体造型。

至于器皿质地的选择，可根据家庭情况，通常用的果盘为玻璃制品、陶瓷制品，高档些的有水晶制品、金银制品。

五、刀功

选好水果、造型和器皿，便可动手制作水果拼盘。操作时，刀功方面应以简单易做、方便出品为原则。

1. 拼盘常用刀法

水果拼盘用刀要比雕刻简单，一般用西餐厨刀和普通水果刀即可。下面介绍水果拼盘常见的刀法。

（1）打皮

用小刀削去原料的外表皮，一般是指不能食用的部分。洗净后皮可食用的水果则不用削皮。有些水果去皮后暴露在空气中，色泽会迅速变褐或变红，因此，去皮后的水果应迅速浸入柠檬水中护色。

（2）横刀

横刀是指按刀口与原料生长的自然纹路相垂直的方向施刀，可切块、切片。

（3）纵刀

纵刀是指按刀口与原料生长的自然纹路相同的方向施刀，可切块、切片。

（4）斜刀

斜刀是指按刀口与原料生长的自然纹路成一夹角的方向施刀，可切块、切片。

（5）剥

用刀将不能食用的部分剥开，如柑橘等。

（6）锯齿刀

锯齿刀法是指用切刀在原料上成对下刀，每对刀口的方向成一夹角，刀口成对相交，使刀口相交处的部分脱离而呈锯齿形，如图1-2所示。

图1-2 锯齿刀法处理的水果

（7）勺挖

勺挖是指用勺将水果挖成球状，多用于瓜类，如图1-3所示。

（8）挤或挖

用挤压或刀挖的方法去掉水果不能食用的部分，如樱桃、甜杏、红枣的果核等。

图1-3 勺挖法处理的水果

2. 常见水果常用刀法举例

（1）柑橘类

柑橘类水果体积较大，表皮厚而易剥，所以可用表皮进行造型，即将表皮与肉进行正确分离，然后将表皮加工成篮或盅状盛器，里面盛入一些颜色鲜艳的圆果，如樱桃、荔枝、葡萄等，取出的果肉可用作围边装饰。柠檬和甜橙的用途基本一样，由于其果肉与表皮不易剥离，一般带皮使用，大多数加工成薄形圆片或半圆，用叠、摆、穿等方法制成围边。

（2）瓜类

西瓜、哈密瓜的肉质丰满，有一定的韧性，可加工成球形、三角形、长方形等几何形状。将不同形状和大小的果肉进行有规则的拼摆，既方便食用，又有艺术感。另外，利用瓜类表皮与肉质色泽相异、有鲜明对比度这一特点，将瓜瓤掏空，在外表皮上刻出花纹，将整个瓜体制成盅状、盘状、篮状或底衬，效果较好。这类水果需配食用签。

（3）樱桃、荔枝类

樱桃、荔枝类水果体积较小，颜色艳丽，果肉软嫩、多汁，多用作装饰或盅、篮等盛具的内容物。

3. 水果加工注意事项

（1）无论采用何种方法，水果的厚薄、大小以易被直接食用为宜。

（2）加工好的水果原料应明显可辨。

六、出品

出品应做到现做现出品。拼盘造型应尽量迅速，防止营养、水分流失，尤其要保证水果的整洁、卫生，同时配置相应的食用工具及适量的餐巾纸。

技=能=要=求

技能 1　苹果塔

苹果塔如图 1-4 所示。

图 1-4　苹果塔

一、操作准备

材料准备：红苹果 1 个。

二、操作步骤

步骤 1　将苹果洗干净，用水果刀切成 4 瓣。

步骤 2　将其中一块 1/4 苹果的果核部分切除，使这块苹果可以果皮向上平稳地放在盘中。

步骤 3　用牙签标记好这块苹果的中心线，从距中心线 0.4 毫米处，倾斜 45°向中心方向入刀，再在对称的一侧切入，将中心的一小块苹果切下。

步骤 4　以同样的方式切出更多的苹果片，按照相同的间隔和角度入刀，尽量切得均匀。

步骤 5　将所有的苹果片按顺序叠放在一起，复原成 1/4 苹果的样子。

步骤 6　顺着一个方向把苹果片依次推出，每层间隔 1 毫米，制成塔状。

苹果塔操作步骤如图 1-5 所示。

图 1-5　操作过程

三、注意事项

苹果塔是非常基础的苹果切法，可在此基础上做出其他造型，如天鹅等。如果刀功不好，只在果皮上做简单的装饰即可。

技能 2　水果拼盘造型

水果拼盘造型如图 1-6 所示。

图 1-6　水果拼盘造型

一、操作准备

材料准备：西瓜、香蕉、火龙果、苹果、提子。

二、操作步骤

步骤 1 将西瓜切成适当大小的块状，用平刀沿着瓜瓤边缘切去 3/4。

步骤 2 将瓜皮的白色部分去除，为了做出更好的造型，瓜皮切得越薄越好，可以放入盐水中浸泡数分钟，使瓜皮更柔软。

步骤 3 将瓜皮切成等距离的条，连接瓜瓤处不能切断。

步骤 4 将切好的瓜皮尖向上、下两个方向弯曲，用牙签固定，摆好造型，如图 1-7 所示。

步骤 5 把香蕉切成两段，在香蕉顶部 1/3 处划一刀，将香蕉皮切成 V 形，如图 1-8 所示。

图 1-7　西瓜的制作

图 1-8　香蕉的制作

步骤 6 把火龙果切去蒂。

步骤 7 将火龙果切成 4 瓣。

步骤 8 用平刀将肉与皮分离，用刀将果肉切成块，如图 1-9 所示。

步骤 9 将提子洗干净、去蒂备用。

步骤 10 切下 1/4 苹果，切成苹果塔。

步骤 11 苹果很容易氧化，切好后应泡在淡盐水中。

步骤 12 全部水果切好后，把它们组合起来即可。

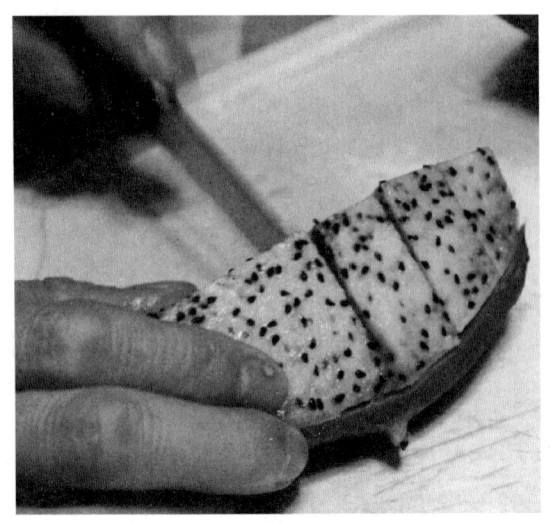

图 1-9　火龙果的制作

三、注意事项

1. 为安全起见，最好选用带锯齿的小刀，比较容易操作。

2. 切西瓜皮时最好保持统一的宽度，这样做出的造型才会漂亮。

3. 西瓜最好削成一整条完整的皮，太短无法造型。

4. 卷西瓜皮的时候力度要把握好，卷太紧造型不好看，卷太松难以做出造型。

5. 用牙签固定是为了定形且方便移动，不用也可以。

学习单元2　初加工海鲜类食物

知=识=要=求

一、海鲜简介

出产于海里的可食用的动物性或植物性原料通称为海鲜。海鲜分为活海鲜、冷冻海鲜和干海鲜。常见的海鲜有鱼类、贝类、虾类、蟹类、海藻类等。

二、海鲜食用方法

海鲜一向是受人们欢迎的食物，其蛋白质高，胆固醇低，微量元素种类丰富，与肉类相比对人的营养和健康更为有益。常见的食用海鲜的方法如下。

1. 熟食法

一般采用煮、蒸、炖、炒、煎等法，将鱼、虾等制成各种菜肴，并常用鲜料配以腌腊食品同蒸或同炖。

2. 生食法

三文鱼、牡蛎肉可生食，食时蘸少许由酱油、醋、姜末、芥末调制的调味汁，口味会更为鲜美。需要注意的是，由于生鲜海产品中往往含有细菌和毒素，生吃易造成食物中毒，因此并不是所有海鲜都能生食，同时对于可生食的海产品也需要处理得当。

3. 干腊法

将鲜黄鱼剖开晒干，就是著名的"白鲞"，味道鲜美可口；将墨鱼（俗称乌贼）去骨晒干，称为"螟蜅鲞"。这些干腊海鲜不但可以久藏，而且别有风味。

4. 腌食法

利用食盐或酒糟制作海货，用缸储存作为常年菜肴，如将整只蟹浸腌数天，即可食用。另外沿海渔民还常制作虾酱。

三、食用前处理

1. 海鱼

海鱼吃前一定要洗净，去净鳞、腮及内脏，无鳞鱼可用刀刮去表皮上的污腻部分，因为这些部位往往是海鱼中污染成分的聚集地。

2. 贝类

煮食贝类前，应用清水将其外壳刷洗干净，并浸养在清水中 7~8 小时，这样，贝类就会将体内的泥、沙及其他脏东西吐出来。

3. 虾、蟹

清洗并挑去虾线等脏物，或用盐渍法，即用浓盐水浸泡数小时后晾晒，食前用清水浸泡、清洗后烹制。

4. 鲜海蜇

新鲜的海蜇含水多，皮体较厚，还含有毒素，需用食盐加明矾腌渍 3 次，使鲜海蜇脱水 3 次,让毒素随水排尽,方可食用。或者将鲜海蜇清洗干净,用醋浸泡 15 分钟。

5. 干货

海鲜在干制过程中容易产生一些致癌物,食用虾米、虾皮、鱼干前最好用热水泡一下,沥干备用。

四、海鲜食用建议

1. 高温加热

细菌大都怕热,所以烹制海鲜时一般用急火熘炒几分钟即可保证食用安全。对于螃蟹、贝类等有硬壳的海鲜,则必须彻底加热,一般需煮、蒸 15 分钟才可食用(加热温度至少为 100 ℃)。

2. 与蒜、醋同食,食后饮用姜茶

生蒜、食醋具有很好的杀菌作用,对于海鲜中残留的有害细菌能起到一定的杀除作用。海鲜性味寒凉,姜茶性热,食用海鲜后 10 分钟内饮用姜茶可中和寒性,提高肠道免疫力,有效预防食用后的不适。

3. 适量食用

海鲜虽然含有丰富的营养物质,但是不宜多吃。受海洋污染的影响,海鲜中往往含有毒素和有害物质,过量食用易导致脾胃受损,引发胃肠道疾病。若食用方法不当,还会发生食物中毒。所以,食用海鲜要注意适量,一般每周一次即可。

技 = 能 = 要 = 求

技能 1　清蒸多宝鱼

清蒸多宝鱼如图 1-10 所示。

一、操作准备

1. 主料准备:新鲜多宝鱼 1 条(750 克左右)。
2. 辅料与调料准备:葱 1 根,姜 1 块,盐 4 克,料酒 15 毫升,蒸鱼豉油、植物油、红椒丝、水适量。

职业模块 1　制作家庭餐

图 1-10　清蒸多宝鱼

二、操作步骤

步骤 1　在市场购买鲜活的多宝鱼后,去除内脏和鱼鳃,反复用清水冲洗干净,不留血水。

步骤 2　用刀在鱼身上斜切几刀,以便让鱼肉更快熟制和入味,如图 1-11 所示。用盐和料酒将鱼身及鱼腹内抹遍,腌制 10 分钟。

步骤 3　在蒸锅中放入适量水烧开,将适量姜、葱放在鱼身上,将鱼放入蒸锅,如图 1-12 所示。

图 1-11　斜切

图 1-12　放姜、葱

步骤 4　大火蒸 8~10 分钟。辨别鱼是否蒸熟,可以用筷子从鱼身上刺过,如果筷子不费力地穿过鱼身,证明火候刚好。

步骤 5　蒸鱼期间将葱切细丝,越细越好,将切好的葱丝放入凉水中浸泡片刻,洗去黏液,经浸泡、冲洗后的葱丝会自然卷翘。

步骤 6　鱼蒸好后,去掉姜、葱,倒掉蒸鱼时渗出的水,将切好的葱丝和红椒丝均匀地码在鱼身上。

步骤 7 用炒锅烧热 2 汤勺植物油,八成热(油冒烟)时关火,将植物油浇在葱丝和红椒丝上。

步骤 8 趁烧植物油的锅还有余温,将蒸鱼豉油倒入,再加入少量水。

步骤 9 将烧热的蒸鱼豉油水顺着蒸鱼鱼盘的边缘倒进去即可。

三、注意事项

鱼、虾、蟹等海鲜含有丰富的蛋白质和钙等营养素。而水果中含有较多的鞣酸,如果吃完海鲜后马上吃水果,不但影响人体对蛋白质的吸收,海鲜中的钙还会与水果中的鞣酸相结合,形成难溶的钙,对胃肠道产生刺激,甚至引起腹痛、恶心、呕吐等症状。吃完海鲜后最好间隔 2 小时以上再吃水果。

技能 2 香辣蛏子

香辣蛏子如图 1-13 所示。

图 1-13 香辣蛏子

一、操作准备

1. 主料准备:新鲜蛏子 800 克。

2. 辅料与调料准备:植物油 5 克,盐 5 克,红辣椒、香葱、姜、蒜、水淀粉适量。

二、操作步骤

步骤 1　把蛏子洗干净，控水。
步骤 2　香葱、红辣椒切段，姜、蒜切片。
步骤 3　在锅中倒植物油，热后放姜片、蒜片爆香。
步骤 4　倒入蛏子翻炒。
步骤 5　见蛏子壳有点打开时放入盐。
步骤 6　淋入水淀粉收汁。
步骤 7　放入红辣椒和葱段，翻炒 1 分钟出锅。

三、注意事项

蛏子买回来后一定要放在盐水里泡几个小时，让蛏子将泥沙吐出。

学习单元 3　水发、油发干制食物原料

知=识=要=求

干制食物原料一般都是由鲜活原料脱水干制而成的，多干、硬、老、韧，有些动物性原料还带咸腥气味。所以，烹饪前需要让它们重新吸收水分，使其膨胀、松软或去腥，俗称发料。发料分水发、油发和盐发三种，前两种比较常见，本学习单元主要介绍前两种。

一、水发

水发是最常用的方法，又分为冷水发、热水发和碱水发。

1. 冷水发

冷水发一般用于发木耳、香菇等植物性原料，2～3 小时就可以发好，这在《家政服务员（中级）》制作家庭餐中已经讲过。

2. 热水发

热水发是指把干料放入热水里泡、煮、焖、蒸后，使其成为半熟原料，如粉丝、发菜等。像海参、鱼翅、鱼皮等比较坚、韧、硬、厚的干料，则需要煮

沸才能发透并除去腥味。为了避免内外透发不匀，煮到一定时候换成微火盖上盖焖，以让其内部发透，外部又不至于过烂。如要保持原料的鲜味原汁，则多用蒸发，如海米、干贝、鲍鱼等。

3. 碱水发

碱水发是用碱水泡发干料的方法。一般使用食用纯碱。碱水发可短时间内使干料松软涨大，并保持原料的脆性。但碱对原料有腐蚀性，会破坏原料的营养成分。所以，一般能用其他方法涨发的干料尽量不用碱水发。

碱水发时必须掌握好碱水浓度和泡发时间。体大坚硬的原料，碱水浓度高，浸泡时间长；体小质嫩的原料，碱水浓度低，浸泡时间短。碱水发时一般先将干料用冷水浸泡，待初步软化后再放入碱水中泡发，发好后用清水漂洗除去碱质和异味。

碱水发的原料有鱿鱼干、章鱼干等。

二、油发

油发适用于弹性强、含胶质多的干品，如鱼肚、肉皮等。

1. 油炸

油炸是指将干料加入食用油中（浸没为度）加热至 160~180 ℃，使物料膨胀、松脆即可，但不能焦枯。

2. 水浸

水浸是指把油炸后的原料放入沸水或冷水中浸泡回软。

3. 漂清

漂清是指把油炸经水浸软的原料用水漂清，除去原料的油分，以免烹调时影响风味。

技 = 能 = 要 = 求

技能 1　水发海参

水发海参如图 1-14 所示。

图 1-14 水发海参

一、操作准备

1. 材料准备：干海参、清水。
2. 工具准备：不锈钢锅、剪刀。

二、操作步骤

步骤 1 将海参放入干净的不锈钢锅中，加水浸泡 12 小时左右。

步骤 2 换水浸泡 12 小时左右，泡至回软。

步骤 3 回软后用剪刀从腹部开口，取出腔内韧带和内皮，清洗干净。

步骤 4 将海参放在锅中并放入清水，置火上用小火烧开。

步骤 5 煮 5 分钟离火，放置 12 小时后换清水烧开，煮 5 分钟左右。这样反复浸泡、煮开 2～3 次，直到发透为止。

三、注意事项

1. 发海参的盛器和水都不可沾油、碱、盐。油、碱易使海参腐烂。盐会导致海参不易发透。

2. 用剪刀开腹取肠时，要保持海参的原有形状。

3. 一般情况下，海参经过涨发 2～3 天即可烹饪，而质硬、肉厚、体积大的海参要涨发 4～5 天。每千克干海参可涨发 5～6 千克湿海参。

技能 2　油发鱼肚

一、操作准备

1. 材料准备：干鱼肚、植物油、热碱水、冷水。
2. 工具准备：炒锅、漏勺、不锈钢盆。

二、操作步骤

步骤 1　涨发鱼肚要先将鱼肚洗净、晾干，如图 1-15 所示。

图 1-15　晾干鱼肚

步骤 2　在炒锅内加入适量植物油，再放入鱼肚慢慢加热，鱼肚逐渐缩小，然后慢慢膨胀，如图 1-16 所示。

图 1-16　用油锅加热

步骤 3 在此过程中要不停地翻动鱼肚。

步骤 4 待鱼肚开始漂起并发出响声时,端锅离火并继续翻动鱼肚。

步骤 5 当油温降低不再沸腾时,再将炒锅置于火上慢慢提高油温至沸腾,这样反复 2~3 次,待鱼肚全部涨发起泡、饱满、松脆时捞出。

步骤 6 接着将鱼肚放入事先准备好的热碱水中浸泡至回软(见图 1-17),洗去油腻及杂质,用清水漂洗干净,换冷水泡着备用。

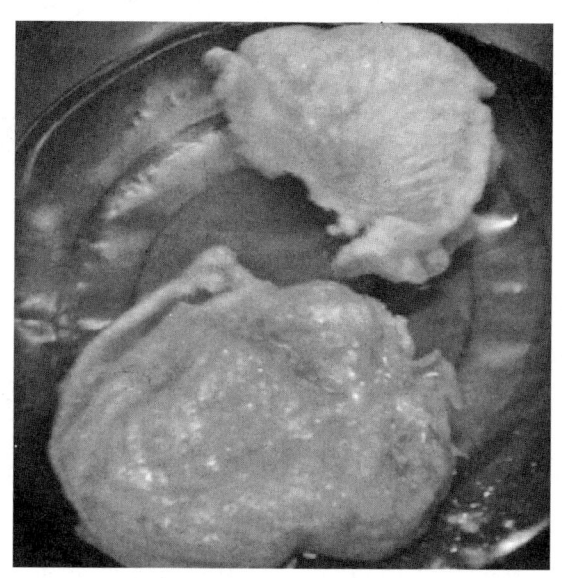

图 1-17 热碱水中浸泡

涨发后的鱼肚体积急剧增大,色泽金黄,平整饱满,蜂孔分布均匀。

三、注意事项

1. 用油涨发鱼肚需要耐心、细致,不能着急。
2. 一般每千克干料可涨发 4 千克左右湿料。

培训课程 2

烹制膳食

学习单元1 制作清汤、高汤、素汤

知=识=要=求

一、制汤简介

制汤又称吊汤，是指把蛋白质和脂肪含量丰富的动物性原料放在水中加热，使原料内的蛋白质和脂肪溶解于水，成为味道鲜美的汤，以作为烹调菜肴时调味之用。俗语说"唱戏的腔，厨师的汤"，汤的好坏对菜肴的质量有极其重要的影响。不仅各种汤菜要大量使用鲜汤，而且各种菜肴也需要鲜汤，用鲜汤调味是味精所不能替代的。

根据汤汁液的澄清及口味鲜醇情况，汤分为一般清汤、高汤和素汤。

二、制汤的关键

1. 必须选用鲜味足、无腥膻气味的原料，如鸡、肘子、瘦猪肉及鸡骨架等。不能用羊、鱼等腥膻的原料及经过腌、腊的原料。

2. 在煮汤时，原料一定要冷水下锅。如果沸水下锅，原料表面骤然受高温而易于凝固，蛋白质就不能大量溶解到汤中，汤汁就达不到鲜醇的要求。同时，水最好一次加足，中途加水会影响质量。

3. 制汤一定要掌握好火力与时间。清汤的制作是先用旺火将水煮沸，水沸后即转用文火，使水保持微滚，呈翻小泡状态，直至汤汁制成为止。火力过旺，会使汤色变为乳白,失去"澄清"的特点;火力过小,原料内部的蛋白质不易浸出,影响汤的鲜醇。

4. 注意调味品的投放顺序。制汤常用的调味品有葱、姜、料酒、盐等。制汤时不能先加盐,因为盐有渗透作用,会使原料中的水分排出,蛋白质凝固,这样汤汁就不易烧浓,鲜味也就不足。

技=能=要=求

技能 1　制作清汤

一、操作准备

1. 主料准备:老母鸡1只(1 500克左右)。
2. 调料准备:葱5克、姜5克、料酒15克、水5 000毫升。
3. 工具准备:炖锅、手勺。

制作清汤的主料和调料如图1-18所示。

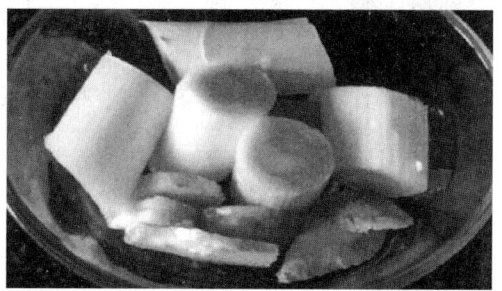

图1-18　制作清汤的主料和调料

二、操作步骤

步骤 1 将老母鸡宰杀后，煺毛，除内脏，清洗干净后放入锅内，加入 5 000 毫升冷水，用旺火煮沸。

步骤 2 煮开后，放入葱、姜、料酒，烧滚后撇去浮沫，转用小火煮 3 小时左右即成。

三、注意事项

1. 制汤的主料一定要冷水下锅。
2. 主料最好为老母鸡，肘子、瘦肉、大棒骨也可以。

技能 2　制作高汤

一、操作准备

1. 主料准备：清汤、生鸡腿 5 个。
2. 调料准备：葱 5 克、姜 5 克、料酒 15 克、盐 5 克。
3. 工具准备：炖锅、手勺、小漏勺、纱布。

二、操作步骤

步骤 1 将已经制好的清汤用纱布过滤，除去渣子，倒入炖锅内。

步骤 2 将生鸡腿肉去皮斩成茸状，加葱、姜、料酒及适量清水泡一泡，浸出血水后，将鸡茸放到清汤中。

步骤 3 用旺火加热，同时用手勺朝一个方向不断搅动，待汤要开时立即改用小火（不能使汤翻滚）。

步骤 4 当汤中的渣物与鸡茸结合而浮在汤的表面时，用小漏勺将鸡茸捞净，就成为澄清的鲜汤。

三、注意事项

1. 一定要冷水下锅，而且水要一次加足。
2. 一定要后加盐。

技能 3 制作素汤

素汤如图 1-19 所示。

图 1-19 素汤

一、操作准备

材料准备：植物油 15 克、黄豆芽 50 克、香菇 3 个、冬笋 5 根、葱段 5 克、姜片 5 克、盐 5 克、清水适量。

二、操作步骤

步骤 1 将黄豆芽择洗干净，将香菇、冬笋切成小块。
步骤 2 锅中放少许植物油，油热后放黄豆芽煸炒一下。
步骤 3 将黄豆芽、香菇、冬笋一起放入汤锅中。
步骤 4 视材料多少，加 2 倍以上清水。
步骤 5 水烧开后，加葱段、姜片。
步骤 6 烧滚后撇去浮沫，转用小火煮约 1 小时即成。

三、注意事项

1. 黄豆芽必须先煸炒一下，以除去豆腥味。
2. 起锅时放入盐，不需要放味精。

学习单元2 制作鱼、虾、鸡类茸泥制品

知=识=要=求

一、鱼茸、虾茸、鸡茸的特点

1. 鱼茸

鱼茸是指将鱼肉去骨、去皮后经粉碎加工成茸状，加入蛋清、淀粉、油脂等辅料，搅拌上劲而制成的黏稠状胶体物料，一般采用氽、煮、蒸等加热方法成菜。在菜肴制作中，鱼茸的使用非常广泛，既可以作为花色菜肴造型的辅料和黏合剂，也可以独立成菜。成菜有滑爽、鲜嫩、质感细腻、入口化渣等特点。

2. 虾茸

把鲜虾仁放入加盐的清水中，用筷子搅一会儿，使虾肉上残存的薄膜、虾壳脱落。再用水冲几遍，直到成为雪白的虾仁，沥干水分。再用白净布按干水分后，用刀平拍烂。把肥膘肉切成小薄片，与虾仁和在一起用刀刃和刀背捶剁成细泥（无筋、无粒）。将姜、葱捣烂用料酒取汁，与蛋清、适量的湿淀粉、盐、味精、少许汤一起加进细泥，搅拌成虾茸。

3. 鸡茸

由于鸡肉本身肉质细嫩，没有筋，可以直接用刀背剁碎，但是鸡肉黏性比较差，必须加上一点肥猪肉同剁，才能增加黏性，成为鸡茸。一般加20%左右肥猪肉。

二、加工鱼茸、虾茸、鸡茸的方法

鱼茸、虾茸、鸡茸加工过程就是用刀刃和刀背将鱼、虾、鸡肉等剁烂，使其成为很细的泥状。加工泥茸时，主要采用排剁法（双刀剁）、刀背砸法或剁法，以及过罗等一系列加工工艺，如图1-20所示。

图 1-20　加工时常用刀法

在加工过程中，要剔除筋膜。现在为了节约时间，也有采用绞肉机加工泥茸的。泥茸是茸泥制品的原材料。茸泥制品就是用泥茸状原料加入调味料搅拌制成的烹饪制品，茸泥制品分软、硬两种，如鸡肉馅、虾肉丸子、鱼丸等。

三、加工工具

加工工具如刀、家用绞肉机、罗筛等。

技 = 能 = 要 = 求

技能　清汤鱼丸

一、操作准备

1. 主料准备：鳙鱼鱼肉 1 000 克、纯净水 1 400 毫升、鸡汤适量。

2. 辅料与调料准备：盐 10 克、植物油 50 克、青菜 20 克、胡椒粉 2 克、温水适量。

3. 工具准备：家用绞肉机、罗筛、不锈钢盆、筷子、小勺子、汤锅等。

二、操作步骤

步骤1 将1 000毫升纯净水与净鱼肉（切片）同时放入家用绞肉机中，制成鱼茸，将绞好的鱼茸倒入罗筛中，过罗去掉渣滓。

步骤2 将净鱼茸放入不锈钢盆中，加入盐，用筷子向一个方向搅拌，使其充分上劲。将剩余400毫升纯净水分5次加入，边加水边搅拌。最后加入植物油，搅拌均匀。

步骤3 挤鱼丸的手法是用手握住鱼肉，通过虎口，挤出圆形鱼丸，挤到一个小勺子上，轻轻地放到水温为60 ℃的汤锅里，慢慢加热至90 ℃。鱼丸熟后捞出放入温水中。

步骤4 将鱼丸放入调好的鸡汤中，加热至微沸，放入胡椒粉，放上青菜点缀即可。

鱼丸制作过程如图1-21所示。

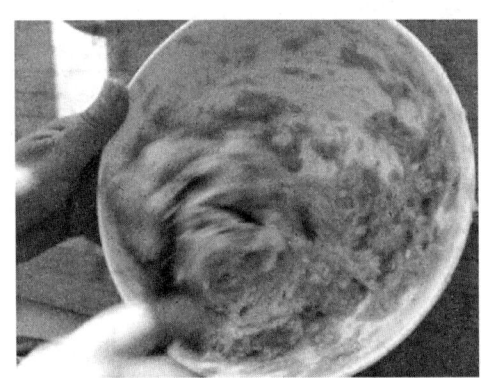

图1-21 鱼丸制作过程

三、注意事项

1. 清汤鱼丸的主料可以是任何鱼，但随着各种鱼的肉色、水分、肉质粗糙程度的不同，鱼丸的质量也是有明显差异的。一般采用鳙鱼制作鱼丸，因其性价比较高。

2. 鱼茸打好后不要马上用，要放置15分钟，因为其中有气孔，放置可让鱼茸充分吸水，这样成品洁白、细腻，富有弹性。

学习单元3　走红及走油

知=识=要=求

一、走红

走红又称上色，是增加原料色泽、香味，去除异味，使之定形，符合成菜要求的一种初步熟处理方法。走红主要为烹调中烧、焖、扒等做准备，多用于韧性动物性原料的加工。

走红的方法有两种，第一种是将原料投入各种有色调料汁中加热使原料着色；第二种是将原料表面涂上某些调味品，经油炸着色，即过油走红，又称油炸走红。

这种方法不只应用于初步熟处理，在烹调中也常应用，只不过往往是初步熟处理的着色与烹调成熟几乎同时进行。如炸鸡翅时，常先用酱油腌制，经油炸既着色又成熟、成菜。另外，烤鸭、白案中的烤烧饼等也常使用饴糖作为着色剂，其着色方法、原理、作用与走红相同，只不过是加热方式不同而已。

二、走油

走油就是过油，就是先把原料码味后滑一下油，预制成半成品。

三、加工工具

加工工具有炒锅、案板、菜刀、不锈钢盆、漏勺、铲子等。

技=能=要=求

技能　炸鸡翅

炸鸡翅如图1-22所示。

图1-22　炸鸡翅

一、操作准备

1. 主料准备：鸡翅中300克。

2. 辅料与调料准备：鸡蛋液150毫升、面包屑250克、面粉40克、料酒10毫升、生抽5毫升、胡椒粉1克、姜汁5毫升、植物油250毫升、盐5克、花椒盐10克。

二、操作步骤

步骤1　将鸡翅中洗干净，控净水分，在鸡皮上剞几刀（容易上色入味），然后用料酒、生抽、姜汁、盐、胡椒粉腌1～2小时。

步骤2　将鸡翅中放入面粉盆中裹匀，然后用鸡蛋液裹匀，再将鸡翅中放到盛有面包屑的盘中，裹匀并按实。

步骤3　将鸡翅中放到油锅中用温油炸熟即可，可蘸花椒盐佐食。

三、注意事项

1. 炸鸡翅中时可先入较高温度的油锅中定形，待油温降低后，再将鸡翅中放入油锅炸熟。

2. 腌制鸡翅中时也可选用市售的成品炸鸡料。

学习单元4　用烤、熘、爆、扒、煨等技法烹制菜肴

知=识=要=求

一、烤、熘、爆、扒、煨

由于原料广泛，我国的菜肴烹调方法丰富多彩，即使是同一种原料在各个地区烹饪的要求也不一样，形成了多种多样的烹调方法。下面简要介绍几种烹饪技能。

1. 烤

烤的食品很多，如烤鸭、烤羊肉串、烤鱼、烤肠、烤鸡翅、烤馒头等。其做法基本上是先把原料进行走红腌制，然后放到烧炭的烤炉上烤熟或者放在电烤箱中直接烤熟即可。

2. 熘

熘一般分为两个步骤，首先是炸，然后另起炒锅，将调好的卤汁浇淋在炸过的原料表面，颠炒几下即成。一般要求旺火快炒，以保持香脆、滑软、鲜嫩等特点。

熘分为焦熘、糟熘、软熘等几种：原料经过干炸后用糖醋汁浇淋一下出锅称为焦熘，如糖醋里脊等；用糟卤浇汁的称为糟熘，如糟熘鱼片等；也有不经过油炸，而在蒸熟后直接浇汁的，这种做法更加软嫩，称为软熘，如软熘草鱼等。

3. 爆

爆是指将细嫩、无骨的原料放入旺火热油的炒锅中，加上预先兑好的调料汁，迅速颠炒几下出锅。吃时脆嫩爽口，吃完盘内无汁，如葱爆羊肉、酱爆鸡丁等。

4. 扒

扒和烧菜有些相近，扒菜起锅前勾芡，所以汤汁稠厚，如扒肉条等。

5. 煨

煨就是用文火慢炖不易酥烂的原料，如煨猪蹄等。

二、加工工具

加工工具依技法各有不同，有烤炉、电烤箱、炒锅、炖锅等。

技=能=要=求

技能 1 烤羊肉串

烤羊肉串如图 1-23 所示。

图 1-23 烤羊肉串

一、操作准备

1. 主料准备：羊肉（肥瘦相间）2 000 克。
2. 辅料与调料准备：盐 40 克、辣椒粉 30 克、孜然粉 50 克、洋葱 1 个。

二、操作步骤

步骤 1 将羊肉切成小厚片。

步骤 2 将洋葱切碎。

步骤 3 将羊肉片、洋葱拌在一起，腌半小时左右。

步骤 4 用铁签或者竹签将羊肉片穿成 15 串，腌羊肉的洋葱弃用。

步骤 5 将电烤箱通电预热 5～10 分钟后，将肉串架在金属烤架上面，撒上盐、辣椒粉和孜然粉，送入烤箱烤约 12 分钟。

步骤 6 将羊肉串翻身撒上盐、辣椒粉和孜然粉,继续烤约 5 分钟,至熟即成。

三、注意事项

1. 宜选精瘦羊肉,或肥瘦相间者,剔净筋膜,以免嚼不动。
2. 用木炭烤对环境有污染,用电烤炉烤味道较好。

技能 2　滑熘里脊

滑熘里脊如图 1-24 所示。

图 1-24　滑熘里脊

一、操作准备

1. 主料准备:猪里脊肉 300 克、冬笋片 100 克。
2. 辅料与调料准备:植物油 250 毫升、鸡蛋清 2 个、葱丝 10 克、姜末 10 克、蒜末 10 克、生抽 10 克、料酒 15 克、盐 5 克、味精 1 克、水淀粉 20 克、香油 2 克、清水适量。

二、操作步骤

步骤 1　将猪里脊肉洗干净,切成薄片,用清水、生抽、料酒、盐、鸡蛋清、水淀粉抓拌一下。

步骤 2　将盐、味精、姜末、葱丝、蒜末用水淀粉调和均匀,制成芡汁。

步骤 3　在热锅中倒入植物油,待油温热时,将猪里脊肉片抖散入锅,滑散、滑透,出锅控油。

步骤 4　原锅回火,放冬笋片、芡汁、肉片,翻炒均匀,淋上香油出锅装盘。

三、注意事项

在肉片滑油时要注意火候,油温不能过高。

技能 3　葱爆羊肉

葱爆羊肉如图 1-25 所示。

图 1-25　葱爆羊肉

一、操作准备

1. 主料准备:羊腿肉 250 克。

2. 辅料与调料准备:葱 200 克、姜末 1 克、蒜 2 瓣、香菜 5 克、白糖 3 克、花椒粉 0.25 克、料酒 10 克、酱油 10 克、盐 2 克、醋 3 克、植物油 50 克、香油 2 克。

二、操作步骤

步骤 1　将羊腿肉去筋,切成大薄片。将葱切成旋刀块,爆炒后可成片。

步骤 2　将葱块、植物油、酱油、白糖、盐、料酒、花椒粉、羊腿肉片拌和在碗里。

步骤 3　用植物油、蒜、姜炝锅烧至高热时,将放在碗里的羊腿肉片、葱等材料倒入,用大火很快地爆炒几下,淋上香油、醋,撒上香菜起锅。

三、注意事项

1. 切羊肉时一定要剔去筋膜，横切成片。
2. 切羊肉前最好将其放入冰箱冷冻室里冻硬一点，这样更好切。

技能 4　扒肉条

扒肉条如图 1-26 所示。

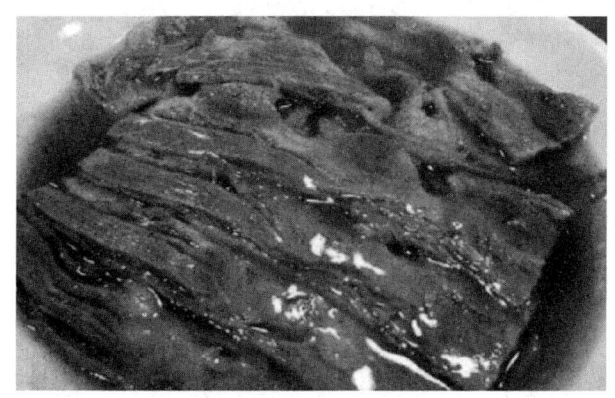

图 1-26　扒肉条

一、操作准备

1. 主料准备：牛肉 400 克。
2. 配料与调料准备：香菜 20 克、葱段 10 克、花椒 2 克、姜片 5 克、料酒 10 克、酱油 15 克、盐 3 克、味精 1 克、白糖 5 克、鸡汤 200 克、植物油 50 克、香油 5 克、淀粉 10 克。

二、操作步骤

步骤 1　将牛肉煮至熟烂捞出，晾凉。

步骤 2　将熟牛肉切成 2~4 厘米宽、8 厘米长的肉片，摆入盘内。

步骤 3　炒锅内加植物油烧热，放入葱段、姜片、花椒炸香，捞出不用。

步骤 4　炒锅内加鸡汤、料酒、酱油、盐、白糖烧开，推入肉片，用小火扒至入味，加味精至汤浓。

步骤 5　翻一下勺，用淀粉勾薄芡，淋入香油后出锅盛入盘内。

三、注意事项

此菜也可以用猪后腿肉制作。

技能 5　小米煨海参

小米煨海参如图 1-27 所示。

图 1-27　小米煨海参

一、操作准备

1. 主料准备：发好的海参 1 条。
2. 配料与调料准备：小米 25 克、清汤 1 000 毫升、高汤 850 毫升、料酒 20 毫升、水适量。

二、操作步骤

步骤 1　将发好的海参去掉肠肚，切成小丁。

步骤 2　用加了料酒的水将海参氽两遍，然后用清汤煨制入味。

步骤 3　将小米放在高汤中炖成粥状。

步骤 4　将炖好的海参放入小米粥中，上火再蒸 10 分钟即可。

三、注意事项

此菜不需要加盐，因为高汤已有淡淡的咸味。

学习单元 5　制作 5 种中式面点

知=识=要=求

一、中式面点特点

1. 种类繁多

我国地域广阔，各地面点花样繁多，具体表现在以下几个方面。

（1）因不同馅心而形成品种多样化

例如，包子有鲜肉包、菜肉包、叉烧包、豆沙包等，水饺有三鲜水饺、猪肉水饺、鱼肉水饺等。

（2）因不同用料而形成品种多样化

例如，麦类制品中有面条、蒸饺、锅贴、馒头、花卷、银丝卷等，米粉制品中有凉糕、年糕、发糕、炸糕等。

（3）因不同成形方法而形成品种多样化

例如，包法可制作小花包、烧卖、粽子等，捏法可制作鸳鸯饺、四喜饺、蝴蝶饺等，抻法可制作龙须面、空心面等。

2. 讲究馅心，注重口味

馅心的好坏对制品的色、香、味、形、质有很大影响。中式面点尤其讲究馅心，其具体体现在以下几个方面。

（1）馅心用料广泛

这一点是中点和西点在馅心上的区别之一。中点馅心原料多种多样，如果酱、蔬菜、水果、蜜饯等都能用于制馅，这就为种类繁多、各具特色的面点提供了原料基础。

（2）精选用料，精心制作

馅心原料的选择非常讲究，所用的主料、配料一般都应选择最好的部位和品质。制作时，注意调味、成形、成熟的要求，考虑成品在色、香、味、形、质各方面的配合。例如，制鸡肉馅选鸡脯肉，制虾仁馅选对虾。根据成形和成熟的要求，常将原料加工成丁、粒、茸等形状，以利于包捏成形和成熟。

（3）中式面点注重口味，则源于各地不同的饮食生活习惯

在口味上，我国自古就有南甜、北咸、东辣、西酸之说。因而在面点馅心上体现出来的地方风味特色就显得特别浓郁。例如，广式面点馅心多具有口味浓醇、卤多、味美的特点。而广式蚝油叉烧包、天津狗不理包子、淮安汤包等中华名点也均是以特色馅心驰名中外的。

3. 成形技法多样，造型美观

面点成形是面点制作中一项技术要求高、艺术性强的重要工序，归纳起来大致有18种成形技法，即包、捏、卷、按、擀、叠、切、摊、剪、搓、押、削、拨、钳花、滚蘸、镶嵌、模具、挤注。通过各种技法，面点呈现各种各样的形态。形态的变化，不仅丰富了面点的花色品种，而且还使得面点千姿百态，造型美观。

例如，包中有形似蝴蝶的馄饨、形似石榴的烧卖等，卷可形成秋叶形、蝴蝶形、菊花形等造型。又如，苏州的船点就是通过多种成形技法，再加上色彩的配置，将面点捏塑成南瓜、桃子、枇杷、西瓜、菱角、兔、猪、青蛙、天鹅、孔雀等象形物，色彩鲜艳，形态逼真，栩栩如生。

二、加工工具

加工工具有烤箱、饼铛、蒸锅、面盆、案板等。

技 = 能 = 要 = 求

技能 1　肉夹馍

肉夹馍如图 1-28 所示。

一、操作准备

1. 主料准备：面粉 260 克、清水 150 克、卤猪五花肉 150 克。
2. 配料准备：酵母 2 克、青尖椒或柿子椒 3 个、香菜 5 克。

二、操作步骤

步骤 1　将酵母用 30 ℃左右的水稀释，静置 3 分钟。

图 1-28 肉夹馍

步骤 2 添加面粉,用筷子搅拌成湿面絮。

步骤 3 揉成光滑的面团,盖上保鲜膜,放温暖处醒发。

步骤 4 面团醒发至 2.5 倍大小,取出揉匀排气。

步骤 5 将面团分割成大小均匀的小面团。

步骤 6 将小面团揉匀,擀成圆饼,盖上湿布再次醒发。

步骤 7 待饼坯醒发至蓬松轻盈状,移入平锅,正反两面烙熟即可,如图 1-29 所示。

图 1-29 饼的制作

步骤 8 将卤好的猪五花肉、青尖椒或柿子椒、香菜切碎,拌匀。

步骤 9 将面饼从中间切开,注意不要切断,填满馅料即可,如图 1-30 所示。

图 1-30 切肉、菜填入

三、注意事项

1. 面饼应做得薄一点，有利于烙熟。

2. 第二次醒发无须太长时间。

3. 烙饼时全程用小火，以免外焦内生。

4. 若怕饼里面不熟，可以稍微加一点热水，盖上锅盖，烙到水分收干至饼皮表面干爽。

5. 卤好的肉可加上些卤汁，口感更加丰盈。

6. 对不能吃辣者，可选用柿子椒。

7. 做馅的肉或菜可随个人喜好选择。

技能 2　南瓜双色花卷

南瓜双色花卷如图 1-31 所示。

图 1-31　南瓜双色花卷

一、操作准备

1. 南瓜面团材料准备：蒸熟的南瓜泥 150 克、中筋面粉 250 克、酵母粉 2.5 克、水 20~40 克、糖 10 克、盐 1 克。

2. 白面团材料准备：中筋面粉 250 克、牛奶 140 克、酵母粉 2.5 克、糖 10 克、盐 1 克。

除两种面团的材料外，另备中筋面粉 30~40 克。

二、操作步骤

步骤 1　分别将南瓜面团和白面团的材料混合，揉成光滑有弹性的面团，发酵成原面团 2 倍大。

步骤 2　将发好的面团移到案板上，分别慢慢加入 30~40 克的中筋面粉连续揉搓，揉搓成光滑、没有气泡的面团。

步骤 3　将两个面团分别擀成同样大小的长圆形（见图 1-32），叠在一起，将长圆形每隔 4 毫米用滚轮刀切开，再在每个上面均匀划上 3 刀，上下留 1 毫米不要切断。

图 1-32　和面并擀成类似长方形

步骤 4　把每一块面片卷成麻花状，打个单结，两端收口压到面团底下，将成形的花卷静置约 15 分钟，放入水已煮沸的蒸锅中，中火蒸 12 分钟左右即可，如图 1-33 所示。

三、注意事项

花卷蒸熟后揭开锅盖时温度比较高，注意不要烫伤手臂。

图 1-33　做成花卷并蒸熟

技能 3　烧卖

烧卖如图 1-34 所示。

图 1-34　烧卖

一、操作准备

1. 主料准备：面粉 250 克、淀粉 50 克、猪肉 250 克、香菇 12 个、胡萝卜 1 根、水适量。

2. 调料准备：香油、盐、糖、料酒、胡椒粉、葱、鲜酱油、鸡精、油适量。

二、操作步骤

步骤 1　把面粉放入大碗，加入淀粉，用温水和面，把面团揉匀，用保鲜膜盖住，醒 20 分钟。

步骤 2　将猪肉洗净，切成丁，再剁成肉馅，如图 1-35 所示。

步骤 3　将胡萝卜洗净，切碎，香菇浸泡好，洗净，切碎。
步骤 4　往肉馅中分 3 次加水，向一个方向搅拌。
步骤 5　加入盐、糖、料酒、鲜酱油搅拌均匀。
步骤 6　加入胡椒粉、淀粉、鸡精、香油、葱搅拌均匀。
步骤 7　放入香菇、胡萝卜，搅拌好成烧卖馅，如图 1-36 所示。

图 1-35　剁好的肉馅

图 1-36　拌烧卖馅

步骤 8　把醒好的面团揉成长条，切成剂子。
步骤 9　将剂子擀成圆形烧卖皮，再用擀面棍擀出荷叶边。
步骤 10　包上馅料，上口处做成花样，如图 1-37 所示。
步骤 11　取蒸锅，往屉上刷些油，放入烧卖生坯。
步骤 12　大火蒸 10 分钟左右关火，焖 1 分钟取出即可。成品如图 1-38 所示。

图 1-37　包馅并做成花样

图 1-38　成品

三、注意事项

1. 烧卖的馅料很丰富，可以根据需求添加。
2. 可以买饺子皮作为烧卖皮。

技能 4　面食"一窝猴"

一、操作准备

材料准备：面粉 250 克、酵母（或发酵粉）2 克、黄油 20 克、盐 5 克、芹菜汁 100 毫升、胡萝卜汁 100 毫升、温水适量。

二、操作步骤

步骤 1　发面。将面粉、温水、酵母调制成面团，发酵 2 小时。

步骤 2　把发好的面分成等量两部分，一部分待用，另一部分再分成三等份。一份加少量芹菜汁揉面静置，一份加少量胡萝卜汁揉面静置，最后 1/3 的面团直接擀成长方形薄片，加适量黄油和盐卷成条，用刀切成小花卷，如图 1-39 所示。

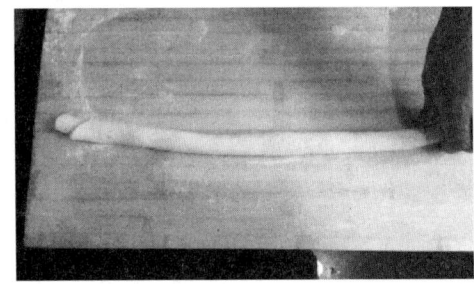 

图 1-39　做成花卷

步骤 3　把加芹菜汁的绿面团和加胡萝卜汁的浅粉色面团分别做成小花卷待用。

步骤 4　把剩余的面团做成薄厚适度的包子片，然后把三个颜色的小花卷放入里面，收口后制成馒头形，如图 1-40 所示。

图 1-40　制成馒头形

步骤 5 待全部做完，蒸锅放水烧开，等水开时间作为醒置时间（醒置时间不宜过长）。

步骤 6 上锅蒸 20 分钟，关火 5 分钟后起锅。成品如图 1-41 所示。

图 1-41 成品

三、注意事项

花卷加蔬菜汁一是营养丰富，二是颜色鲜艳，可促进食欲。加盐和糖可按口味选择。

技能 5　黄金盘丝饼

黄金盘丝饼如图 1-42 所示。

图 1-42 黄金盘丝饼

一、操作准备

材料准备：面粉 200 克、盐 8 克、食用碱面 5 克、油 150 克、温水 850 克。

二、操作步骤

步骤1 把面粉倒入盆内,再倒入含8克盐的温水800克,搅拌均匀,把面揉光,醒10分钟左右,将5克食用碱面溶入25克温水中待用。

步骤2 把面团移到面案上,再揉一遍,搓成直径为8厘米左右的长条。将碱液均匀地抹在长条面上,用双手抓住长条面的两端在面案上摔打,先将面的中间部分向上抛,再往下摔,待面有劲后,用手提两端溜面。如此反复6次,再开始抻小条(就像兰州拉面那样抻)。

步骤3 用两手抓住溜好的条面,两端对折,用力要均匀,上下微微抖动着向外抻拉,将条面抻拉到约150厘米长时,将条面的两端对折,再抻拉,如此反复7次即可。把两端的面头去掉,每次在对折前都要撒点面。用刷子蘸油先刷一面,翻过抻好的面也刷上油,油要刷得均匀,每根面丝都有油。刷好油后,把面条丝分成若干份。

步骤4 取一份面条丝,从一头卷起,按顺时针方向盘转,卷成圆形,将另一头压在面剂底下,再用手轻轻按压成直径约8厘米的圆饼,如图1-43所示。

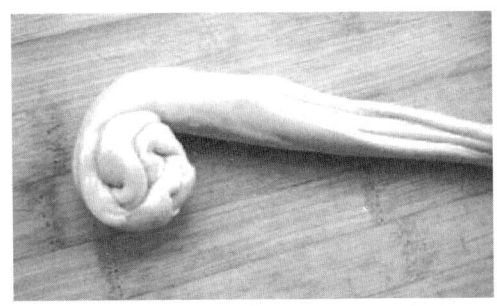

图1-43 做成圆饼形状

步骤5 平锅内加入油,烧至六成热时,把盘好的圆饼放入,慢火煎至两面呈金黄色即可。

三、注意事项

1. 抻面时要粗细均匀,盘饼时要盘整齐。
2. 用油煎时要注意油温,油不要太多。

学习单元 6　研磨咖啡豆煮制咖啡

知 识 要 求

最古老的咖啡煮制方法来自阿拉伯。按照这一古老方式，咖啡要用沸腾的开水反复煮 3 次。可以想象，经过 3 次烹煮的咖啡，其特有的风味早就消失殆尽了，剩下的唯有苦涩的味道，这也算是名副其实的"煮"咖啡。

阿拉伯人知道这种方法的弊端，因此，他们在煮咖啡时加入一些植物来保存咖啡的风味。尽管如此，其他地方的人们还是逐渐摒弃了这种方法。现在世界上煮咖啡的方法各式各样，人们乐于创造适合自己口味的煮制方法。

煮咖啡的"煮"指用 92～96 ℃ 的水将咖啡中的味道"洗"出来的过程。很多人会误解这个字。如果真把咖啡放入水中去"煮"，得到的饮料将不再是一杯咖啡，而是一杯有焦糊味的苦水，因为这时水的温度已达到 96 ℃ 以上，会破坏咖啡中的芳香物质，使口感又辛又涩。

购买咖啡豆一次不宜太多，200～300 克即可。烘焙过的咖啡豆常温下只能放 1 周，在冰箱里储存也只能保存 2～3 周不变味。而研磨好的咖啡粉在常温下只能放置 3 天左右。因此，咖啡最好现磨现用。

一、咖啡豆的研磨

咖啡豆一般可采用碾磨机研磨，根据粗细程度分为细、中、粗三类。按使用咖啡具的不同，研磨的程度也不同。细磨的咖啡粉适用于蒸汽加压式咖啡器，中磨的咖啡适用于虹吸式咖啡器、绒布过滤式咖啡器、纸过滤式咖啡器和水滴落式咖啡器，粗磨的咖啡适用于咖啡渗滤壶和沸腾式咖啡壶。

二、咖啡的种类

咖啡的种类繁多，按照口味，常见的有以下几种，见表 1-1。

表 1–1 咖啡的种类

名称	介绍	外形
黑咖啡 （Black coffee）	黑咖啡又称"清咖啡"，指直接用咖啡粉煮制的咖啡，不加奶等会影响咖啡原味的调料	
白咖啡 （White coffee）	白咖啡为马来西亚特产。白咖啡并不是指咖啡的颜色是白色的，而是指采用淡色咖啡豆经低温中轻度烘焙及特殊工艺加工后大量去除咖啡因，颜色比普通咖啡更清淡柔和，故得名白咖啡。其咖啡因含量非常低，对人的心脏和血管产生的副作用较小	
意式浓缩咖啡 （Espresso）	意式浓缩咖啡是以高压将热水冲过研磨得很细的咖啡粉得到的咖啡，有着浓稠的质感	
卡布奇诺 （Cappuccino）	卡布奇诺又称牛奶咖啡，是加蒸牛奶和泡沫牛奶的浓缩咖啡。冲调时，以浓缩咖啡为基底，加上搅出泡沫的牛奶，有时还加上肉桂等香料和巧克力粉。通常咖啡、牛奶和奶泡的比例为各1/3，另外也有1份浓缩咖啡、0.5份热牛奶、1.5份奶泡的比例	

续表

名称	介绍	外形
拿铁咖啡（Caffè latte）	拿铁咖啡是加蒸牛奶的浓缩咖啡。意大利人很喜欢把它作为早餐的饮料。拿铁咖啡中牛奶多而咖啡少，这与咖啡多而牛奶少的卡布奇诺有很大不同。制作方法是在刚煮好的浓缩咖啡中倒入接近沸腾的牛奶	
焦糖玛奇朵（Caramel Macchiato）	焦糖玛奇朵是一种在香浓热牛奶上加入浓缩咖啡、香草，最后淋上醇正焦糖而制成的饮品，特点是在一杯饮品里可以喝到3种不同的口味	
摩卡咖啡（Caffè Mocha）	在咖啡中加入巧克力、牛奶和搅拌奶油，就成了摩卡咖啡，也可加入冰块饮用	
美式咖啡（American Coffee/Americano）	浓缩咖啡加上大量水即成为美式咖啡，它比浓缩咖啡柔和	
爱尔兰咖啡（Irish Coffee）	在咖啡中加入威士忌，顶部放上奶油，即成为爱尔兰咖啡	

续表

名称	介绍	外形
越南式咖啡（Vietnamese Coffee）	越南咖啡豆以特殊奶油烘焙而成，故有浓郁的奶油香味。越南式咖啡的喝法不是用咖啡壶煮，而是用一种特殊的滴滤咖啡杯，在滴滤咖啡里放咖啡粉，压上一片有洞孔的金属片，再用热水冲泡，让咖啡滴到下面样式古老的印花玻璃杯中。等咖啡滴完，可随个人口味加糖或者加炼奶饮用	
加味咖啡（flavored-coffee）	依据各地口味的不同，在咖啡中加入巧克力、糖浆、果汁、肉桂、肉豆蔻、橘子花等不同调料，即为加味咖啡	—

三、煮制咖啡的方法

1. 电动咖啡机煮制方法

使用电动咖啡机（见图1-44）煮制咖啡是一种简单易行的方法，电动咖啡机煮出的咖啡味道比较清淡。这种方法适合深度烘焙的咖啡。

以煮制3人份咖啡为例，先将350毫升水注入咖啡机的水箱，在过滤器中铺好滤纸（有的机型不用铺），将咖啡粉均匀撒入，安装好咖啡壶，接通电源，然后耐心等待咖啡流淌出来即可。

2. 虹吸壶煮制方法

虹吸壶（见图1-45）是一种咖啡制作设备，制作过程充满情趣。这种方法适合中度、深度烘焙的咖啡，最好是单饮咖啡。

以煮制3人份咖啡为例，在虹吸壶的球形烧杯中加入350毫升水，将酒精灯点燃。在提炼杯杯底铺上丝绒的过滤布，将弹簧拉到虹吸管前端固定，将咖啡粉置于提炼杯中。待烧杯中的水出现连续的鱼眼泡时，将提炼杯插入烧杯中。此时，热水从下进入提炼杯中，浸润咖啡粉。将咖啡粉搅拌均匀，45~60秒后熄火，用半湿的布擦拭烧杯，可见水位迅速下降，咖啡液逐渐经过过滤布流入烧杯，等完全滴完即可取出提炼杯，摇晃均匀烧杯内的咖啡液，倒入咖啡杯中即可饮用。

图 1-44 电动咖啡机

图 1-45 虹吸壶

3. 摩卡壶煮制方法

用摩卡壶（见图 1-46）烹煮咖啡是比较简单的咖啡制作方法，适用于各种烘焙程度的咖啡，混合、单饮俱佳。

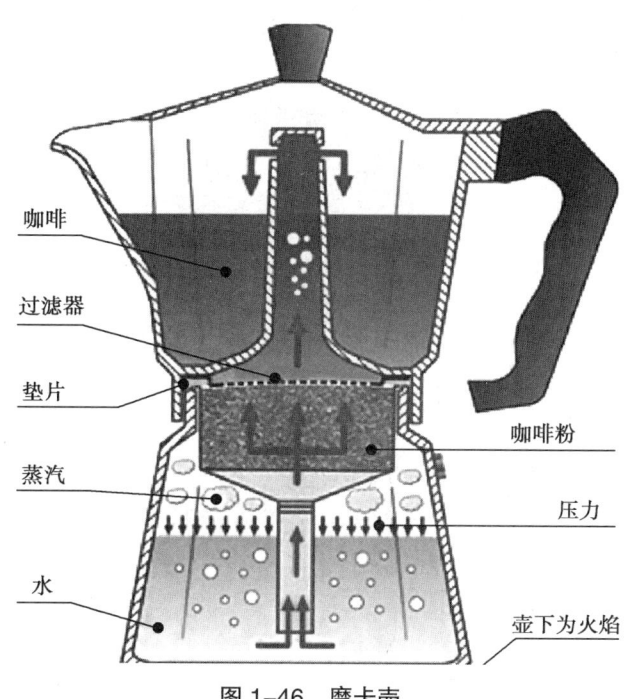

图 1-46 摩卡壶

以煮制3人份咖啡为例,将壶中过滤器取出,在壶内加入350毫升水。再将过滤器置入,并在过滤器中加入咖啡粉,盖上壶盖。将壶置于燃气炉或者电炉上加热,壶内水沸腾后沿过滤器的吸管上涌,喷淋咖啡粉,完全喷淋后即可。喷淋时间可视个人口味自行确定,但喷淋时间不宜超过5分钟,否则,咖啡的味道会随蒸汽散失。

4. 滴滤冲泡法

将滤纸折成漏斗状,置于用热水加温过的咖啡壶的上面。把咖啡粉放在滤纸上,再把开水倒在上面,液体受到引力作用滴下,通过滤纸滴入下面的咖啡壶中。滴滤冲泡法设备如图1-47所示。

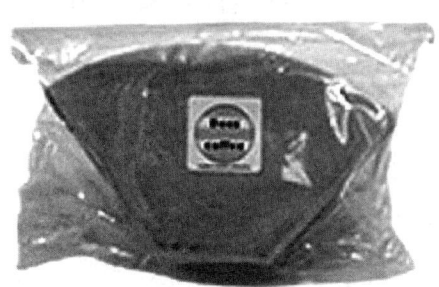

图1-47 滴滤冲泡法设备

这是一种需要耐心的方法,切不可图快;否则,咖啡粉浸润不充分,容易造成浪费,且制作好的咖啡清淡无味。这种方法适用研磨成白砂糖粗细的咖啡粉。

5. 煮制咖啡的注意事项

(1)咖啡粉的使用量必须足够。咖啡粉的量应随个人喜好而定,通常120毫升水用8~10克即可。如果想使咖啡味道浓一些,可用15克。

（2）冲调咖啡的水质和温度要适宜。如果水质不好，很难煮制出上佳的咖啡，尤其不能使用含氯的水冲泡咖啡。由于沸腾的开水会使咖啡变苦，因此不要煮沸咖啡，比较适当的煮制水温应低于96 ℃。咖啡的最佳饮用温度为85 ℃。

（3）咖啡不可以再加热，煮制时应注意仅煮每次所需的量，且最好在刚煮好时饮用。

（4）不要重复使用咖啡残渣，因煮制后的咖啡渣仅留下苦味。

（5）要根据所使用的咖啡器具选择恰当的研磨方式，研磨过细会使得咖啡较苦，同时也较容易堵塞咖啡器具。研磨过粗，则煮出的咖啡没有味道。

（6）应随时保持咖啡器具的清洁。每次使用过的咖啡器具需要立刻清洗干净，放在通风的地方，保持清洁、干燥。

技=能=要=求

技能　用咖啡机煮制咖啡

常见咖啡机部件及用法如图1-48所示。

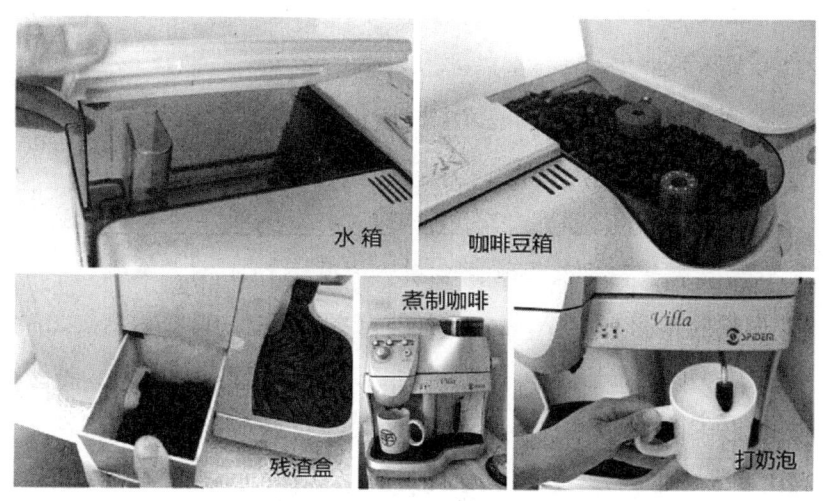

图1-48　常见咖啡机部件及用法

一、操作准备

材料准备：咖啡豆、纯净水、鲜奶、糖适量。

二、操作步骤

步骤1 在咖啡机内加入咖啡豆、纯净水。

步骤2 接通电源,电源灯亮起,按需要的咖啡量选择相应模式。

步骤3 将杯子放在咖啡出口下面,等待一会儿,咖啡即可流出。

步骤4 如需要打奶泡,只需将鲜奶倒进入奶口,再按下按键,把咖啡杯放在打奶棒下,一会儿奶泡会自动出来。这时可以加上糖,一杯香浓的咖啡就煮制好了。

三、注意事项

1. 要及时处理咖啡残渣。
2. 一定要用纯净水煮制咖啡,水质不好很难煮制出上佳的咖啡。

特别提示

咖啡豆的保存方法

在家里想要喝到一杯香醇美味的咖啡,不仅需要煮制得法,而且需要正确保存开袋后的咖啡豆。

1. 保存咖啡豆最好选择不锈钢材质的密封罐,不能选用铝制或塑料材质的密封罐,因为这两种材质的罐子比较容易吸收异味。

2. 打算在两周内使用的咖啡豆,可存放在密封罐里,然后放到阴凉干燥处即可。如果需长期存放,就需要将咖啡豆放到冰箱里冷冻。

3. 研磨过的咖啡粉不容易保存,整粒的咖啡豆可保存得长久一些。而且冲泡咖啡时,现研磨咖啡豆会更香。

4. 冷冻过的咖啡豆不需要解冻,可以直接研磨后煮制。开袋后的咖啡豆一定要密封好再放回冰箱。

职业模块 ❷ 美化家居

内容结构图

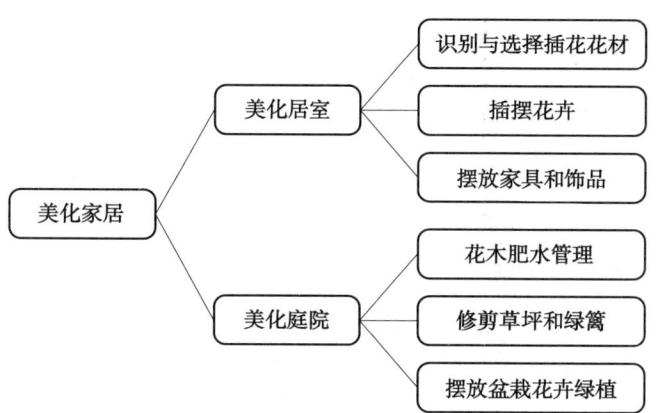

培训课程 1

美化居室

学习单元1　识别与选择插花花材

知=识=要=求

一、家庭常用插花花材

花材就是制作插花作品所用的材料。家庭常用的插花花材有鲜花花材、干花花材和人造花花材。

1. 鲜花花材

鲜花花材是指鲜切花及鲜切叶，包括植物的根、茎、果、藤蔓等。鲜花花材根据花材的形态可分为线形花材、团状花材、散状花材和特殊形态花材四类。

（1）线形花材

线形花材又称线条花，整个花材呈长条状或线状，在插花构图中起骨架轮廓的作用，决定插花作品的比例和高度，起到活跃画面的作用。线形花材种类繁多，包括植物的枝条、根、茎、长形的叶片、蔓状的植物，以及长条形或枝条形的花，如枝干呈长条状的银芽柳、富贵竹、迎春、连翘等；花序呈长条状的剑兰、蛇鞭菊、金鱼草、千蕨菜等；枝叶或花朵簇生在一起，布满枝条，整体上形成条状的狐尾天门冬等；叶片细长的兰花、麦冬、刚草、剑叶等。线形花材如彩图1所示。

（2）团状花材

团状花材外形呈圆团状或块状，花朵或叶子比较大，有重量感，引人注目，常作为整个插花作品的焦点存在。团状花材又称焦点花、定形花，常见的有玫瑰、非洲菊、百合花、康乃馨、朱顶红、芍药、洋桔梗、绣球花、唐棉等。团状花材如彩图2所示。

（3）散状花材

散状花材分枝较多且花朵较小，一枝茎上有许多细碎的小花朵，一般用在线形花材和团状花材之间，具有填补造型空间、调和作品色彩的作用，是完成插花造型的重要花材。散状花材又称填充花、陪衬花、簇形花，常见的有满天星、情人草、勿忘我、雏菊、小丁香、小苍兰等。散状花材如彩图3所示。

（4）特殊形态花材

特殊形态花材一般指花材形体较大，花的形态奇特，容易引人注目的花材，在插花造型中常作为团状花材使用。常见花材有天堂鸟、红掌、帝王花、马蹄莲、风轮花、五彩凤梨、美人蕉、卡特兰等。特殊形态花材如彩图4所示。

另外，植物还有配叶，配叶即植物的叶片，以绿色为主。插花离不开配叶，绿色的叶片在插花作品中起着衬托插花主题和遮盖花泥的作用。常用的配叶有波斯草、吊兰、金钱叶、绿萝叶、兰花叶、龟背竹叶、凤尾葵叶等。插花配叶如彩图5所示。

2. 干花花材

干花花材是指利用干燥剂、通风方法等使鲜花迅速脱水而制成的花材。这种花材可以较长时间保持鲜花原有的色泽和形态，它既不失原有植物的自然形态美，又可随意染色、组合，插制后可长久摆放，管理方便，不受采光的限制，尤其适合暗光摆放。干花花材如彩图6所示。

3. 人造花花材

人造花花材是指由人工按照各种植物材料的形态仿制而成的花材，包括绢花、涤纶花、塑料花等，有仿真的，也有随意设计和着色的，种类繁多。人造花花材大多色彩艳丽、变化丰富、易于造型、便于清洁，可较长时间摆放，如彩图7所示。

二、常见插花花材的寓意

由于历史文化、民族信仰、风俗习惯及审美观念的不同，各个国家和地区对每种植物都有各自的象征意义和花语，插花作品应根据花材的寓意进行创作。常见插花花材寓意见表 2-1。

表 2-1　　　　　　　　　常见插花花材寓意

花名	花材寓意	花名	花材寓意
剑兰	高雅、长寿、康宁	天堂鸟	自由、幸福、吉祥
非洲菊	有毅力、适应力强	红掌	热情、热心、热血
康乃馨	慈祥、温馨、真挚	马蹄莲	纯洁、幸福、清秀
雏菊	娇小玲珑、精灵可爱	小苍兰	清新、舒畅
太阳菊	热情、活力	银柳	生命光辉、银元滚滚来
鸢尾	热情、适应力强	鸡冠花	独立、勤奋
勿忘我	友谊万岁、永远思念	水仙	清芳幽雅、冰莹秀丽
满天星	配角，但不可缺	桃花	美艳醉人、烂漫
郁金香	繁荣	牡丹	富贵荣华、繁盛艳丽
跳舞兰	青春活泼、知情识趣	大丽花	美丽璀璨、和气吉祥
金百合	艳丽、高贵中显纯洁	迎春花	生命力强、清高孤寂
白百合	纯洁、百事合心	梅花	高风亮节、独立创新
非洲紫罗兰	亲切、繁茂、永远美丽	君子兰	丰盛、有君子之风
荷包花	荷包饱满、财源滚滚	比利时杜鹃	红运当头、生意兴隆
仙客来	天真无邪、纯洁活泼	圣诞花	美满冷漠
风信子	凝聚生命力、丰盛	万年青	健康长寿、青春活泼
一串红	喜气洋洋、满堂吉庆	荷花	脱俗、恩爱关怀
洋水仙	美丽、虚伪、自大	五代果	老少安康、金银无缺
玫瑰	真挚爱情	桂花	和平、友好、吉祥
茉莉	朴素自然、清静纯洁	仙人掌	坚韧不拔
蝴蝶兰	美丽夺目，但须时常滋润	富贵菊	富贵荣华、繁茂兴盛
秋石兰	欢迎	海棠	集中精力

学习单元 2　插摆花卉

知 = 识 = 要 = 求

一、插花器具

插花是一门造型艺术，在造型过程中，需要借助一定的工具对花材进行整枝和妥善安插，常用的插花工具如下。

1. 插花工具

（1）花剪

花剪用于剪裁花枝，它不同于普通剪刀。花剪柄长，刃短而厚，如图 2-1 所示。

（2）削刀

削刀用于砍削枝干、雕刻和去皮，如图 2-2 所示。

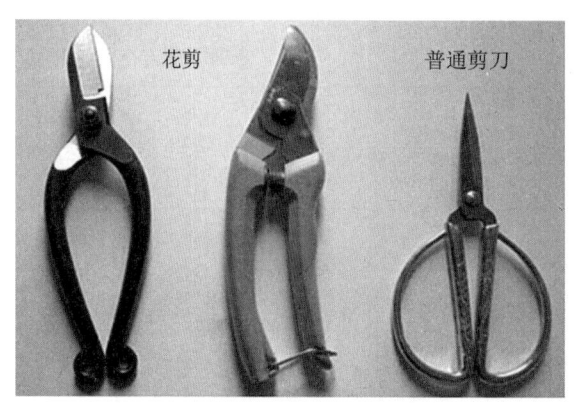

图 2-1　花剪和普通剪刀

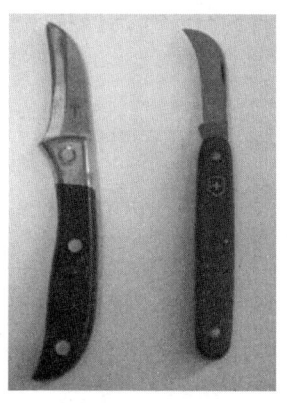

图 2-2　削刀

（3）花泥

花泥（见图 2-3）是一种固定和支撑花材的特制用具，质轻如海绵，吸水后变重。由于花泥吸水、保水性能比较强，并且可以前后、上下、左右全方位固定，容易固定花材的状态，便于造型，是应用最多的插花固定材料。

花泥有绿色和淡豆沙色两种。绿色花泥用来插鲜花，使用时先将花泥切成大小适合的块，然后使其吸足水，再放入容器内，将花枝直接插在花泥上，既能起固定作用，又能保持湿润。淡豆沙色花泥用来插干花和仿真花。

图 2-3 花泥

花泥是一次性固定用品，插花孔洞不会复原，无法重复使用。通体透明的玻璃花器不宜使用花泥，会影响观感。

（4）花插

花插（见图 2-4）又称剑山、花插座，以铅、锡为底，密布的钉齿向上，有圆形、长方形、月牙形等形状，尺寸不一，用以固定水盆等浅口容器插花花枝的基部，保持所需的花枝倾斜角度，形成一定的插花方式。应根据花材大小和多少决定使用花插的大小、样式。花插使用后应清除污垢，校正歪斜的钉齿，收置于干燥处，以免生锈。

如果没有花插和花泥，可取生萝卜切成方块，将花枝插在上面，四周再用重的石块将萝卜压住，不使花枝倾斜。也可用胶泥块固定花枝。

（5）插花辅助工具

插花辅助工具包括美工刀、双面胶及透明胶带、订书机、彩纸、金属丝、钳子、喷雾器、缎带等，如图 2-5 所示。

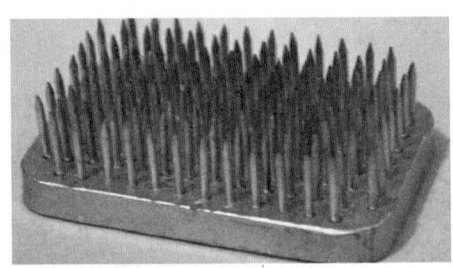

图 2-4　花插

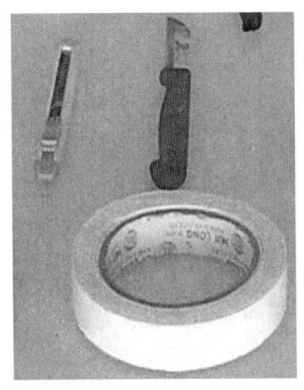
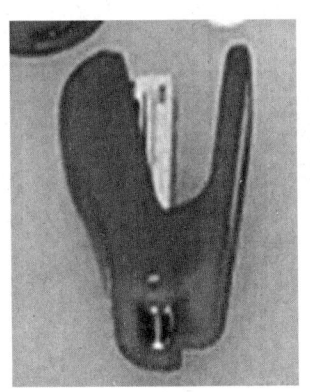

图 2-5　插花辅助工具

双面胶和透明胶带用于固定枝叶；美工刀用于切割花泥或包装纸等；订书机用于彩纸定形；金属丝用于固定花枝或枝叶定形；钳子用于剪断不同型号的金属丝；喷雾器用于为花材喷水，保持花、叶、枝面湿润，减少水分蒸发，使花枝艳丽；彩纸用于包装花束或做变化设计用；缎带用于衬托花型或包装配件。

2. 花器

花器是插花时用来放置插花素材的器皿。花器种类很多，一是质地各不相同，常见的有陶瓷、玻璃、塑料、竹木、藤、漆器、铜器、贝壳等；二是造型各异，有花瓶、水盆、花篮、笔筒、笔洗、竹筒、木桶、杯、盘、缸、壶、鼎、钵、罐、碟、碗、酒瓶、觚等；三是风格迥异，有仿古的，有现代的，有中式的，有欧式的或其他异域风格的。各式花器如图 2-6 所示。

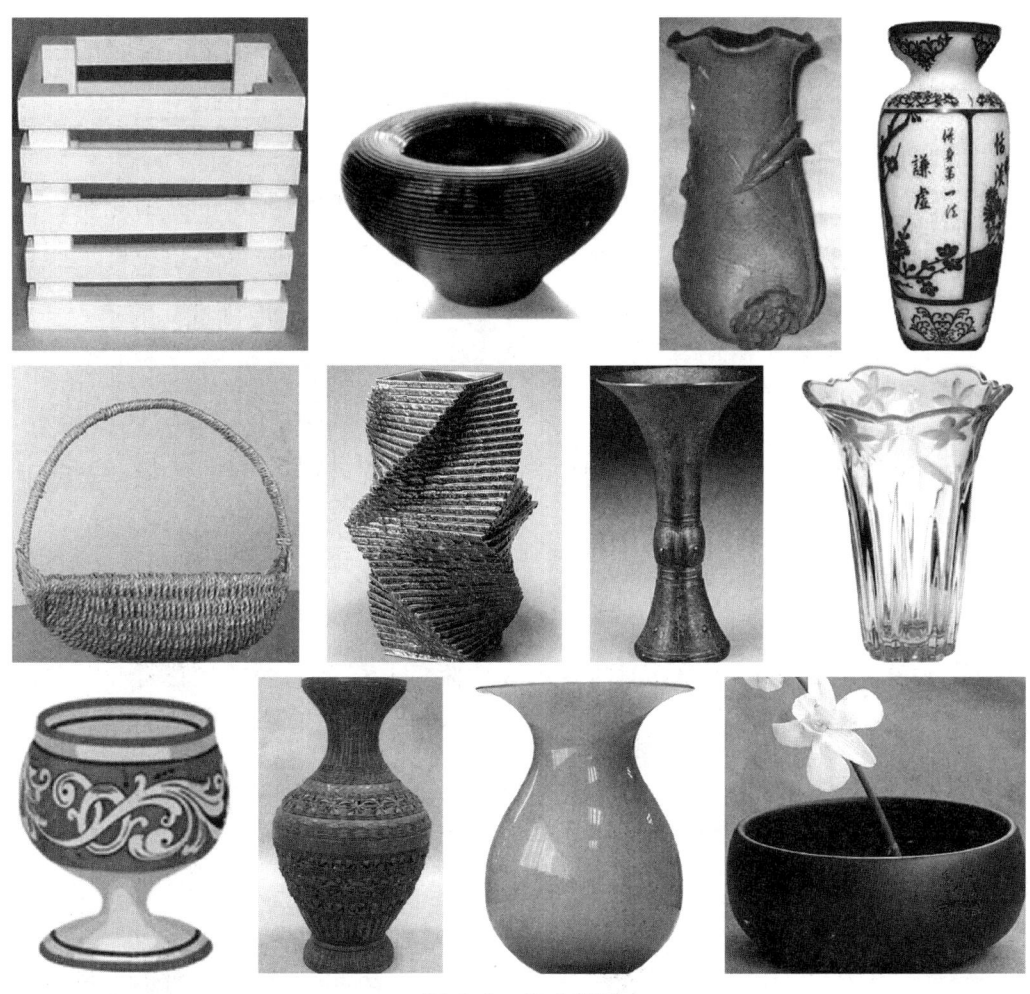

图 2-6 各式花器

二、插花步骤

1. 构想

插花之前应做到"胸中有花",根据插花作品使用或摆放的环境等选择适当的风格、造型、色彩搭配等,这是进行插花创作的首要工作,也是直接影响插花作品效果至关重要的一个环节。

2. 选材

(1) 根据插花作品使用或摆放的环境选择合适的花材

不同的花材代表不同的寓意,插花之前,要根据插花作品使用的环境选择适合的花材。

（2）根据插花作品使用的场合选择花材花色

插花作品主色调要与使用场合相协调。如红、橙、黄等浓重、温暖的色调适用于喜庆集会，明快、洁净的中性色调适用于书房、客厅和卧室。

（3）根据插花造型选择合适的插花器皿和辅助材料

花材与容器的色彩要协调。淡雅的花材（如菊花等）配素色的细花瓶，色泽浓烈、造型感强的花材（如大丽花等）配釉色粗陶罐，粉色小朵花材（如雏菊等或小菊）配浅蓝色水盂，非洲菊配晶莹、剔透的玻璃细颈瓶。

3. 修剪与保鲜

确定花材和作品风格、造型后，插摆之前要对花材进行前期处理。包括去掉花卉的残枝败叶，并根据不同式样造型，进行长短剪裁、弯曲、保鲜处理。

4. 插摆

插摆时顺序要正确，应先插高的，再插矮的；先插叶，后插花。具体来说，首先插线形花材，确定插花作品的风格、造型及高度；其次插叶，再插造型花，目的是突出主花，防止在插叶时将花的高度降低；最后插摆散状花材，完善插花作品。

5. 固定

依据所用插花的器具不同，用花插、花泥、金属丝等工具对花材进行造型固定。

三、插花种类

1. 瓶插

瓶插即花瓶式插花，它用花瓶作为插花容器，是插花的最基本形式。花瓶口径大时，需使用瓶口插架固定花枝。玻璃瓶插天堂鸟如图2-7所示。

2. 盆插

盆插是指利用水盆样浅口容器作为插花器皿，借助花泥或花插固定花枝的一种插花形式，多见于西式插花。盆插剑叶如图2-8所示。

图2-7　玻璃瓶插天堂鸟

3. 花束

花束是一种不需要任何插花器皿的束把状插花形式,分单面观和四面观两种形式。制作花束分量不能太重,长度不超过 50 厘米,粗细以一手握住为宜,花材要选用无刺、有香味的,一般中间花枝长,四周短,扎好后外面包裹上包装纸,把柄处扎上蝴蝶结或丝带。包装纸和丝带是花束的重要配饰,制作时要精心选择。蓝色妖姬花束如图 2-9 所示。

图 2-8 盆插剑叶

图 2-9 蓝色妖姬花束

4. 花环

花环是指将花材插摆在环形器物上的一种插花形式。环形器物一般用藤条或竹片弯曲成环状,外裹稻草便于插摆和固定。花环用于墙面装饰,也在特定节日或场合使用。用于特定节日时,应选用红色、黄色花卉,如月季、一品红、松果等,加红色丝带装饰;用于丧葬场合的花环应选择白色、黄色花卉,如马蹄莲、菊花,再加松枝、龙柏等,上挂挽联。仿真绢花花环如图 2-10 所示。

5. 花篮

花篮是指用木、竹、藤等材料编织的篮子作为花器,内置花泥、花插等插花器具,插摆鲜花或仿真花、干花等制作而成的插花作品。

花篮是社交、礼仪场合最常用的插花形式,用于开业、致庆、迎宾、会议、生日、婚礼及丧葬等场合,可单面观或四面观。造型有扇面形、辐射形、椭圆形及不规则的 L 形、新月形等,花篮有提梁,便于携带。康乃馨花篮如图 2-11 所示。

制作花篮时要根据功能、场合、受礼者的爱好来确定花材、花色、造型和大小。为了显示花篮的独特性,也可以在花篮内铺上包装纸,外用丝带装饰。

图 2-10　仿真绢花花环

图 2-11　康乃馨花篮

6. 壁挂式插花

壁挂式插花又称挂花或吊花，它是一种特殊形态的插花方式，插花作品不是放置于桌面或地面，而是挂在墙面或吊在空中，所用花器多为半圆形花器或吊钵、小型花篮等，常见的造型有圆形、下垂形、T 形等。半圆形壁挂式插花如图 2-12 所示。

四、插花造型

1. 插花造型的原则

（1）构图完善

图 2-12　半圆形壁挂式插花

构图直接影响插花作品的效果。插花作品应该注重枝条、叶片的布置，讲究均衡，做到重心稳重的同时又有变化，有节奏感，以四面皆可观赏为佳。

1）高低错落。错落的构图能体现参差之美。

2）比例协调。花材与花器要搭配得当，花材高度与容器高度之比为 8∶5 或 5∶3。花材之间也要根据插花造型保持一定的比例。花材高度应以造型的最高花枝为准。

花束不用花器，比例掌握以扎束的地方为分界点，上为 2/3，下为 1/3。

3）疏密有致。使用花材要适当，疏密相间，避免露脚、缩头、蓬乱，要让整个作品看起来有透视感、延伸感。

4）上小下大。花材使用应为上小下大，上少下多。

（2）色彩协调

插花作品的色彩协调一是指花卉与花卉之间的色彩协调；二是指花卉与花器之间的色彩协调；三是指花卉与环境、季节之间的色彩协调。

1）花卉与花卉之间的色彩协调。插花的色彩搭配有多种方式，可以使用多种颜色，以其中的一种为主，其他的为辅；也可以使用两种颜色，且两种颜色无主次之分；还可以使用单色。不管使用几种颜色，都要注意色彩的整体协调。

运用两种以上花色时，要注意花色之间的协调，上部用浅色，下部用深色；体积小的花体用深色，体积大的花体用浅色。除此之外，要恰当运用绿叶的陪衬作用，"牡丹虽好，还要绿叶扶持"。绿叶有多种色调，插花时要选择适合造型花的色调。

插花的用色要根据插花造型的需要进行变化，花色使用要个性突出，主次分明，要体现一种整体风格；或鲜艳华美，或清淡素雅，忌杂乱无章，缺乏特色。一般而言，东方式插花色彩整体效果以"雅"为佳，西方式插花则以"繁"为佳。

2）花卉与花器之间的色彩协调。花卉与花器之间的色彩协调可通过两种方法实现：一是对比色组合，二是调和色组合。

对比色组合是指花卉与花器用色反差较大，或一明一暗，黑白对比，如白色花卉配黑色系花器；或一浅一深，黄色花卉与紫色系花器搭配；或一冷一暖，红花配绿色系花器等，从而使色感强烈、饱满、活跃、鲜明，引人入胜。

调和色组合是指花卉与花器用色相同或近似，如同类色搭配，深红配浅红、深绿配浅绿等；或近似色搭配，如红与橙、橙与黄、黄与绿、绿与青等，形成色彩的节奏感与韵律感，引人注目。

中性色与赤、橙、黄、绿、青、蓝、紫搭配也是调和色组合的一种，如黑、白、金、银、灰等中性色的花器配七彩花卉，两相组合彰显了花卉的鲜艳夺目。

3）花卉与环境、季节之间的色彩协调。选择插花作品颜色的基调时，要考虑使用的环境与季节因素，房间的家具及墙壁为浅色时要选用色彩相对艳丽的花卉，家具及墙壁色彩较深时应选颜色浓重的花卉。

季节不同，花卉色彩选择也应有所区别。春季可选择色彩鲜艳的花材，给人以轻松活泼、生机盎然的感觉；夏季的花卉色彩应清新素雅，可选用一些冷色调的花，给人以清凉之感；秋季可选用红、黄等明艳的花卉，与金秋相映；冬季应选用暖色调花卉，色彩浓郁的花卉可使人们在寒冷的季节感到温馨和舒适。

（3）境物契合

插花作品被置放在一定的室内环境中，因此，插花创作要考虑空间大小、室内光线、背景色彩、家具形色、欣赏对象等多种因素。

花卉与环境、季节相协调的同时，还要考虑氛围因素。节庆日或家里有喜事时，花色以轻松、热闹为主，可插得火红一些；家有丧事时，花色宜朴素、清淡；平常之日，可结合季节因素，插花作品以富于艺术创新为佳。

此外，插花作品应与家装风格相融合。中式家具配以中式陶质花器插制的东方式插花作品，给人以古色古香之美；现代式家装风格宜摆放造型夸张、花器别致的插花作品；欧式家装风格宜摆放色彩浓郁、奢华型的插花作品。

2. 插花造型方法

插花因花器、风格不同有多种造型方式，最常见的有以下几种。

（1）直立型

直立型插花（见图2-13）是指造型花枝基本呈直立状，第一主枝插成垂直状态，可适度倾斜，夹角在15°以内；第二、三主枝基本上也呈垂直状，也可适度倾斜，角度以不超过30°为宜；主体轮廓应保持高度大于宽度，呈直立的长方形状。

插摆时，三个主枝不要插在同一平面内，应构成一个有深度的立体，主枝之间要留有空间，既有稳定作用，又能增加造型的透视感。直立型插花花型平和、稳重，多用于正式隆重的场合。

（2）倾斜型

倾斜型插花（见图2-14）是指造型花枝呈倾斜状，以第一主枝倾斜于花器一侧为标志。第一主枝倾斜的位置掌控在垂直线或左或右30°以下至水平线以下30°的90°范围内，但应尽可能避开与花器口水平线相交的位置。第二、三主枝围绕第一主枝进行变化，但不受第一主枝的限制，可以呈直立状，也可以

图 2-13 直立型插花

图 2-14 倾斜型插花

为下悬状，保持与第一主枝呼应态势即可。忌三大主枝插在同一水平层次上。倾斜型插花具有一定的自然生长状态，花型清秀雅致，耐人寻味，适用于日常生活。

（3）平出型

平出型（又称平铺型）插花是指造型花枝呈水平状，花枝间没有明显的高低层次变化，三个主枝都在一个平面上，只是向左右方向做长短的伸缩，中间插入造型花使其略微凸起。插摆时，一般将第一主枝插在花器的一侧，第二主枝插在另一侧，第三主枝根据作品重心平衡情况插入。第一、二主枝也可以出现在同一侧，第三主枝承担平衡任务。需要指出的是，花枝的水平状并不是绝对的，允许花枝在水平线上下各 15°范围内浮动。平出型插花观赏视线低，比较适合布置餐桌、茶几、会议桌，也适合俯视的装饰环境。平出型插花如图 2-15 所示。

图 2-15　平出型插花

（4）下垂型

下垂型（又称悬崖型或垂挂型）插花是指造型花枝在花器上悬挂下垂，如藤蔓垂挂，总体轮廓呈下斜的长方形。插摆时，第一主枝斜插或平插入花器后，向下弯曲在水平线以下 30°外的 120°范围内。第二、三主枝插入的位置可以有所变化，但需与第一主枝保持趋势的一致性，不能各有所向。三大主枝在花器上方均不宜呈现太高，但又忌直接在水平线以下插摆。

下垂型插花较多运用于高的花器或壁挂式、吊挂式花器，对花材长度没有明确规定，可长可短，主要根据花器情况和摆设位置来决定。下垂型插花的造型花材宜选用藤蔓植物或花枝柔韧、易弯曲的植物，使作品保持自然状态下的曲线美感。花材较硬时，可用金属丝做机械弯曲。如使用的是花枝，花头的朝向应与视角一致，视角高的，花头向上；视角低的，花头朝下。下垂型插花线条流畅，格调高雅，画面生动而富于装饰性，一般陈设在高处，供仰视欣赏。下垂型插花如图 2-16 所示。

图 2-16　下垂型插花

(5)半球形

半球形(又称圆弧形)插花是指插花造型呈半球形,无造型花枝和团状花枝之分,以花朵为主体,花枝间没有明显的高低层次变化,长度相同,密集分布,圆弧状向外发展,似圆非圆,最外部用细长的叶片勾形。

半球形插花注重色彩的绚丽、浓重,多选用康乃馨、非洲菊、百合花、萱兰、菊花、郁金香、玫瑰等花材,造型稳重雍容,柔和浪漫,可四面观赏,适用于婚礼、节日等场合。半球形插花如图2-17所示。

(6)三角形

三角形插花在插制时,先将第一枝定形花按与花器的一定比例直接插在花泥上,再把第二、三定形花枝按第一定形花枝1/3左右的长度横插在花泥两侧,与第一花枝形成三角形;然后将长度与第二、三定形花枝一样的第四定形花枝插在花泥的前方,与第一、二、三定形花枝均成90°角,随后按三角形轮廓插摆填充花,最后在第一定形花枝的前方位置插摆焦点花。三角形插花适合单面观赏,常置于墙边桌面或角落家具上。三角形插花如图2-18所示。

图2-17 半球形插花

图2-18 三角形插花

西式插花还有圆锥形、S形、L形等个性较强的插花造型。圆锥形插花是指造型花呈直立状,上尖,向下渐宽,似宝塔状。花材以草本花木为主,使用的量较大。L形插花多运用水盆作为花器,花枝插入点以花器的一侧为宜,左右均可。以右为例,第一主枝呈直立状插入花器右侧,第二主枝微斜,也插于右侧,第三主枝从左侧贴近水盆口横插。S形插花以花体曲线似S形而得名,与下垂型插花有相似之处,花器较高时采用此法插摆。花材宜选用有曲线的花枝,也可用穗状花序的花枝。

五、养护插花作品

1. 鲜切花插花作品保鲜

(1)插花前保鲜处理

1)插花前将失水较严重的花枝用深水浸至花颈部位约0.5小时。

2)插花前用注射器把水由茎端注入茎内,此法适用于茎部导管较大的花材及水生花材。

(2)保障水分供应

1)保证鲜插花作品不离水源,保持足够的水分,瓶插花枝要伸展到水中。

2)经常更换花瓶或花盆中的水,夏季每隔1~2天、秋冬季每隔2~3天更换花器中的水,以免水质变坏,影响鲜花的寿命。

3)经常用细喷壶在叶面上喷水,防止植物失水萎蔫。

4)使用花泥插花时,要将切花插到一定的深度,这样有利于切花的保鲜。

(3)花材切口处理

1)切口灼烧法。对含汁液及多肉的木质茎花材,如牡丹、芍药、一品红、橡皮树等,剪切后应立即用火灼烧切口处,阻止乳汁或浆液外流,防止切口腐烂,以达到保鲜的目的。

2)切口浸烫法。对吸水性差或含汁液的草花,如猩猩草、银边翠等,可将茎端2~3厘米处浸入沸水中,约40秒后取出插摆,此法适用于水中插花。

3)涂抹或浸渍切口。用酒精、盐等浸渍切口可杀菌、防腐,提高花茎吸水力,利于保鲜。

4)切口保鲜。给插花换水时,在不影响和破坏造型的前提下,可将花枝剪去2~3厘米,重新更替切口,有利于花材吸水。

(4)避免阳光直射

插花作品不要放在高温或阳光直射处,同时应远离风口。

(5)溶剂保鲜

1）在插花器皿的水中放入 0.1% 的盐可以防腐；放 0.1% 的糖可增加营养，有利于延长花期。

2）在插花器皿的水中放入 1∶4 000 的高锰酸钾或适当的硼酸、硫黄、水杨酸、维生素溶液等或一片阿司匹林，有延长花期的作用。

此外，对某些枝条硬而脆的花枝，插瓶前不要剪断，改用手折断，可延长花期。

> **相关链接**
>
> **常见花材保鲜窍门**
>
> 1. 梅花：剪口切成十字形，浸入水中。
> 2. 杜鹃花：切口用锤子击扁，在水中浸泡 2 小时，可延长保鲜时间。
> 3. 秋菊花：在剪口处涂少许薄荷溶液。
> 4. 蔷薇花：将剪口用火烧一下，再插入花瓶。
> 5. 山茶花：插入淡盐水中。
> 6. 百合花：插入糖水中。
> 7. 郁金香：数枝扎束，外卷报纸再插入瓶中。
> 8. 莲花：折下后用泥塞住气孔，再插入淡盐水中。
> 9. 对于玉兰、梅花、紫藤等花，可击碎其花枝末端长 3 厘米左右的部分，以增加吸水面积，延长水养期。

2. 干花和人造花作品养护

（1）干花养护

1）防潮。干花最怕潮湿，一旦受潮，花枝会变软，甚至发霉、褪色，还会走样变形，从而失去干花的原色之美。所以，对干花的养护重点是防潮，应将干花放置于空气干燥、通风良好的环境中。

2）防尘。保持环境清洁，减少风沙和灰尘飘落，每隔 1~2 个月要对干花作品进行除尘，以延长作品的观赏寿命。

3）忌阳光直射。要避免将干花作品长期放置于阳光直射之下，防止花材褪色。

（2）人造花养护

1）避免阳光直射。阳光直射会导致人造花褪色，尤其是塑料花，不仅褪色，质地也会发生变化，变得脆而易折，进而影响其观赏寿命。

2）防尘。人造花主要靠仿真性取胜，灰尘会影响观赏性。所以，既要保持环境的清洁，减少风沙和灰尘飘落在人造花上，又要及时对其进行除尘，以保持美感。

技=能=要=求

技能1　制作瓶插1

一、操作准备

1. 花材准备：百合花、康乃馨、黄莺等，如图2-19所示。
2. 插花工具准备：水桶、花剪、削刀、喷壶等。
3. 花器准备：花瓶。

二、操作步骤

步骤1　修剪花枝。用花剪或削刀去除花枝下部的叶子及侧枝，如图2-20所示。

步骤2　加工康乃馨。用手轻捏康乃馨的花苞，使花朵张开，如图2-21所示。

图2-19　准备花材

图2-20　修剪花枝

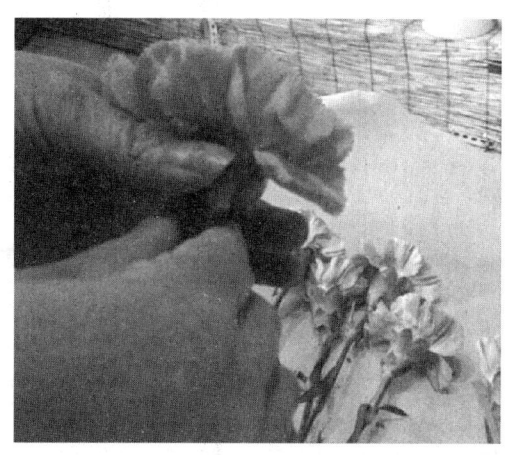

图 2-21　加工康乃馨

步骤 3　插入康乃馨。将修剪好的康乃馨花枝依次从瓶口处插摆到花瓶内，花枝长度与花瓶高度比约为 8∶5，如图 2-22 所示。

图 2-22　插入康乃馨

步骤 4　插入百合花。将百合花插入花瓶，放在康乃馨花束的中心位置，花枝略高于康乃馨，如图 2-23 所示。

步骤 5　插入填充花黄莺。将黄莺插入花瓶，置于康乃馨与百合花中间位置，花枝可略高于康乃馨，如图 2-24 所示。

步骤 6　整理花型，使之美观，如图 2-25 所示。

步骤 7　保鲜处理。插花作品制作完成后，将水桶中的水加入花瓶，并用喷壶喷湿花材，以延长花期，如图 2-26 所示。

图2-23 插入百合花

图2-24 插入填充花黄莺

图2-25 整理花型

图2-26 保鲜处理

三、注意事项

插摆时，可一边转动花器，一边注意花材的配置比例，保持圆弧度，确保每一面都插得圆整、丰满。

技能 2　制作瓶插 2

一、操作准备

1. 花材准备：百合花、向日葵、巴西叶、刚草等。
2. 插花工具准备：水桶、花剪、削刀、喷壶、麻绳、订书机、别针等。
3. 花器准备：花瓶。

二、操作步骤

步骤 1　插摆百合花。将百合花花枝并列摆齐，置于左手中，抓紧，右手对百合花花苞的形状进行调整。使百合花偏向一侧，在另一侧留空，如图 2-27 所示。

步骤 2　插摆向日葵。将向日葵置于留空的那一侧，如图 2-28 所示。

图 2-27　插摆百合花　　　图 2-28　插摆向日葵

步骤 3　插摆刚草。在向日葵侧面插摆一束刚草，完成基础造型，然后用麻绳绑定、打结，如图 2-29 所示。

步骤 4　加工巴西叶。将巴西叶末端往后翻，用订书机钉住固定，如图 2-30 所示。

步骤 5　插摆巴西叶。将加工好的巴西叶环绕花束，用麻绳绑紧，进行整体造型，如图 2-31 所示。

图 2-29 插摆刚草

图 2-30 加工巴西叶

 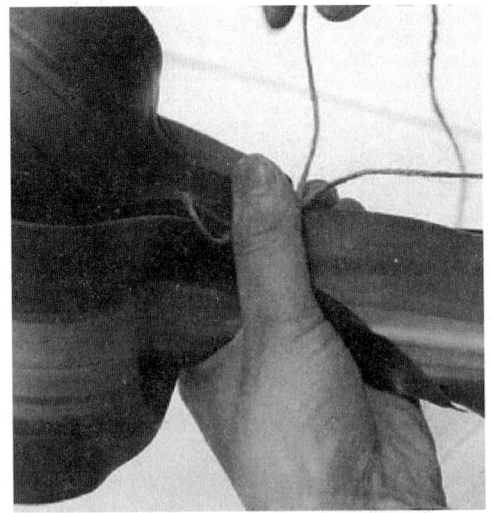

图 2-31 插摆巴西叶

步骤 6 修饰花束。参照花器高度，用花剪或削刀去掉过长的枝干，然后用巴西叶环绕花束，用来遮挡捆扎的麻绳，最后用别针将缠绕的巴西叶固定。具体操作步骤如图 2-32 所示。

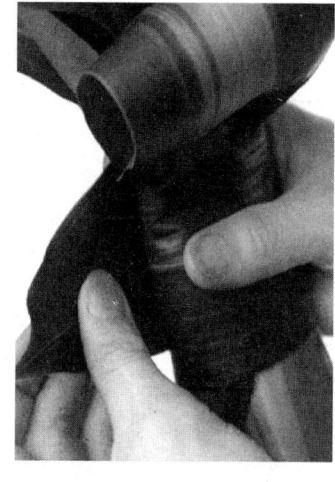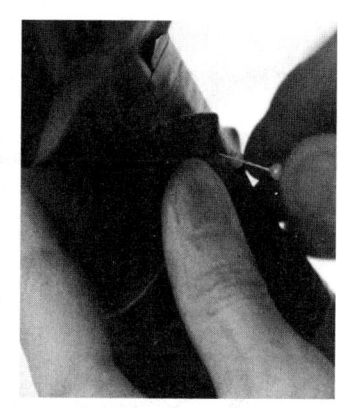

图 2-32 修饰花束

步骤 7 整体造型。将花束插入花瓶中，完成整体造型，如图 2-33 所示。将水桶中的水加入瓶中，并用喷壶喷水保鲜。

图 2-33 整体造型

技能3　制作扇形插花1

一、操作准备

1. 花材准备：百合花、非洲菊、散尾葵、鱼尾葵等，如图2-34所示。
2. 插花工具准备：水桶、花剪、削刀、花泥、装饰彩纸、丝带、喷壶等。
3. 花器准备：装饰性浅盘。
4. 初加工花泥：将花泥放在水桶中，用冷水浸泡3分钟左右备用，如图2-35所示。

图2-34　准备花材

图2-35　浸泡花泥

二、操作步骤

步骤1　加工花泥。根据花器大小将浸泡过的花泥用削刀切割成小于花器盘口的形状，如图2-36所示。

步骤2　修剪散尾葵。将散尾葵修剪成长叶片状，用作插摆造型花轮廓，如图2-37所示。

步骤3　造型。将修剪成形后的散尾葵叶片依次插入花泥。第一枝散尾葵插在花泥边沿中线位置，第二、三枝散尾葵插在其左右两侧，略低于第一枝，如图2-38所示。

步骤4　插摆造型花。在靠近第一枝散尾葵前方位置插入第一朵非洲菊，高度约为散尾葵的2/3，如图2-39所示。

职业模块 2　美化家居

图 2-36　加工花泥

图 2-37　修剪散尾葵

图 2-38　造型

步骤5　插摆百合花。在花泥中心位置插入3枝百合花,作为花型焦点,如图2-40所示。

步骤6　插摆非洲菊。依次将非洲菊插入花泥,构建花型整体轮廓,如图2-41所示。

图2-39　插摆造型花　　　图2-40　插摆百合花　　　图2-41　插摆非洲菊

步骤7　插摆填充叶。插入鱼尾葵作为填充叶,剪去高出部分,使花型饱满,如图2-42所示。

步骤8　装饰花型。用装饰彩纸包裹花泥,系上丝带,完成作品,如图2-43所示。完成后用喷壶喷水保鲜。

图2-42　插摆填充叶　　　　　　　　图2-43　装饰花型

技能 4　制作扇形插花 2

一、操作准备

1. 花材准备：山苏叶、金鱼草、香水百合、玫瑰、天堂鸟、八角金盘、寿松、栀子叶。
2. 插花工具准备：水桶、花剪、削刀、花泥等。
3. 花器准备：花瓶。
4. 初加工花泥：将花泥放在水桶中，用冷水浸泡 3 分钟左右备用。

二、操作步骤

步骤 1　插入构图山苏叶。将削好的花泥固定在花瓶瓶口处。依次插入山苏叶，打好轮廓。3 枝山苏叶长度相同，第一枝直立插入花泥后方中心位置，第二、三枝插在花泥左右两侧，与第一枝分别成直角，如图 2-44 所示。

步骤 2　插摆扇形轮廓。在直立山苏叶的左右两边分别再插入两枝山苏叶，使其呈扇形轮廓，然后用寿松和八角金盘遮盖花泥，如图 2-45 所示。

图 2-44　插入构图山苏叶

图 2-45　插摆扇形轮廓

步骤 3　插摆金鱼草。在山苏叶与山苏叶中间插入金鱼草，长度与山苏叶相当，如图 2-46 所示。

步骤 4　插入中心花。在中心位置插入香水百合，使花型饱满，如图 2-47 所示。

图 2-46 插摆金鱼草

图 2-47 插入中心花

步骤 5 插摆玫瑰。贴近每枝山苏叶插摆第一层玫瑰,其长度稍短于山苏叶,如图 2-48 所示。

步骤 6 插摆填充花。插摆第二层玫瑰,使其呈圆形插摆,然后围绕香水百合插入天堂鸟,如图 2-49 所示。

图 2-48 插摆玫瑰

图 2-49 插摆填充花

步骤 7 插摆填充叶。在花朵空隙处插入栀子叶,填充空间,使花型饱满,如图 2-50 所示。

图 2-50 插摆填充叶

学习单元 3　摆放家具和饰品

知=识=要=求

一、摆放家具

家具是房间布置的主体部分,对日常使用和居室美化影响极大。如果家具摆设不合理,不仅不美观,而且不实用,甚至会给生活带来种种不便。

1. 按居室功能区摆放

一套居室一般分为三区:一是安静区,安静区离窗户较远,光线比较弱,噪声也比较小,以安放床铺、衣柜等较为适宜;二是明亮区,明亮区靠近窗户,光线明亮,适合看书、写字,以放写字台、书架为好;三是行动区,行动区为进门的过道,除留一定的行走活动空间外,可在这一区放置沙发、桌椅等。家具按区摆放,房间就能得到合理利用,并给人以舒适、清爽感。

2. 高低、大小相衬

高大家具与低矮家具应互相搭配布置,高度一致的组合会严谨有余而变化不足;家具起伏过大,又易使人有凌乱的感觉。所以,不要把床、沙发等低矮家具紧挨大衣柜,以免产生大起大落的不平衡感;最好把五斗柜、食品柜、床头柜等家具作为高大家具和低矮家具的过渡家具,给人视觉由低向高逐步伸展的感觉,以获取生动而有韵律的视觉效果。总之,家具的布置应该大小相衬、高低相接、错落有致。若一侧家具既少又小,可以借助盆景、小摆设和墙面装饰来达到平衡效果。

3. 家具造型、主要特征和工艺处理要基本一致

居室家具的风格造型要尽可能一致或风格相近，不能有的是虎爪腿，有的是方柱腿，有的是圆形腿，这样会显得十分不协调。同时，家具的细部处理要求一致，如抽屉和橱门的拉手等，最好都呈一致的造型。家具的颜色允许跳跃，但要大致一致，否则会使居室显得凌乱无章。

二、摆放饰品

1. 常见饰品

室内装饰品通常也是人们生活中有实用需求的物品，同时兼带有一定的装饰效果。常见的居家饰品有瓷器、陶器、钟表、玻璃制品、藤草编制品、布艺品、铁艺工艺品及植物等。

（1）瓷器

瓷器具有色彩艳丽、造型多样、历久弥新的特点。其中大尺寸瓷器可以用来装点大型玄关，提升客厅的品位与档次，彰显主人的身份和审美情趣；小型瓷器可以摆放在多宝格、桌面和墙面隔板等位置，用于点缀家居环境，美化生活空间。

（2）陶器

陶器是一种物美价廉、质朴纯真的家居饰品，比较适合具有古典格调的装修风格。但有时也用于现代、时尚的装修风格，利用强烈的局部风格反差来为居室提供不俗的新鲜感。

（3）钟表

随着时代的发展，座钟与挂钟已经不再是提供时间和日期对照的简单工具，而已经演变为集实用性和装饰性于一身的家居饰品。各种造型美观的钟表能够大大提升家居的品位，成为居家装饰不可或缺的部分。

（4）玻璃制品

玻璃制品种类齐全、造型多样，它们不但具有实用性，而且具有装点空间、美化环境的作用。家居饰品中最常见的玻璃制品有玻璃花瓶、玻璃吊灯、彩绘玻璃等。

（5）藤草编制品

藤草编制品具有造型美观、清新自然、优雅朴素的特点。居家摆放和使用

藤草编制品，可以营造宁静、素雅的氛围。

（6）布艺品

布艺品是家居环境中最常见的饰品之一，具有柔化空间、格调随心的特点。窗帘、沙发罩和靠垫、床上用品、壁布和桌布、布艺玩偶等都属于布艺品的范畴。

（7）铁艺工艺品

铁艺工艺品以流畅的线条、特有的质感为主要特征，广泛应用于楼梯扶手、阳台护栏、暖气外罩，以及特制家具等的造型装饰。由于铁艺制品可以定制，所以几乎适用于任何装修风格的居室。

（8）植物

植物能净化空气、美化空间，是一种较常用的装饰物品。居家装饰宜选择常绿、对阳光需求较小、能符合房屋装修风格的植物。

2. 摆放饰品常识

（1）饰品摆放宜精不宜多

家居饰品种类繁多，款式造型多种多样。摆放饰品时应有所选择，以少而精为原则，恰到好处地摆放饰品，才能烘托居室的整体氛围，起到点缀居室环境、画龙点睛之效。

（2）饰品摆放要与家居整体风格一致

摆放家居饰品时，一定要先弄清楚家居风格，然后再根据装修风格选择合适的饰品。饰品大小要与居室空间相匹配，使其摆放更具科学性，达到美化家居的效果。如装修是田园风格，最好摆放一些清新、自然的饰品。

（3）饰品摆放要与居室的使用功能相协调

摆放饰品时，应根据居室的使用功能选择适当的饰品。一幅字画、一张照片、一个花瓶、一个盆景、一件工艺品，甚至是一件日常生活用品，如果放置的位置恰如其分，都是理想的饰品。饰品与特定环境的组合要能产生和谐的意境。例如，在卧室的墙壁上悬挂一幅以亲情为主题的油画，画面平和、恬静，会使两人的世界充满温馨；在书房依墙处设置一架古朴的花架，花架上放置一盆盛开的君子兰，粉红的花蕊、碧绿的叶片会使室内充满生机盎然、祥和静谧的气氛。

（4）根据喜好摆放饰品

人的审美具有差异性，居家摆放饰品要根据居住者的喜好而定。

（5）饰品摆放要兼顾实用性

饰品摆放要充分考虑其实用价值，使其在美化家居空间的同时能够有所用，华而不实的装饰有失布置的意义。

培训课程 2　美化庭院

学习单元1　花木肥水管理

知=识=要=求

一、花木生长特点

花木即"花卉苗木"的简称，是指花、茎、叶、果或根等在形态和色彩上具有观赏价值的植物；包括可观花、观叶的草本植物和木本的花灌木、开花乔木，以及盆景、地被植物等。不同花木的生物特性各不相同，归纳起来有以下几个特点。

1. 生命周期不同

不同的花木生命周期不尽相同，有一年生、二年生和多年生之分。一年生花卉如凤仙花、鸡冠花、百日草、半支莲等，其生长、开花、结实、衰老、死亡整个生命周期是在一年中完成的；由于一般都在春天播种，夏秋生长、开花、结实，然后枯死，因此一年生花卉又称春播花卉。二年生花卉如雏菊、金盏菊、五彩石竹、紫罗兰、羽衣甘蓝等，它们在相邻两年的生长季节内完成生长、开花、结实、衰老、死亡整个生命周期；由于一般都在秋天播种，然后萌芽生长，越冬后于次年春夏开花、结实和死亡，因此二年生花卉又称秋播花卉。多年生的花木如牡丹、月季、杜鹃、山茶、唐菖蒲、大丽花、郁金香、美人蕉等，其个体寿命超过两年，能多次开花、结实。

一年生花卉仅有生长期的变化，二年生花卉需要幼苗越冬休眠或半休眠，多年生花卉秋冬季节地下部分进入休眠，而有些多年生花卉已适应环境，不需要休眠。

2. 开花习性不同

（1）开花季节不同

大部分花卉春季开花。部分花卉夏季开花，如南天竹、广玉兰、含笑、紫薇、石榴、杜英、无患子、柿树、女贞、栀子、凤仙花、六月雪、金银花、扶芳藤、玫瑰、月季、八仙花、海仙花、海桐、枸杞、凌霄、珊瑚树、凤尾兰、木槿、合欢、荷花等。有的花木秋季开花，如厚皮香、桂花、木芙蓉、菊花等。有的花木冬季开花，如梅花、枇杷、湿地松、日本早樱、茶梅、山茶等。

（2）年开花次数不同

大多数花卉一年只开一次花，少数一年开两次花或多次开花。如桃、杏、连翘、玉兰、紫藤等一年可两次开花；而茉莉花、月季、柽柳、四季桂、佛手、柠檬、紫玉兰等一年内可多次开花；还有的几十年才开一次花，如铁树等。一年生草本花卉一般一年只开一次花，一年多次开花与花木的品种、环境气候有关，而通过温度、光照、湿度等人为措施控制也可以促成一年多次开花。

（3）开花顺序不同

大多数花卉都是先长叶后开花，但梅花、蜡梅、迎春、玉兰、紫荆、木棉、连翘等花木却是先开花后长叶，而贴梗海棠、榆叶梅、苹果等则是开花和展叶同时进行。

3. 温度要求不同

有些花木耐寒，有些花木喜温。耐寒性花木如月季花、金盏花、石竹花、芍药、石榴等能耐 $-5 \sim -3\ ℃$ 的低温，冬季可在室外越冬。喜温性花木如大丽花、美人蕉、秋海棠、茉莉花等一般要在 $15 \sim 30\ ℃$ 的温度条件下才能正常生长发育，冬季需在室内越冬。

4. 水分要求不同

有些花卉如菖蒲、睡莲、芡实、凤眼莲、狐尾藻等必须生活在水中才能正常生长发育；有些花木如仙人掌类、景天类等只需要很少水分就能正常生长发育；有些花木如月季花、栀子花、桂花、芍药、大丽花、石竹花等则要求生长在湿度较大的土壤里。

二、花木养护方法

1. 浇水

花卉苗木都需要水分才能生长发育，只不过水生花卉要保障充足的水分供应，耐旱植物如仙人掌等则保持一定的水分即可。

（1）水质要求

水质按照含盐类的状况分为硬水和软水，硬水含盐类较多，用它来浇花会使花卉叶面产生褐斑，影响观赏效果，所以浇花用水以软水为宜。软水又以雨水（或雪水）最为理想，因为雨水不含盐碱，含有大量氮化物，用来浇花十分适宜。用雪水浇花时应将雪水搁置到水温接近室温时再使用。若没有雨水或雪水，可用河水或池塘水。如用自来水，须先将其放在桶（缸）内储存1~2天，使水中氯气挥发掉再用。浇花不能使用含有肥皂或洗衣粉的洗衣水，也不能用含有油污的洗碗水。对于喜微碱性的仙人掌类花卉等，不宜使用微酸性的剩茶水等。除了雨水、雪水、沉淀后的自来水外，残茶水、淘米水、过期牛奶等因其含有不同的营养物质，也是上佳的浇花用水。

（2）浇水方式

浇水方式有两种，一种是叶面喷水，另一种是根部浇灌。

叶面喷水可以增加空气湿度，降低周围温度，洗去植株上的灰尘及冲掉害虫等，避免嫩叶焦枯和花朵早凋，保持植物清新。对于一些喜阴湿的花卉，如山茶、杜鹃、兰花、龟背竹等，经常向叶面上喷水，对其生长发育十分有利。

刚栽的树木浇足连根水后，短时间内可以喷叶水来维持树木的生理需要。夏季叶面喷水可降温防病。喷水量多少应根据花卉的需要而定，一般以喷水后不久水分便可蒸发掉为宜。幼苗和娇嫩的花卉需要多喷水，新上盆和尚未生根的插条也需多喷水，热带兰类花卉、天南星科及凤梨科花卉更需经常喷水。

但有些花卉如大岩桐、蒲包花、秋海棠等对水湿很敏感，其叶面有较厚的茸毛，水落上后不易蒸发会使叶片腐烂，故不宜将水喷到叶片上。对于盛开的花朵也不宜多喷水，这样容易造成花瓣霉烂或影响受精，降低结实率。

根部浇灌是指将浇花用水直接注入花木根部促其生长，其具体方式有通过水壶等浇花器皿手浇、用水管连接水源浇灌和渗灌三种方式。手浇方式适宜盆养花木；水管浇灌方式适宜庭院花木；渗灌既可用于对盆花进行浇水，也可用于施肥，具体操作方法是用含有肥料的水溶液从底部浸泡花盆10~20分钟。

要同时浇水和喷水时，应先浇根水再喷叶水，以防漏浇根水。对速生花卉或过干土壤宜将盆土或花圃浇透，一般不对叶片喷水。

（3）浇水时机

"不干不浇，浇则浇透"。要判断出盆土或花圃土质已干有四种方法：一看，二弹，三摸，四捻。

看即用眼睛观察一下盆土表面颜色有无变化，如颜色变浅或呈灰白色，表示盆土已干，需要浇水；若颜色变深或呈褐色，表示盆土是湿润的，可暂不浇水。

弹即用手指关节部位轻轻敲击花盆上中部盆壁，如发出比较清脆的声音，表示盆土已干，需要立即浇水；若发出沉闷的浊音，表示盆土潮湿，可暂不浇水。

摸即用手指轻轻插入盆土约2厘米深处摸一下土壤，如感觉干燥或粗糙而坚硬，表示盆土已干，需立即浇水；若略感潮湿、土质细腻松软，表示盆土湿润，可暂不浇水。

捻即用手指捻一下盆土，如土壤呈粉末状，表示盆土已干，应立即浇水；若土壤结成片状或团粒状，表示盆土潮湿，可暂不浇水。

如需要准确知道土质干湿程度，可购买一支土壤湿度计，当刻度上出现"干燥"字样时，便可浇水。

浇水时间点的选择，以水温与土温接近时为宜。一般情况下在晨、夕浇水比较适宜，忌午间浇水。早晚温差大时，应在中午土温与气温比较接近时浇水。

（4）浇水量

浇水要做到适量，该多浇的浇少了，花会干枯；需少浇的浇多了，花会腐烂，不利于花木生长。一般来说，湿生植物要浇透，旱生植物要少浇；喜阴少浇，喜阳多浇；枝叶肥厚（像仙人掌类）少浇，枝叶单薄多浇；叶小、坚硬，叶片表面有蜡质的，水分蒸发慢，应少浇水；开花结果的如蜡梅、石榴、火棘等应在其开花结果期适当多浇水，过干易引起落花掉果。

> **相关链接**
>
> **浇花六法**
>
> 1. 残茶浇花
>
> 用残茶来浇花既能保持土质水分,又能给植物增添氮等养料。但应视花盆湿度情况定期浇水。须有计划地浇,而不能随倒残茶随浇。
>
> 2. 变质奶浇花
>
> 牛奶变质后,加水用来浇花,有益于花的生长。但加水要多些,将其稀释后才好。未发酵的牛奶不宜浇花,因其发酵时会产生大量热量,会"烧"根(烂根)。
>
> 3. 凉开水浇花
>
> 用凉开水浇花,能使花木叶茂花艳,并能促其早开花。若用来浇文竹,可使其枝叶横向发展,矮生密生。
>
> 4. 温水浇花
>
> 冬季天冷水凉,用温水浇花为宜。最好将水放在室内,待其同室温相近时再浇。如果能使水温达到 35 ℃时再去浇,则更好。
>
> 5. 淘米水浇花
>
> 经常用淘米水浇米兰等花卉,可使其枝叶茂盛,花色鲜艳。经发酵的淘米水浇花效果更好。
>
> 6. 烟灰水浇花
>
> 用烟灰水浇花可以杀死花叶上的蚜虫。

2. 施肥

(1)施肥种类

花肥主要包括无机肥和有机肥。无机肥即化肥。常用的无机肥包括氮、磷、钾和微量元素肥料。有机肥又称土肥,包括厩肥、堆肥、牛粪、鸡粪、油菜饼类等。施用化肥时应注意施肥量和浓度,按说明书操作。施用土肥时应稀释后再使用。

(2)施肥时机

要在花卉需要肥料时施肥,如发现花卉叶色变淡,生长细弱,此时施肥最适合。处于开花期的花卉不需施肥，否则会引起落蕾、落花现象。处于休眠期的花卉不需施肥，花卉在休眠期生长停滞或减缓，新陈代谢慢，光合作用弱，若追施肥料，很快就会破坏休眠的继续进行，会引起植物继续生长，进而消耗更多的养料，影响来年开花。新栽的植株不宜施肥，因为新栽的植株伤口多，若受到外界刺激则不能愈合，会引起烂根。

（3）施肥方法

施肥一般可分为土壤施肥和叶面施肥。土壤施肥又称根部施肥，盆养花木可将肥料稀释后进行盆土浇灌，庭院地植花木可进行撒施、穴施、环施等。叶面施肥是指在植物生长期内将速效性肥料溶于水，配成肥料溶液后喷施在植物叶片上，使其迅速吸收的施肥方式。

3. 防治病虫害

防治病虫害应遵循"以防为主"的原则，加强管理，做好通风、透光、浇水、施肥等养护工作，使花木茁壮生长，增强自身抵御病虫害的能力。一旦发现病虫危害，要及早采取措施，做到"治早、治小、治了"，以防蔓延。

相关链接

灭花盆虫蚁六法

1. 花盆中出现小飞虫时，可用3~4根棉签（棉花棍）饱蘸敌敌畏，以不致滴落为度，然后将柄端插在植株周围的盆土中，飞虫即可消灭。

2. 把一汤匙洗衣粉溶解在4升水中，每隔两周喷洒花叶，可彻底消灭白蝇和细菌。

3. 将4杯面粉和半杯牛奶掺入20升水中搅拌，用纱布过滤后喷洒在花叶上，能杀死壁虱和它们的卵。

4. 把啤酒倒入垫在花盆下的浅盆中，蜗牛爬入会失去活性。

5. 把一个大蒜头捣碎，加一汤匙胡椒粉，倒入半升水。1小时后，把水喷洒在花叶上，可防老鼠侵袭。

6. 花盆中出现蚂蚁时，可将烟蒂、烟丝用热水浸泡1~2天，待水变成深褐色时，将一部分水洒在花茎、花叶上，其他部分稀释后浇到花盆里，蚂蚁即可消灭。

三、花木四季护理

1. 春季花木护理

（1）翻盆换土

翻盆换土是春季盆花补肥的一种方法，一般小盆一年翻盆一次，大盆 3～4 年翻盆一次，植株高大的需换大盆。有些根系生长过密或有枯根、腐根的，需适当修剪。翻盆后一般第一次水要浇透，然后放在阴凉处，以后看到盆土干燥时再浇水。一般待长出新根后再进行正常浇水并移至阳光处。

（2）整枝修剪

整枝修剪要根据不同植物进行，杜鹃、迎春等不宜过分修剪；石榴、月季等可在早春把枯枝、伤枝或生长过密的枝剪除，以促使花繁叶茂；茉莉在换盆时要摘除老叶，促使其萌发更多新枝；藤本攀缘性植物如爬山虎、紫藤、蔷薇、木香等可进行整枝，使叶面尽量被阳光照到，从而使其生长旺盛。

需要注意的问题：早春盆花不要过早移到室外，以免遇到冷空气侵袭而受冻害。浇水可随气温升高而增多，保持干湿调匀。

2. 夏季花木护理

（1）浇水

夏季花卉枝繁叶茂，消耗水分多。因此，夏季每天早、晚要给花卉浇足水。

（2）注意通风

当气温超过 30 ℃时，室内花卉就要注意通风，可把窗户打开，让清新的空气流入室内，防暑降温。

（3）保湿降温

对于庭院盆养花木，夏季时可在盆土上盖一些禾草，避免阳光直接照射盆土，从而降低盆土的温度，使盆土的水分不会过快蒸发。也可用喷雾器把花卉的叶子喷湿，同时把四周洒湿，降低温度，增加湿度。

3. 秋季花木护理

秋季花木养护的重点是加强水肥管理。立秋以后，天气逐渐转凉，对一些观叶类花卉，如文竹、吊兰、苏铁等，一般每隔半个月施一次稀薄液肥，以保持叶片青翠，提高御寒能力。对一年开花一次的菊花、茶花、杜鹃等，需及时追施以磷肥为主的液肥，以保证养分充足，使其开花多而大。对一年开花多次的月季、米兰、茉莉等，应供足肥水，使其不断开花。对于一些观果类花卉，如金橘、佛手、石榴等，应施1~2次以磷肥为主的稀薄液肥。随着气温逐渐降低，应减少浇水次数，做到盆土不干不浇水，以免水肥过量，造成枝叶徒长，影响花芽分化和受冻害。

4. 冬季花木护理

不同种类的花卉各有不同的生长习性，应采取不同的管理措施，才能保证其安全越冬。

（1）落叶木本花卉的越冬护理

落叶木本花卉多数原产温带地区，常见的有金银花、石榴、月季、迎春、碧桃等，它们一般冬季处于休眠状态，因此，室温控制在5 ℃左右即可。若有阳台或小庭院，可将耐寒能力强的盆栽月季、碧桃、石榴、金银花等集中放置在阳台背风处或庭院的角落，用塑料膜包扎覆盖好，即可安全越冬。

（2）常绿木本花卉的越冬护理

常绿木本花卉如金橘、夹竹桃、桂花等冬季处于半休眠状态，只要温度控制在0 ℃以上，即可安全度过严冬。有些花木，温度过低会导致其死亡，如米兰、扶桑、栀子花、茉莉等，所以，冬季应把它们放在阳光照射充足的地方，室内温度保持在15 ℃左右。

（3）一至二年生草本花木的越冬

草本花木如蒲包花、彩叶草、四季报春等，室温保持在5~15 ℃便能正常生长；文竹、凤仙、海棠、天竺葵等多年生草本花卉，保持阳光充足，室温为10~20 ℃，就能生长良好。君子兰、文心兰等冬季处于休眠状态的草本花卉，维持5 ℃左右的室温，给予适量光照即可。

技 能 要 求

技能1　盆花浇水

一、操作准备

1. 浇花用水准备：雨水、湖水、河水、沉淀后的自来水等。
2. 浇水工具准备：浇水壶（见图2-51）、水瓢或水杯、浅水缸或水槽、塑料盆、抹布等。

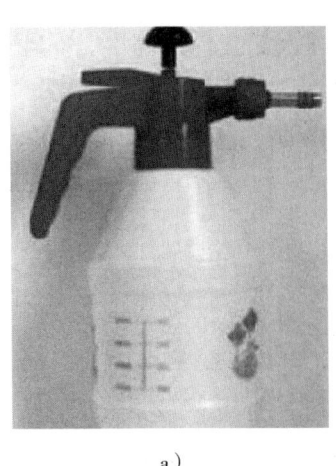

图 2-51 浇水壶
a）喷壶　b）淋壶

二、操作步骤

1. 浇水法

步骤 1　装壶。用水瓢或水杯将适宜的浇花用水装进淋壶内，不要太满。淋壶是给盆花浇水的专用工具，使用方便，浇水量容易掌握。有些淋壶还带喷头部件，喷头大多数是活动的，用时套上，不用时取下。

步骤 2　姿势。双手或单手提起淋壶壶把，壶嘴向下倾斜，使水能够顺着壶嘴流出，如图 2-52 所示。

使用水杯浇花时，手握杯把，杯口向下倾斜浇水，如图 2-53 所示。

图 2-52　用淋壶浇花

图 2-53　用水杯浇花

步骤 3　浇水。将淋壶喷头对准花卉根部轻轻转动浇水，使水浇得均匀。需要对叶面喷水时应先浇根部，再喷洒叶面。花卉盛开时，不宜直接把水淋在花朵上，应浇向根部。

步骤 4　观察盆体，当盆底有水渗出时说明盆花已经浇透，应停止浇水。

步骤 5　浇花完毕，用抹布擦去桌面或地面的水渍，保持环境清洁。

2. 浸水法

步骤 1　将浇花用水注入水槽或浅水缸内，或大一些的塑料盆内。

步骤 2　把花盆放入浇花用水中，水面高度低于盆土高度，让水自盆底部的排水孔渗入盆土中。

步骤 3　观察盆体，当盆土湿透时停止浸水。

步骤 4　整理现场，打扫卫生。

注意：浸水法主要用于小苗分苗后的花盆灌水。浸水可以避免将幼苗冲跑，也可以减少土面板结现象。

3. 喷水法

步骤 1　用水瓢将适宜的浇花用水装进喷壶内，不要太满。

步骤 2　将喷头对准植物叶面轻轻转动喷洒，使水喷得均匀。

步骤 3　观察叶面，当叶片全部被打湿，叶面污垢被冲洗掉时停止喷水。

步骤 4　整理现场，打扫卫生。

注意：向植物叶面喷水可以增加空气湿度，降低温度，冲洗掉花卉叶片上的尘土，有利于光合作用。但有下列情况的，不宜向叶面喷水。

（1）冬季和植物休眠期要少喷或不喷。

（2）一些怕水湿的花卉（如仙客来的花芽、非洲菊等）不能向叶面喷水，否则易引起腐烂。

（3）大岩桐、蟆叶秋海棠、非洲紫罗兰、荷包花等叶面有浓密的茸毛，不宜向叶面喷水。

（4）墨兰、剑兰叶片常发生炭疽病，感染后叶片损害严重，发现病害时应停止向叶面喷水。

技能 2　盆栽花木追肥

一、操作准备

1. 施肥材料准备：根据施肥花木的种类准备相应的肥料（土肥、化肥）、浇花用水。

2. 施肥工具准备：花铲、水杯或水瓢、淋壶、勺子、抹布等。

3. 盆花准备：观叶类、观花类、观果类盆栽花卉植物不限，但盆土一定要干燥，因为此时施肥效果最佳。

二、操作步骤

1. 土肥追肥

（1）干土肥追肥

步骤 1　撒肥。把花肥包装袋打开，将适量干土肥撒在盆土表面。

步骤 2　松土。用花铲给盆土松土，使花肥和盆土掺和在一起。注意，松土不可过深，不要伤及植株根系。

步骤 3　浇水。在淋壶内装进适合的浇花用水，然后均匀地浇在盆土内。浇水要浇透，以盆底有水渗出为准。

步骤 4　清理垃圾。用抹布等将地面的花肥污渍和水渍清理干净，保持环境整洁。

（2）湿土肥追肥

步骤 1　稀释花肥。将适量的土肥倒进塑料小盆内，再倒进浇花用水，比例为1∶20左右，然后搅拌均匀。稀释后的土肥汁应无黏稠感。

步骤 2　浇肥。用大一点的勺子将土肥汁均匀地浇在盆土上，避开根茎，以免肥料伤及根茎。

步骤 3　清理垃圾。用抹布等将地面的花肥污渍和水渍清理干净，保持环境整洁。

2. 化肥追肥

步骤 1　选肥。根据花卉种类选择适宜的化肥品种。

步骤 2　稀释。将化肥用浇花用水稀释，稀释比例为1.5%~2%，叶面稀释比例约为 3%。

步骤 3 肥水装壶。用水杯或水瓢将肥水装进淋壶内，七八分满即可。

步骤 4 浇花。双手或单手提起淋壶壶把，壶嘴向下倾斜，使水能够顺着壶嘴流出。将淋壶喷头对准植物根部轻轻转动浇水，使水浇得均匀。

步骤 5 清理垃圾。用抹布等将地面的花肥污渍和水渍清理干净，保持环境整洁。

注意：追肥时，要把握好用肥的量，过少，营养不够；过多，会烧死植株。

学习单元 2　修剪草坪和绿篱

知=识=要=求

修剪可保持草坪整齐一致、美观大方，充分发挥草坪的功能，同时能抑制杂草生长，促进草坪草分蘖，提高草坪密度。

一、修剪草坪

1. 草坪修剪工具

草坪修剪工具多种多样，家庭使用的草坪修剪工具主要有手推式草坪机、剪刀等。手推式草坪机如图 2-54 所示。

图 2-54　手推式草坪机

手推式草坪机一般质量小、功率大，具有结构紧凑、操作灵便、保养简单、工作效率高等优点，适用于各种庭院绿地等草坪的修剪。其工作原理是发动机启动后，依靠安装在底盘的切割刀片飞速旋转，将草呈直立状割断，草屑沿蜗壳流入草屑箱内。缺点是不适宜低剪，它剪草后留茬高度大于2.5厘米。

（1）手推式草坪机使用方法

1）调试手推式草坪机。将手推式草坪机调节手柄调到合适的切割高度，装上草屑箱，添加燃油或充满电。

2）启动发动机。不同机型使用方法不尽相同，具体操作时以说明书为准。

3）剪草作业

①前行。使用手推式草坪机剪草时，匀速前行。行进时应向前推，速度不宜过快，在下坡或坑凹处要注意缓行。

②转弯。手推式草坪机转弯时，双手按下两个把手，使前轮离地后再转弯。

③及时清理草屑箱内的草屑等杂物。

④运行至草坪中花株、绿植、树木等附近时，应谨慎操作，谨防刀片或花株、绿植等损坏。

4）停机，结束作业。剪草完毕，将油门控制手柄推至慢速位置，运行2分钟左右，再推至停止位置，让发动机自动停止。

（2）手推式草坪机使用注意事项

1）修剪机械必须严格按照说明书的要求使用。

2）操作时，必须以双手操作机器，禁止单手作业；行进时应向前推，由左向右割草，速度不宜过快，在下坡或坑凹处注意缓行，决不能将机器朝自己的方向往后拉，以防伤脚。

3）运行时不可长时间大油门工作，每工作1~2小时后需要休息10分钟左右。操作中若机器出现异常振动，必须立即停止发动机，暂停使用。

4）为了延长草屑箱的使用寿命，每次剪完草必须清除箱内的杂草，并经常检查草屑箱，如发现草屑箱损坏，要及时修理或更换新的草屑箱。

5）剪草季节过后，将手推式草坪机储藏在干燥的环境中。储藏前应将其送到指定维修处检测和保养，或参考保养手册进行保养。

2. 草坪修剪方法

（1）准备工作

1）清除割草区域内的石块、树枝、铁丝等杂物，以免损坏打草头和刀片。
2）准备草坪修剪设备。
3）计划好行进路线。

（2）修剪方法

草坪的修剪应按照一定的路线来操作，以保证不漏剪并能使草坪美观。修剪之前，先观察草坪的形状，规划草坪修剪的起点和路线；一般先修剪草坪的边缘，这样可以避免草坪机在往复修剪过程中接触硬质边缘。

修剪过程中可以绕过灌丛或林下等不容易操作的地方，留待以后用剪刀修剪，如图2-55所示。

对于墙边或栅栏边等草坪机难以修剪的边际处，可用专用剪刀修剪平整，如图2-56所示。

图2-55 草坪机绕行修剪

图2-56 用剪刀修剪

草坪修剪下来的草组织称为修剪物或草屑。草屑大部分在剪草时自动收集到草坪机的草屑箱里，一部分遗留在草地上。草屑箱内的草屑可集中收纳处理，草地上散落的草屑有3种处理方法。

1）如果剪下的叶片较短，可直接将其留在草坪内分解，使其营养物质返回土壤中。

2）草叶太长时，一般情况下要将草屑收集后带出草坪；否则不仅影响美观，而且容易滋生病害。可用耙子归拢收集，如图2-57所示。

3）若天气干热，也可将草屑留在草

图2-57 收集草屑

坪表面，以阻止土壤水分蒸发。

二、修剪绿篱

绿篱由灌木或小乔木以密植的形式栽成并修剪成各种造型，用以美化环境，提高观赏性。常见的庭院绿篱形式有高矮绿篱墙、半球形树篱等，如图 2-58 所示。

图 2-58　庭院绿篱

1. 绿篱修剪工具

绿篱修剪工具多种多样，由于庭院绿篱的面积有限，一般使用绿篱剪对庭院绿篱进行修剪。绿篱剪如图 2-59 所示。

图 2-59　绿篱剪

2. 绿篱修剪方法

在一般情况下，绿篱新的枝叶长 4～6 厘米时进行下一次修剪，若前后修剪间隔时间过长，绿篱会失形。每次要把新长的枝叶全部剪去，以保持设计规格形态。

家庭绿篱的修剪多采用绿篱剪手工操作，绿篱剪要求刀口锋利，修剪时刀口紧贴篱面，不漏剪，少重剪，旺长突出部分多剪，弱长凹陷部分少剪，直线平面处可拉线修剪，周围少剪，顶部多剪。

庭院绿篱分自然式绿篱和整形式绿篱两种。自然式绿篱以藤蔓植物为主，藤蔓依附木栅栏或铁栏杆攀爬，形成绿篱墙。对自然式绿篱往往不进行专门的整形修剪，一般只在其生长过程中及时剔除衰老、干枯和病虫枝条，使其保持自然的生长形态即可。自然式绿篱如图 2-60 所示。

图 2-60　自然式绿篱

整形式绿篱需要定期进行整形修剪，以保持一定的形状外貌，庭院常见的整形式绿篱包括条带状绿篱和半球形绿篱。

条带状绿篱是最常用的绿篱整形方式，一般为直线形，也可采取曲线形。一般按照一定高度及形状及时进行修剪整形。用绿篱剪修剪表面枝叶，顶部及两侧都必须剪平，且修剪时高度一致，整齐划一，棱角分明，如图 2-61 所示。

半球形绿篱是庭院常见的绿篱形式，修剪整形时要使树冠下部宽阔，越向顶部越狭，或呈馒头形。半球形绿篱的修剪如图 2-62 所示。

图 2-61　条带状绿篱

图 2-62　半球形绿篱的修剪

三、修剪绿篱注意事项

1. 随时观察绿篱的长势，及时把突出于树丛的枝条剪掉。

2. 修剪时不要使篱体上大下小，否则会给人以头重脚轻之感，下部的侧枝也会因长期得不到光照而稀疏。

3. 中午、强风天气、雾天不宜进行绿篱的修剪。

4. 雨天时不宜修剪绿篱，因为雨水会弄湿伤口，使之不易愈合，易感染病害。修剪后也不宜马上喷水，以免伤口进水。

5. 不可过多修剪，以免造成枝条稀疏，或者树冠内枯死枝、光腿枝大量出现，影响效果。

6. 对于下部严重光秃的老绿篱，可采用平茬的办法来更新。方法是仅保留基部很矮的一段主干，将上部枝条全部剪掉，让其重新萌发新枝。以后每剪一次逐步放高，直至达到规定的高度，并使篱身慢慢扩大，枝叶逐渐浓密。

技 能 要 求

技能1 修剪长条状绿篱

一、操作准备

工具准备：绿篱剪、垃圾清理工具、丈量工具、细绳。

二、操作步骤

步骤1 确定修剪高度。丈量好要修剪的绿篱高度，并用细绳横向系在绿篱两端，作为修剪的高度标尺，如图2-63所示。

步骤2 修剪顶面。双手握绿篱剪，将之平放在绿篱顶面，按照标尺高度，水平向前修剪。修剪过的绿篱面应保持平顺整齐，高低一致，如图2-64所示。

步骤3 修剪侧面。修剪完顶面后再修剪侧面，修剪后的绿篱面应平整，边角明显，基本无漏剪。修剪后的绿篱如图2-65所示。

步骤4 清理垃圾。修剪完毕，将修剪下来的枝叶清理干净，倒入垃圾箱，如图2-66所示。

图 2-63　确定修剪高度

图 2-64　修剪顶面

图 2-65　修剪后的绿篱

图 2-66　清理垃圾

技能 2　使用手推式草坪机修剪草坪

一、操作准备

1. 准备一台手推式草坪机。
2. 接上电源，给草坪机充满电。
3. 清除割草区域内的杂物，以免损坏打草头和刀片。
4. 检查所有的螺钉是否紧固，刀片有无缺损。
5. 检查草屑箱是否完好。

二、操作步骤

步骤 1　将手推式草坪机推至草坪边缘。
步骤 2　打开电源开关，启动发动机。

步骤3 双手扶把手,开中速油门,匀速前进,如图2-67所示。

步骤4 修剪草坪边缘,如图2-68所示。

图2-67 修剪姿势

图2-68 修剪边缘

步骤5 割草的行进路线为来回式,来回运行时不要漏割。

步骤6 遇到草坪上的景观树、花植时,应向外倾斜或绕行,以免将其损坏,如图2-69所示。

步骤7 及时清理草屑箱内的草屑,如图2-70所示。

图2-69 修剪绕行

图2-70 清理草屑

学习单元3 摆放盆栽花卉绿植

知=识=要=求

一、盆栽花卉绿植的种类

1. 观花类盆栽

观花类盆栽是以观赏花部器官为主的盆栽花卉。常见的有月季花、杜鹃花、茶花、菊花、大丽花、仙客来、瓜叶菊、一品红、凤梨、梅花等。这类花卉通常较喜光，适于园林花坛和专类园的布置以及室内的短期摆放。观花类盆栽如彩图 8 所示。

2. 观叶类盆栽

观叶类盆栽是以观赏叶色、叶形为主的盆栽植物，包括木本观叶植物和草本观叶植物。木本植物有南洋杉、龙血树、苏铁和棕竹等，草本植物有白鹤芋、虎尾兰、文竹和万年青等。这类植物耐阴性比盆花强，比较适于室内较长时间摆放。观叶类盆栽如彩图 9 所示。

3. 观果类盆栽

观果类盆栽是以观赏果实为主的盆栽植物，其特点是挂果期长，色彩鲜艳，外形美观，品种多样，常见的有金橘、佛手果、无花果等。观果类盆栽如彩图 10 所示。

4. 盆景类盆栽

盆景类盆栽是以盆景艺术造型为观赏目的的盆景类别。这类盆栽多为喜光的树木类，不宜在室内长期摆放，如五针松、九里香、火棘等。

5. 大型盆栽

大型盆栽高 80～150 厘米，比较能够体现盆栽的气派、格调，是生活空间较大的家庭理想的盆栽，如图 2-71 所示。

绿巨人　　　　　　发财树　　　　　　金钱树

图 2-71　大型盆栽

6. 中型盆栽

中型盆栽高 30~80 厘米，一个人可以用双手自由搬动，管理方便，可任意布置于玄关、客厅、茶几，是最具观赏价值、最能表现盆艺手法的盆栽，如图 2-72 所示。

茶花

发财树

图 2-72 中型盆栽

7. 小型盆栽

小型盆栽高 30 厘米以下，单手可以搬动。小型盆栽方便管理、观赏，可布置于茶几、书桌上或小房间，如图 2-73 所示。

豆瓣绿

碗莲

金边吊兰

图 2-73 小型盆栽

8. 迷你型盆栽

迷你型盆栽高 10 厘米左右,娇小玲珑,由于品种和造型有限,适合摆放在桌面及其他狭小的空间,如图 2-74 所示。

图 2-74　迷你型盆栽

二、盆栽花卉绿植摆放

适合居家摆设的盆栽多种多样,可以是盆栽花卉或观叶类、观果类的盆栽植物,也可以是盆景或其他盆栽观赏树,摆放时应从以下几个方面考虑。

1. 居家摆放盆栽要少而精

居家摆放盆栽应少而精,每个室内空间只需 1～3 盆盆栽即可,不要贪多。如果居室并不宽敞却摆设过多盆栽,不仅起居不便,而且给人零乱繁杂之感。

2. 盆栽大小与居室空间相协调

若客厅、房间面积比较大,摆放的盆景也应适当大些,这样两者才协调。在狭小的居住空间摆放特大型盆栽,既影响生活,也影响美观。在宽敞的居住空间内摆放迷你型盆栽,根本就起不到装饰作用。

3. 盆栽品种搭配得当

观花类盆栽、观叶类盆栽、观果类盆栽和盆景类别不同,所表现的景致也不同。居家摆放时,应把不同品种、不同类别的盆景参差摆放,以体现其多样化的美感和趣味性。

4. 摆放方式多样化

居家盆栽摆放要注意位置与摆法，在墙角部位或沙发的外侧可以着地安放高60~90厘米的较大盆栽，如龟背竹、棕竹、扶桑等，小型盆栽可放置在花架上。此外，写字台、茶几、五斗橱等家具也是摆设盆花的地方，但宜小不宜大，宜精不宜粗。室内空间宽敞时，可在角落或墙面悬挂一些呈悬垂姿态的盆花或盆景，雅致美观，如迎春花、天门冬、紫藤桩等。树木盆景以放在视平线上为好，可以欣赏树景全貌和透视层次。山水盆景一般宜放在略低于视平线处，可以欣赏到山水全景，以及山的脚坡、水面和布置的配件。另外，山水盆景有明显的正背面，所以宜靠近墙放置，树木盆景的正背面不太明显，陈设的位置可以自由一些。

5. 盆栽摆放要有变化

居家盆栽摆放需随厅室不同、摆设位置不同、季节不同而有相应变化。书房、卧室宜摆一些文静素雅的盆花、盆栽或盆景；客厅、餐室应摆设得艳丽大方一些，可以树桩或山水盆景或耐阴盆栽为主。春季以观花盆栽为宜，秋季以观果盆栽为宜，冬季以观叶盆栽为宜。节假日或者宾来客至，则以喜庆的观花盆栽为主。

6. 盆栽摆放不要影响植物的生长

室内摆放盆栽，由于光照差，空气流通不畅，影响植物进行光合作用，对植物生长不利，所以要将盆栽轮流放置在向阳处，以利于植物的生长。一般在室内摆放一段时间后，可根据盆栽植物喜阳程度把它们搬到室外养护一段时间。

三、摆放盆栽花卉绿植的注意事项

1. 卧室不宜摆放盆栽植物

植物白天进行光合作用，产生氧气，所以在植物多的地方，人们会感到空气格外清新。卧室是人们睡眠的场所，晚上熄灯之后，失去了光照，植物停止光合作用，但仍存在呼吸作用，吸收氧气，呼出二氧化碳，与卧室里的人争夺卧室中的氧气。所以，卧室不宜摆放盆栽植物，尤其是中高型、叶片较大的盆栽植物。

2. 室内不宜摆放香味浓烈的盆栽植物

一些花草香味过于浓烈，如夜来香、郁金香、五色梅等，摆放在室内会让人难受，甚至产生不良反应，因而不太适合摆放在居室内。还有一些花卉会让人产生过敏反应，如月季、玉丁香、五色梅、洋绣球、天竺葵、紫荆花等，也应谨慎摆放。

3. 不要摆放有毒性的盆栽植物

有些花草植物含有毒性，如含羞草、一品红、夹竹桃、黄杜鹃、状元红等，长期摆放在室内会对人体造成伤害，应避免摆放。

(技)=(能)=(要)=(求)

技能　居室花卉绿植摆放

一、操作准备

摆放材料准备：盆栽花卉绿植若干。

二、操作方法

1. 客厅花卉绿植摆放

客厅是接待宾客和家人聚会活动的场所。客厅要布置得典雅大方，应摆放一些观赏价值高、花姿优美、色彩深重的花卉，可选择君子兰、水仙中型盆景等。

在沙发前放置的茶几上摆放一盆仙客来，可表达主人的好客之意。在客厅的一角放一张高脚玻璃花架，底座为流线型铸铁制作的架。架上放置玻璃花瓶，内插鲜花，待客畅叙或家人谈心，氛围温馨，高雅别致。

2. 卧室摆放花卉绿植

卧室是人们休息睡觉的地方，应突出恬静安逸、温馨舒适的特点，可选用一些色彩柔和、姿态秀美的花卉。

在依墙处的梳妆台上放置一瓶花，可使室内生机盎然，增添美感，强化祥和静谧的气氛。在组合柜角处可悬挂一盆吊兰，显得别具一格。

3. 书房摆放花卉绿植

书房是人们读书学习的地方,应营造出静雅的氛围,可选择文竹、吊竹梅、绿萝、富贵竹等或微型盆景。

在窗台或写字桌上可以放置一盆文竹,在长时间工作、学习后,举目观赏,自有一种轻松。在临窗处悬挂一盆吊兰或花叶常青藤,随着微风轻轻飘动,使人赏心悦目,心旷神怡。

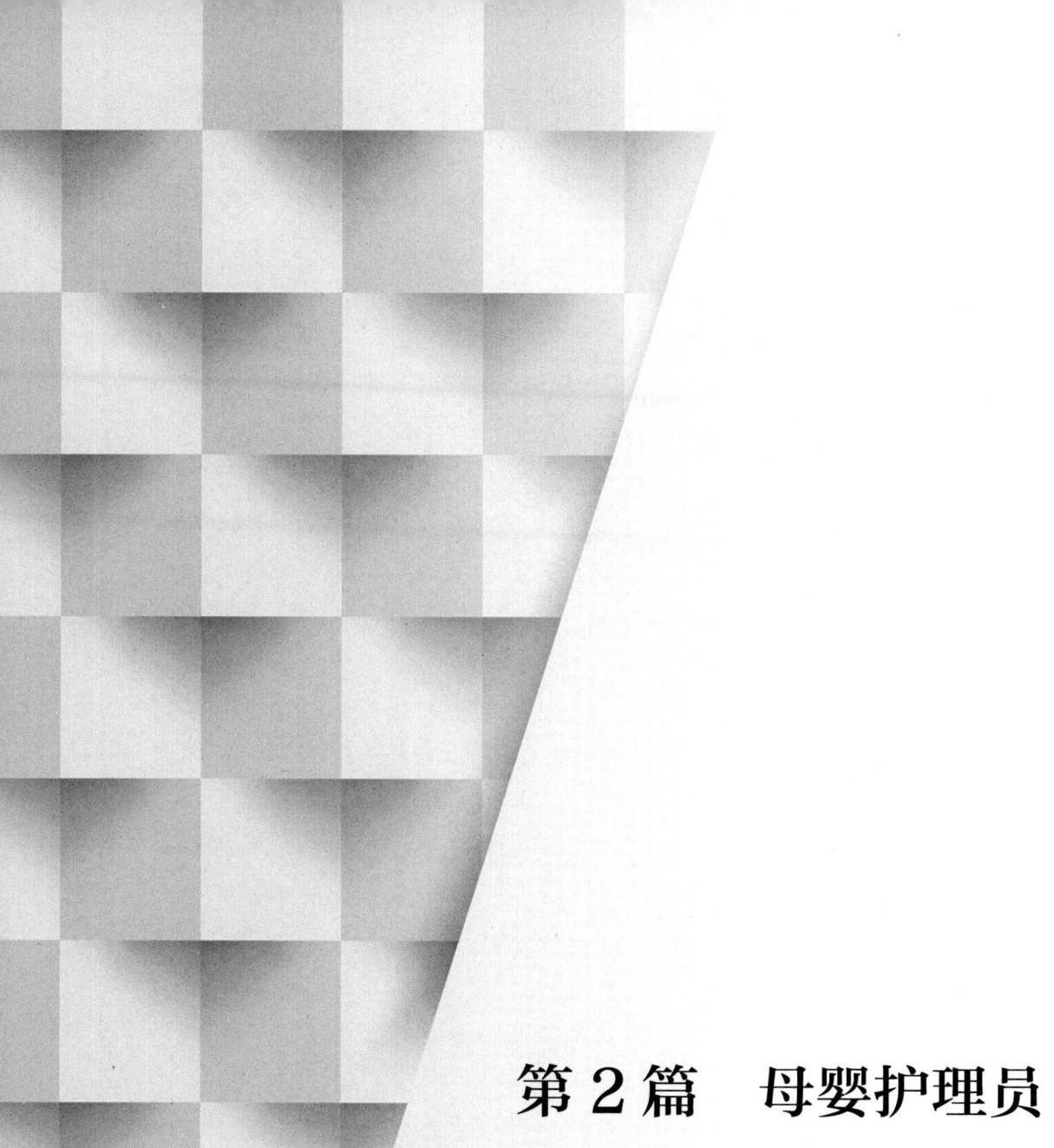

第 2 篇　母婴护理员

职业模块 ③
照护孕产妇与新生儿

内容结构图

- 照护孕产妇与新生儿
  - 照护孕妇
    - 妊娠期功能膳食制作
    - 疏导孕妇的不良情绪
    - 指导孕妇做好胎心、胎动监测
    - 为孕妇推荐胎教音乐和胎教故事
    - 妊娠期常见病护理方法
    - 异常妊娠识别与应对
    - 照护临产孕妇分娩
  - 照护产妇
    - 不同体质的产妇调理膳食制作
    - 产后不适的调理膳食制作
    - 按摩产妇乳房、疏通堵塞乳腺
    - 母乳喂养常见问题与应对
    - 照护剖宫产产妇
    - 疏导产妇的不良情绪
  - 照护新生儿
    - 预防新生儿意外伤害
    - 照护早产儿、低出生体重儿和巨大儿
    - 新生儿异常情况及处理
    - 新生儿疾病筛查与常见病预防
    - 促进新生儿发展

培训课程 1

照护孕妇

学习单元 1　妊娠期功能膳食制作

知=识=要=求

一、补铁补血食物

铁是构成红细胞中血红蛋白的重要物质。由于胎儿对铁的需求，孕妇的血液总量会增加，以保证通过血液给胎儿提供足够营养。因此孕妇对于铁的需求量的增加使孕妇通过饮食补充足够的铁变得尤为重要。

孕妇应摄入含铁量丰富的食物，如动物血、肝脏、瘦肉等。瘦肉中的铁是供给这一需求的主要来源之一，也是最易于被人体吸收的。每100克的牛腱含铁量为3毫克，约为妊娠期间铁建议量的10%。因此孕妇一个星期吃3~4次瘦牛肉，每次60~100克，可以预防缺铁性贫血，并能增强免疫力。另外，在补充铁剂的同时补充维生素C，可以促进铁剂的吸收和利用。除瘦肉之外，还有以下补血佳品。

1. 南瓜

南瓜富含植物性蛋白质、胡萝卜素、维生素、必需氨基酸、钙、锌、铁、钴、磷等。其中，钴是构成维生素B_{12}的重要成分，可以帮助血液中的红细胞正常运作；锌则会直接影响成熟红细胞的功能；铁质则是制造血红蛋白的基本微量元素之一，全都是补血的优良营养素。

2. 葡萄

葡萄含有丰富的钙、磷、铁，以及多种维生素和氨基酸，是孕妇的滋补佳品，不但对胎儿营养有益，也能使孕妇面色红润、血脉畅通。

3. 龙眼

龙眼含有维生素 A、维生素 B、葡萄糖、蔗糖，以及丰富的铁质。新鲜的龙眼夏季上市。龙眼汤等食物适合孕妇和产妇食用，是颇佳的补血料理。

4. 胡萝卜

胡萝卜含有丰富的胡萝卜素，对补血有极佳益处，可多用胡萝卜煮汤，作为妊娠期日常喝的补血汤品。

5. 红枣

红枣含有丰富的维生素、果糖和各种氨基酸。中医认为红枣性暖，养血保血，可改善血液循环，增强骨髓造血功能，使脸色红润。红枣和桂圆搭配，不但补血养气，还可以养颜美容。

6. 黑米

黑米具有滋阴补肾、健脾暖肝、补益脾胃、益气活血、养肝明目等功效，由于它适于孕妇和产妇补血之用，又称"月米""补血米"等。

二、补锌食物

锌是组成酶的成分。人体重要代谢物的合成和降解都需要含锌酶的参与。锌不但有益胎儿神经系统的发育，而且对免疫系统也有益，有助于保持皮肤、骨骼和毛发的健康。缺锌时人的免疫力下降，容易生病，对胎儿的发育容易产生不利影响。孕妇对锌的需求是一般女性的 1.5 倍。

在所有的食物中，牡蛎的含锌量较高，每 100 克含锌 71.2 毫克。其他海产品如虾、鱼、贝类、鱿鱼中的锌含量也相当丰富，肉类、蛋类、动物肝脏、乳制品等动物性食品含锌量较高，且较易被人体吸收。植物性食物中也含有一定量的锌，如小麦胚、大白菜、白萝卜、扁豆等，但不如动物性食品容易被人体吸收。

三、补钙食物

钙对胎儿骨骼的强壮和致密程度起着决定因素。如孕妇钙摄入不足，母体的骨钙将会被动用，轻者可引起肌肉痉挛、腰腿疼痛，重者可造成骨质软化等。胎儿摄入的钙不足，很容易发生新生儿先天性喉软化症、颅骨软化、方颅、前囟门闭合异常、串珠肋、鸡胸或漏斗脑等佝偻症。

孕妇在妊娠早期每天要补充800毫克钙，妊娠中期补充1 000毫克钙，妊娠晚期补充1 200毫克钙。孕妇可通过膳食补钙，含钙质丰富的食物如下。

乳类与乳制品：牛、羊奶及其奶粉，以及乳酪、酸奶、炼乳。

豆类与豆制品：黄豆、毛豆、扁豆、蚕豆、豆腐、豆腐干、豆腐皮等。

水产品：鲫鱼、鲤鱼、鲢鱼、泥鳅、虾、海带、紫菜、蛤蜊、海参。

植物类：芝麻酱、核桃仁、南瓜、芹菜、圆白菜。

另外，孕妇要多吃蔬菜和水果，补充维生素，尤其是维生素C，帮助钙的吸收。

四、补充叶酸食物

叶酸可以预防胎儿的神经管缺陷。孕妇在妊娠前应至少服用叶酸3个月，妊娠后服用3个月至胎儿神经器官发育完善，整个妊娠期也可以吃富含叶酸的食物。含叶酸丰富的食物如下。

蔬菜类：莴苣、菠菜、青菜、油菜、蘑菇、扁豆、龙须菜、胡萝卜、番茄、小白菜。

水果类：橘子、香蕉、草莓、酸枣、石榴、葡萄、桃、杏、梨、柠檬、山楂、猕猴桃。

坚果类：核桃、松子、杏仁、栗子。

豆类：黄豆、豆制品。

谷物类：面包、面条、白米。

五、补碘食物

妊娠期是一个比较特殊的时期，不光是孕妇需要碘的供应，胎儿也有一定的需求。孕妇肾脏对碘的代谢比较多，容易缺碘。孕妇缺碘会造成死胎、流产、早产和先天性畸形，孩子出生后会有智力低下、体格矮小、呆傻面容，以及瘫痪、又聋又哑等克汀病表现。

补充碘元素应该在妊娠前和妊娠后3个月，到了妊娠中期才补充意义不大。碘也不能补得太多，否则容易造成甲状腺机能亢进，对孕妇和胎儿都不好。补碘除了碘盐外，还可以通过吃一些食物来补碘，如海带、紫菜、裙带菜、虾米、海鱼等。孕妇如果一周吃2~3次海产品，就能满足身体对碘的需要。其他补碘的食物还有菠菜、芹菜、大白菜、山药、鸡蛋等。

六、防辐射食物

防辐射食物有红色水果、十字花科蔬菜、含胡萝卜素的食物、含硒的食物等。例如，番茄富含番茄红素，番茄红素是迄今为止所发现的抗氧化能力最强的类胡萝卜素，它的抗氧化能力是维生素 E 的 100 倍，具有极强的清除自由基的能力，有抗辐射的功效。又如，胡萝卜中含有丰富的天然胡萝卜素。天然胡萝卜素是一种强有力的抗氧化剂，能有效保护人体细胞免受损害。长期食用胡萝卜，能使人体少受辐射和超量紫外线照射的损害。此外，鱼肝油、橄榄油、葵花子油、动物肝脏、鸡肉、蛋黄、西蓝花、菠菜、油菜、青菜、芥菜、卷心菜、萝卜、豆类等都富含维生素 C 和维生素 E，都属于抗氧化维生素，具有抗氧化活性，可以减轻计算机辐射导致的过氧化反应，减轻辐射对皮肤的损害。

微量元素硒具有抗氧化的作用，它通过阻断身体过氧化反应而起到抗辐射、延缓衰老的作用。含硒丰富的食物有芝麻、麦芽、蘑菇、酵母、蛋类和金枪鱼等海产品。芝麻不仅富含硒，还富含具有抗氧化作用的维生素 E，双重作用更有利于抵挡计算机辐射。

技 能 要 求

技能 1　牛肉山药汤

牛肉山药汤如图 3-1 所示。

一、操作准备

1. 主料准备：牛腱肉 400 克、山药 1 根。

2. 辅料与调料准备：红枣 5 颗，盐 2 克，枸杞 10 粒，葱、姜适量。

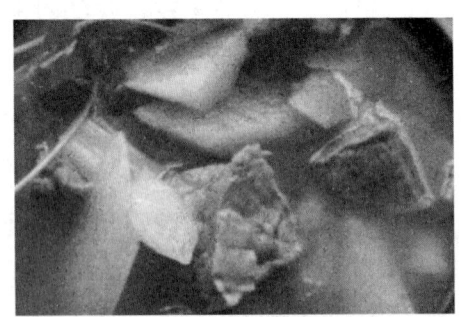

图 3-1　牛肉山药汤

二、操作步骤

步骤1 将牛腱肉洗净,切块。将山药去皮洗净,切滚刀块。

步骤2 将牛腱肉凉水下锅,烧热氽烫去血沫。

步骤3 起锅热油,把葱、姜爆香,放入牛腱肉翻炒,加入没过牛腱肉1~2厘米的水,大火烧开后转中小火炖20分钟。

步骤4 加入山药、红枣继续煮20分钟,炖至汤汁浓缩,山药绵软,加入枸杞和盐搅拌均匀,出锅即可。

三、营养价值

此道汤品为孕妇补铁补血最为经典的菜肴。

技能2 牡蛎豆腐汤

牡蛎豆腐汤如图3-2所示。

一、操作准备

1. 主料准备:鲜牡蛎肉200克、豆腐200克。

2. 辅料与调料准备:盐3克,葱、蒜、湿淀粉、香油、植物油适量。

图3-2 牡蛎豆腐汤

二、操作步骤

步骤1 将牡蛎肉洗净,切成薄片。将豆腐切丁,蒜切片,葱切末。

步骤2 锅置火上,放植物油烧热,下蒜片煸香,加水烧开,加入豆腐丁、牡蛎肉、盐、葱末,用湿淀粉勾薄芡,点上香油即可。

三、营养价值

牡蛎在所有食物中含锌量最高,豆腐富含植物蛋白、钙等多种营养素,这道菜肴是妊娠中期补锌的理想佳品。

技能 3　麻酱鸡丝

麻酱鸡丝如图 3-3 所示。

一、操作准备

1. 主料准备：鸡胸肉 1 块、黄瓜半根、胡萝卜半根。

2. 辅料与调料准备：盐 1 克、芝麻酱 5 克、酱油 5 克、香油 1 克、料酒 5 克、姜片适量、纯净水适量。

图 3-3　麻酱鸡丝

二、操作步骤

步骤 1　将黄瓜洗净，切丝，铺在盘底。将胡萝卜洗净，切丝，入锅汆烫，捞出铺放在黄瓜丝上。将鸡胸洗净，和姜片、料酒一起放入锅中，大火煮开，撇去浮沫，转中火煮 20 分钟出锅。

步骤 2　鸡胸肉晾凉后，撕成丝，倒上酱油和香油拌一下，将拌好后的鸡丝铺在黄瓜和胡萝卜上。

步骤 3　在芝麻酱中放盐和纯净水，按顺时针方向搅拌均匀后，浇到鸡丝上即可。

三、营养价值

芝麻酱含有丰富的钙元素，在补钙食品中名列前茅。芝麻酱中还含有丰富的蛋白质、铁、磷等营养成分。鸡肉肉质细嫩，滋味鲜美，蛋白质含量较高，且易被人体吸收入利用。这道菜既有营养，又清淡，是孕妇补钙的最佳膳食之一。

技能 4　松仁炒菠菜

松仁炒菠菜如图 3-4 所示。

一、操作准备

1. 主料准备：菠菜 500 克、熟松仁 50 克。

2. 辅料与调料准备：盐 2 克，葱、植物油适量。

二、操作步骤

步骤 1 将菠菜洗净，用开水汆烫，切段，沥干水。

步骤 2 起锅放植物油，油热放葱爆香，放入菠菜翻炒，再加盐翻炒均匀，最后放入熟松仁翻炒即可。

图 3-4 松仁炒菠菜

三、营养价值

菠菜营养价值很高，含有丰富的叶酸，胡萝卜素和铁的含量也很高，对孕妇缺铁性贫血有辅助治疗作用，它还含有丰富的植物纤维，能促进肠蠕动。松仁中的维生素 E 含量高达每百克 30 毫克，有很好的软化血管作用，能补肾益气、养血润肠、滋补健身。这道菜对于需要补充叶酸的孕妇来说是很好的滋补佳肴。

技能 5　豆腐海菜素菌汤

豆腐海菜素菌汤如图 3-5 所示。

一、操作准备

1. 主料准备：裙带菜 50 克、白蘑菇 50 克、豆腐 50 克、油菜 2 根、胡萝卜半根、香菇 2 朵。
2. 辅料与调料准备：盐 2 克、清水适量。

图 3-5 豆腐海菜素菌汤

二、操作步骤

步骤 1 裙带菜提前用清水浸泡 10 分钟，洗净。将白蘑菇洗净，撕成小朵。将豆腐洗净，切块。将油菜洗净。将胡萝卜洗净、切片。将香菇去蒂，洗净，划十字花刀。

步骤 2 在锅中加入适量清水，放入裙带菜，煮开后，撇去浮沫，放入香菇、白蘑菇、胡萝卜、豆腐、油菜煮 20 分钟，加盐调味即可。

三、营养价值

裙带菜营养丰富，含蛋白、脂肪、糖及粗纤维等物质，其含碘量丰富，能够起到补碘作用。白蘑菇富含微量元素硒,豆腐含有丰富的植物蛋白和钙,油菜含有叶酸等营养素,胡萝卜富含维生素A,香菇更有提高免疫力的作用。因此,这道菜清淡且营养丰富,是适合孕妇补碘的营养菜肴。

技能 6　胡萝卜炒西蓝花

胡萝卜炒西蓝花如图 3-6 所示。

一、操作准备

1. 主料准备:胡萝卜 2 根、西蓝花 1 棵。
2. 辅料与调料准备:盐、生抽、蒜、植物油适量。

图 3-6　胡萝卜炒西蓝花

二、操作步骤

步骤 1　将西蓝花掰成小朵,洗净。将胡萝卜洗净,切片,蒜拍碎备用。

步骤 2　起锅烧水,水开后放入西蓝花,加盐、植物油。待水沸,将西蓝花捞起备用。

步骤 3　在热锅中倒入植物油,八分热时将蒜、胡萝卜下锅炒,炒到胡萝卜变软,下烫好的西蓝花一起炒,加盐、少量生抽调味即可。

三、营养价值

胡萝卜中的天然胡萝卜素是一种强抗氧化剂,能有效保护人体细胞免受损害。长期食用含胡萝卜素的食物,能使人体少受辐射和超量紫外线照射的损害。西蓝花富含丰富的维生素 C,能够提高人体的免疫力,它还含有丰富的膳食纤维,能够通便,对于便秘者能够起到缓解作用。这道菜非常适合长时间在计算机旁工作的孕妇食用。

技能 7　橙汁松子鳕鱼

橙汁松子鳕鱼如图 3-7 所示。

一、操作准备

1. 主料准备：去皮鳕鱼450克、松仁10克、鲜橙汁120克、洋葱半个、番茄酱100克。

2. 辅料与调料准备：盐3g、白糖10克、湿淀粉、植物油适量。

图 3-7　橙汁松子鳕鱼

二、操作步骤

步骤1　将鳕鱼、洋葱洗净、切块待用。

步骤2　将鳕鱼块用盐涂抹均匀，裹上淀粉。

步骤3　在热锅中倒入植物油，放入鳕鱼块，30秒后用锅铲轻轻翻动。待鱼块外表呈金黄色时捞出，沥干油分。

步骤4　另起锅，重新倒油，炒洋葱，加入番茄酱、鲜橙汁、白糖和盐调味。烧开后淋入湿淀粉勾芡，放入鳕鱼块一起快速翻炒，出锅装盘后撒上松仁即可。

三、营养价值

鳕鱼富含蛋白质和各种维生素，以及钙、镁等元素，营养价值非常高，孕妇经常食用有预防高血压和补气养血的功效。

技能 8　扁豆炒肉

扁豆炒肉如图 3-8 所示。

一、操作准备

1. 主料准备：扁豆300克、猪肉100克。

2. 辅料与调料准备：盐、生抽、葱、植物油适量。

图 3-8　扁豆炒肉

二、操作步骤

步骤1　将扁豆去掉头尾和豆筋，洗净备用。将葱洗净，切成葱花。

步骤2　将猪肉洗净，切片备用。

步骤3 在热锅中倒入植物油,油热加入葱花炒香,加入猪肉翻炒至变色,淋入一勺生抽,加入扁豆继续翻炒,直至扁豆熟透。出锅前撒适量盐翻炒均匀。

三、营养价值

扁豆的无机盐与维生素含量很高,还能为人体提供蛋白质、脂肪、糖类等营养成分,而且很适合妊娠期糖尿病孕妇食用。

技能 9 酸菜鲫鱼汤

酸菜鲫鱼汤如图 3-9 所示。

一、操作准备

1. 主料准备:鲫鱼 1 条、酸菜 150 克。
2. 辅料与调料准备:盐、葱、姜、料酒、植物油、水适量。

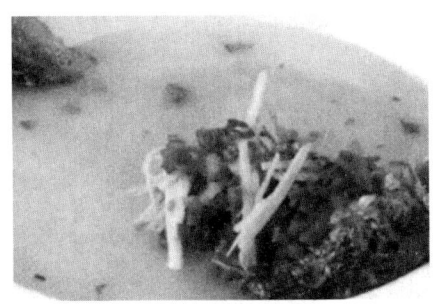

图 3-9 酸菜鲫鱼汤

二、操作步骤

步骤1 将鲫鱼去除内脏,洗净,用盐、料酒腌渍 10 分钟。

步骤2 起锅放入植物油,以中火煎鱼,至鱼皮微黄,盛出。

步骤3 锅中留底油,再次油热后放入葱、姜爆香,放入酸菜煸炒后加水煮开。

步骤4 放入鲫鱼,大火煮 3~5 分钟,改中小火煮 15~20 分钟,待汤汁变成乳白色即可。

三、营养价值

鲫鱼富含蛋白质、碳水化合物、钙、铁、磷等营养成分。酸菜有去腥、开胃作用。孕妇在饭前喝一碗酸菜鲫鱼汤,可开胃促食欲。

技能 10 酸黄瓜

酸黄瓜如图 3-10 所示。

一、操作准备

1. 主料准备：黄瓜 200 克。
2. 调料准备：盐、糖、醋适量。

图 3-10　酸黄瓜

二、操作步骤

步骤 1　将黄瓜洗净，切条，用少许盐腌 15 分钟。滗去水，加入醋、糖、盐拌匀。

步骤 2　将加工好的黄瓜装入碗中，用保鲜膜封住碗口，放入冰箱内，30 分钟后即可食用。

三、营养价值

黄瓜富含膳食纤维、叶酸及其他维生素，酸黄瓜开胃又不失营养，是孕妇孕吐时止吐的理想小菜。

技能 11　香蕉麦片粥

香蕉麦片粥如图 3-11 所示。

一、操作准备

1. 主料准备：香蕉 2 根、麦片 100 克。
2. 辅料与调料准备：蜂蜜、清水适量。

图 3-11　香蕉麦片粥

二、操作步骤

步骤 1　将麦片淘净，香蕉剥皮，切成 2 厘米厚片（为防止氧化，待米粥熬好临下锅再剥皮、切片）。

步骤 2　锅内放入清水，煮沸后放入的麦片，大火煮沸，调至小火煨 15 分钟。

步骤 3　放入香蕉厚片，煨粥 5～10 分钟盛出即可。粥微凉后，加入适量蜂蜜。

三、营养价值

香蕉含有丰富的膳食纤维，能促进肠蠕动，且能润肠。麦片含有的钙、磷、铁、锌等,含有丰富的膳食纤维,促进肠蠕动,有通便的作用。此粥非常适合妊娠期便秘的孕妇食用。

技能 12　冬笋老鸭煲

冬笋老鸭煲如图 3-12 所示。

一、操作准备

1. 主料准备:秋初的老鸭半只、冬笋 50 克、香菇 3 个。

2. 辅料与调料准备:盐 2 克,姜、料酒适量。

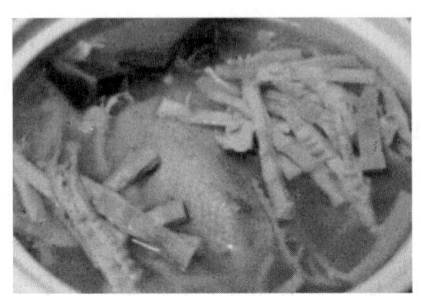

图 3-12　冬笋老鸭煲

二、操作步骤

步骤 1　将冬笋洗净,切片,放在开水锅里焯水去涩。将老鸭洗净切大块,另放开水锅汆烫去异味。将香菇去蒂洗净,姜洗净切片。

步骤 2　把老鸭放入煲里,加冬笋、香菇和姜,再加水。开大火烧开后加料酒,撇去浮沫。用小火炖熟烂,加盐调味即可。

三、营养价值

鸭肉营养价值很高,富含 B 族维生素和维生素 E,钾含量高。秋初的老鸭有消肿去水的功效。冬笋含有丰富的纤维素,能促进肠道蠕动,有助于消化。这道汤品适合妊娠晚期孕妇缓解水肿。

技能 13　羊肉红枣汤

羊肉红枣汤如图 3-13 所示。

一、操作准备

1. 主料准备:羊肉 350 克、红枣 100 克。

2. 辅料与调料准备:红糖 100 克、黄芪 15~20 克、当归 15~20 克、水 1 000 毫升。

图 3-13　羊肉红枣汤

二、操作步骤

步骤 1 将羊肉洗净，切块，下冷水煮沸，去浮沫。将红枣、黄芪、当归洗净。

步骤 2 锅中放水，将羊肉、红枣、黄芪、当归一起放入锅里煮，煮至汤汁剩一半。

步骤 3 倒出汤汁，分成 2 碗，加入红糖。

步骤 4 在临产前 3 天开始早晚服用。

三、营养价值

此道汤品能安神，快速消除疲劳，可增加孕妇的体力，有利分娩。

学习单元 2　疏导孕妇的不良情绪

知=识=要=求

一、妊娠初期的心理特点

女性在妊娠最初的 3 个月，更多的心理变化是担心和愉悦，这种心情很复杂。在妊娠早期，早孕反应会使孕妇的心理波动很大。在很多时候，孕妇会凭借着自己的想象来幻想胎儿在自己腹中的情况，相对来说，此时孕妇的心里比较甜蜜。

不过，当早孕反应一波一波袭来时，有的孕妇就会招架不住。恶心、呕吐、食欲不振，甚至整夜失眠，这都会使孕妇疲惫不堪，如果孕妇还在上班，这样的反应会让孕妇有想退缩的心情。但是，胎儿在腹中一天天发育，孕妇又会咬牙坚持。

二、妊娠中期的心理特点

在妊娠中期，孕妇会轻松很多，相对来说，此时的孕妇心情较好，因为妊娠初期很多不适症状会消失，而且食欲和睡眠都恢复正常，腹部也逐渐隆起，此时孕妇看到隆起的腹部，胎儿的存在感会更强。

妊娠 5 个月，胎动会逐渐出现，妊娠 28 周，胎动会达到最高峰。此时，孕妇会很兴奋，会实实在在感受到小生命的存在，这无疑会给孕妇极大的安慰。

三、妊娠晚期的心理特点

在妊娠最后 3 个月，孕妇的兴奋劲过了以后，又会重新感到压抑和焦虑，此时主要是身体内出现更多不适，如便秘、水肿、失眠、脚抽筋等，这都会使她们开始有点招架不住。

此外，这时胎儿的预产期越来越近，孕妇会为分娩和胎儿是否健康而担心。这时孕妇会把更多精力投注到胎儿身上。对于分娩的未知，孕妇会感到恐惧和担心，会出现焦急不安的情绪，这对即将分娩的孕妇来说是不利的。过分担心和恐惧会影响正常分娩，很容易造成难产，要尽量避免。

技 能 要 求

技能 1　疏导孕妇的不良情绪

一、疏导方法

1. 家政服务员应了解一些简单的心理学知识。孕妇遇到问题时，特别是知、情、意转变时，家政服务员可运用心理学知识合理调节。人的情绪会像大海一样潮起潮落，大多数抑郁都是正常的情绪反应，轻度抑郁会随着时间推移而缓解，但中度抑郁、重度抑郁如不及时调整和疏导，会埋下隐患。这时应到专业机构请心理辅导人员帮助调整和治疗。

2. 疏导不良情绪，并合理宣泄。不良情绪需要疏导，否则积压成疾，会产生心理疾病。孕妇适当发脾气也可以缓解压力，让孕妇哭出来，哭也是很好的宣泄。

3. 让孕妇接纳自我情绪。有些孕妇认为抑郁、焦虑、担忧、恐惧是不健康的表现，出现后总想马上驱除，结果却是剪不断理还乱。事物都有一定的规律，情绪也有自身的消长规律，应让孕妇顺应这种规律，接纳并努力调节情绪。

4. 以情制情，特意转移。孕妇遇到问题时，家政服务员应用积极的态度消除孕妇的消极情绪，有意用其他事情去转移其不良情绪，遇到问题冷静思考，缓解焦虑。

5. 用脱敏的方法循序渐进地进行调整。当孕妇有不良情绪时，可让她听一些轻松的音乐，使她感受宁静的氛围，想象自己置身于森林、大海、山谷等，进行有节奏的深呼吸，逐步放松全身，尽量摆脱不良情绪。

6. 让孕妇把自己的想法说出来，倾诉有助于减轻痛苦。

7. 请家人配合。在调节情绪上，孕妇家人的配合非常重要。孕妇抑郁与社会支持不足有密切关系。孕妇抱怨、发脾气只是一种宣泄，家人耐心倾听会使孕妇增强自控能力。孕妇遇到心理问题时，不要回避，应主动把自身想法说出来，寻求家人帮助。

二、注意事项

1. 针对不同类型的孕妇进行不同形式的疏导。
2. 措施要切实可行。
3. 孕妇对疏导者有信任感。

技能 2　疏导产前焦虑

一、亲情配合

从心理学角度，一个人心理状态越不好越想得到亲人的同情和安慰。因此，家政服务员要告知以准爸爸为首的全家人行动起来，为孕妇实行减压计划，给予加倍的关怀和爱护。这对于缓解孕妇产前焦虑非常重要，具体方法如下。

1. 共同学习

准爸爸陪同孕妇一起到孕妇学校或孕妇课堂听取产前知识的讲座，与其他孕妇互相交流、沟通，能减少孕妇的恐惧和忧虑。

2. 生活关怀

准爸爸或家政服务员每天帮助孕妇洗浴，准爸爸在临睡前给孕妇轻轻按摩，缓解妊娠期酸痛和水肿，帮助孕妇入睡。

3. 携手散步

准爸爸每天清晨或傍晚要陪孕妇散步，也可以适当地陪着孕妇做体操。

4. 贴身守候

临产前这段时间，准爸爸尽量不要到外地出差，应陪伴在孕妇身边，缓解其紧张情绪。

5. 陪同检查

准爸爸每周陪伴孕妇到医院接受产检，与孕妇共同做好临产前的准备。

二、指导孕妇自我心理救助

1. 学会倾诉

指导孕妇及时向丈夫、其他家人、医生或朋友倾诉，让心情逐渐开朗。

2. 坚持再坚持

告诉孕妇，那么长的一段时间都坚持下来了，剩下的这点时间再坚持一下。

3. 丰富生活内容

让孕妇走出去，与其他孕妇们多交流，或者阅读一些书，做点简单家务，和准爸爸一起做些手工，丰富自己的生活，减少胡思乱想的时间。

学习单元3　指导孕妇做好胎心、胎动监测

知=识=要=求

一、胎心监测

1. 胎心监测的必要性

在漫长的妊娠期中，有可能会因胎盘脐带或孕妇自身原因导致胎儿宫内缺氧。胎心监测的目的是评估胎儿的正常发育情况，在胎儿缺氧早期及时发现并纠正。胎心监测通过监测胎心率来反映胎儿在母体内的状况。除了去医院产检时要做胎心监测外，平时孕妇在家也可以通过家庭胎心监测，来掌握胎儿的情况。

2. 家庭胎心监测的方法

（1）家用胎心监测仪器

产检时，孕妇和家属可留心医生听胎心的位置，在家中用家用胎心监测仪找到胎心的位置，自己听胎心。由于胎儿随时移动，胎心的位置也会随之变化。胎儿小于 5 个月时，胎心位置通常在脐下、腹中线的两侧。妊娠 6~8 个月时，胎心位置会上移。胎动一般是胎儿的手脚在动，所以孕妇如感觉右面肚皮胎动频繁，则胎心一般在左面。妊娠晚期，胎位基本固定，观察医生听胎心的位置

即可。

（2）家用胎心听诊器

家用胎心听诊器类似医用听诊器，金属听头连接胶管，胶管分为两股，各接有一只耳塞，有的听诊器背面装有电子计时器，方便孕妇和家属监听胎心时看时间。

（3）家属（或家政服务员）亲耳听

妊娠 6 个月后，家属（或家政服务员）用耳朵贴在孕妇腹部就可以听到胎儿的心音，正常胎心音每分钟 120~160 次。

3. 注意事项

（1）孕妇可在做监护 30 分钟至 1 小时前吃一些食物，如巧克力。

（2）最好选择一天当中胎动最为频繁的时间进行监测。

（3）应选择一个舒服的姿势进行监护，避免平卧位。

二、胎动监测

1. 胎动监测方法

方法一：记录 3 个 1 小时的胎动次数，乘以 4，得到 12 小时的胎动次数。

可在空闲时间，如早饭后、午休后和晚饭后，采用左侧卧姿势或坐在椅子上，记录胎儿 1 小时内胎动的次数。每天记录 3 次，将每次的胎动次数相加之和乘以 4，即 12 小时的胎动次数。

不同孕周的胎动次数会有所差别。正常情况下，每小时胎动在 3 次以上，12 小时胎动在 30 次以上表明胎儿情况良好。如果 12 小时胎动少于 20 次，就意味着胎儿有宫内缺氧情况，10 次以下说明胎儿有危险，需要马上去医院检查。

方法二：累计每天的胎动次数。

做一个简单的表格，每天早上 8 点开始记录，每感觉到一次胎动，就在表格里做个记号，累计 10 次后不用再做记录。如果从早 8 点到晚 8 点，胎动次数没有达到 10 次的话，家政服务员就要提示孕妇尽快去医院检查。

如果妊娠晚期胎动频繁（胎动大于等于 30 次 /12 小时或大于等于 4 次 / 小时）也为正常，所以孕妇不必过于担心。根据时间的不同，胎动的次数也会有变化。一般而言，晚上胎动次数较多，早晨较少。

2. 胎动异常情况辨识

胎动突然减少，可能是孕妇发烧。胎动突然加快，可能是孕妇受剧烈的外伤。胎动突然加剧，随后很快停止运动，可能是胎盘早期剥离，或者脐带绕颈或打结。

一旦出现异常胎动的情况，家政服务员要立即通知孕妇家属，迅速送孕妇到医院就诊。

学习单元4　为孕妇推荐胎教音乐和胎教故事

知＝识＝要＝求

孕妇衣、食、住、行的每一个方面都可以对胎儿产生影响，均是胎教的内容。人们在长期实践中探索出许多增加母亲、父亲与胎儿交流的方法，即"直接胎教"。目前已证实，直接胎教方法中音乐胎教、语言胎教和抚摸胎教具有易行、安全、有效的特点，适合一般家庭进行胎教时使用。

一、胎教的种类

胎教可以分为音乐胎教、情绪胎教、语言胎教、抚摸胎教、环境胎教、运动胎教。

二、音乐胎教的种类

1. 母唱胎听法

母唱胎听法即孕妇低声哼唱自己所喜爱的有益于自己及胎儿身心健康的歌曲。哼唱时要凝神于腹内的胎儿，其目的是唱给胎儿听，使自己在抒发情感与内心寄托的同时，让胎儿能感受到美妙的音乐。这是一种不可忽视的、良好的音乐胎教方式，适宜于每一位孕妇采用，如图3-14所示。

2. 母教胎唱法

母教胎唱法即孕妇选好一支曲子后，自己唱一句，随即凝思胎儿在自己的腹内学唱。尽管胎儿不具备歌唱的能力，只是通过充分发挥孕妇的想象力，利用"感通"途径，对胎儿进行早期教育。本方法由于更充分利用了母胎之间的"感通"途径，其教育效果比较好，如图3-15所示。

图3-14 母唱胎听法

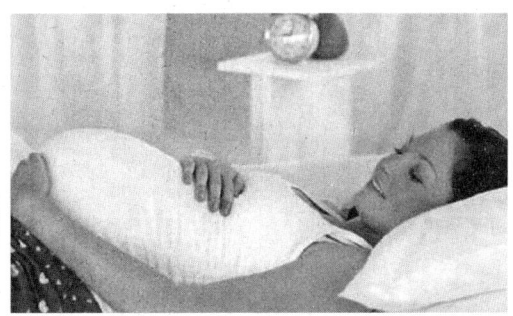

图3-15 母教胎唱法

3. 器物灌输法

利用器物灌输法进行音乐胎教，可以准备一架微型扩音器，将其靠近孕妇腹部，当乐声响时不断轻轻地移动扩音器，将优美的乐曲通过母腹的隔层，源源不断地灌输给胎儿。在此过程中，扩音器在腹部移动要轻柔缓慢，播放时间不宜过长，以免胎儿过于疲乏。一般每次以5~10分钟为宜。

4. 音乐熏陶法

音乐熏陶法主要适宜爱好音乐并善于欣赏音乐的孕妇采用。有音乐修养的人一听到音乐就进入音乐的世界，情绪和情感都变得愉快、宁静和轻松。孕妇每天欣赏几支音乐名曲，听几段轻音乐，在欣赏与倾听中浮想联翩，寄情于胎儿，时而沉浸于一江春水的妙境，时而徜徉在芭蕉绿雨的幽谷，好似生活在美妙无比的仙境，遐思悠悠，能收到良好的胎教效果，如图3-16所示。

图3-16 音乐熏陶法

5. 朗诵抒情法

在音乐伴奏与歌曲伴唱的同时，朗读诗或词，以抒发感情，器乐、歌曲与朗读三者相互呼应，优美流畅，和谐统一，具有很好的抒发感情的作用，能给孕妇与胎儿带来美的享受。

三、胎教的要点

1. 尽量采用自然的、本土的、与生俱来的方式,让孕妇与胎儿进行沟通。
2. 让孕妇用自己的理解方式把对音乐和生活的理解传达给胎儿。
3. 胎教音乐切忌大声,勿选择节奏感强的音乐,听音乐时间不宜太长。

技 = 能 = 要 = 求

技能 为孕妇推荐胎教音乐和胎教故事

一、操作准备

1. 物品准备:胎教用音乐及播放设备。
2. 环境准备:环境安静,空气清新,时间适宜。

二、操作步骤

1. 音乐胎教的方法

由孕妇聆听其喜爱的、动听的、悦耳的乐曲,或唱歌给胎儿听。音乐对胎儿大脑发育是良好的刺激,能促进孕妇体内分泌特定物质,调节血液流量,使神经细胞兴奋,改善胎盘供血状况,促使胎儿大脑向优化发育,开发右脑,启迪智力。

欣赏音乐的音量以不超过 65 分贝为宜,每天早、中、晚各欣赏 30 分钟左右即可。

2. 语言胎教的方法

在妊娠中期,胎儿就具备了听觉与感觉能力,对父母的言行会做出一定的反应,会在脑子里形成记忆。此时,父母可朗诵一些优秀的文学作品、诗歌给胎儿听,也可用胎教仪器与胎儿对话。

3. 抚摸胎教的方法

父母通过肢体抚摸,把信息输给体内胎儿,刺激胎儿的大脑,即开始了新的神经链与脑细胞的通路,刺激越频繁,胎儿产生记忆、智力开发越快,出生后孩子就会比一般孩子聪明。父母用手在腹部抚摸胎儿,用手指对胎儿身体轻轻按一下，胎儿会做出反应。每天做2~4次，每次5分钟，可边触摸，边说话，加深全家人的感情。

另外，还有文字胎教、书法胎教、绘画胎教，把简单的单词读给胎儿，可在其大脑中留下印象。

三、注意事项

1. 妊娠4个月以后，孕妇不要长时间待在嘈杂的环境中，如酒吧、KTV、建筑工地等。听音乐时，千万不要把耳机或者音箱扣在肚皮上。因为胎儿的听觉正在发育，嘈杂、刺耳的声音会损害胎儿的听觉，导致耳聋等严重后果。

2. 由于脑神经系统发育，胎儿会逐渐感受到孕妇的情感，所以这时准父母千万不要吵架，以免给胎儿造成不良的影响。

3. 虽然可以摸到胎儿的各个部位，可准父母别猛然把胎儿的手脚捏住，这容易让胎儿受到惊吓，影响发育。

4. 如果胎儿没动静，可能就是处于睡眠状态，不要为了胎教，拍打肚皮，把胎儿吵醒。

相关链接

我是家政服务员李春霞，服务于一位怀孕6个月的孕妇。孕妇一直认为营养才是最重要的，所以一直积极摄取卵磷脂、DHA、维生素、蛋白质等。后来我告诉她，胎儿不仅有营养上需求，还要有精神上的需求。为此我给她提供了胎教的课程，之后她就和胎儿，还有胎儿的爸爸开始了我提供的胎教课程。听音乐、讲故事、做运动，每天按照课程安排，把多姿多彩的胎教课程安排到生活当中，直到胎儿降生的那一天。

分娩后，护士刚给新生儿洗过澡，就惊奇地发现，新生儿的眼睛竟然是睁开的，乌黑的眼珠，好像会说话一样。出生后才十几天，当我拿以前做胎教的卡片给她看时，她会睁大眼睛，很认真地看着卡片，嘴里发出"啊啊"的声音，好像很想跟我说话一般。当给新生儿重复放妈妈在孕期听的胎教音乐时，我发现新生儿的表情会随着音乐的韵律而变化。当婴儿满月后，到医院保健科接种疫苗时，医生给婴儿查体后说，婴儿发育得很健康，反应很灵敏，比同月龄的婴儿聪明。听到医生这么说，作为家政服务员，我感到没有比这更让人开心的事了。

学习单元 5　妊娠期常见病护理方法

知=识=要=求

一、妊娠高血压疾病

1. 基本表现

妊娠高血压疾病是妊娠特有的疾病，常发生在妊娠 20 周以后，基本表现为血压升高、蛋白尿、水肿。该病如果控制得不好，会引起孕妇抽搐，危及孕妇和胎儿的生命。

2. 护理方法

（1）积极治疗妊娠高血压疾病，以防止病情发展而导致各种并发症的发生。饮食要清淡，要减少食盐的摄入。

（2）患妊娠高血压疾病的孕妇，应适当加强休息，防止病情恶化，增加产前检查的次数。

（3）子痫前期轻度的孕妇要完全休息，按时就医，用降压、镇静和利尿药物。当门诊治疗无效时，应住院治疗。

（4）子痫前期重度的孕妇应住院治疗。

（5）要定期进行产前检查，定期化验小便，常测血压。如发现异常，要及时治疗，以防止病情恶化。

（6）避免居住环境嘈杂。

（7）协助孕妇数胎动，如胎动异常，应立即到医院就诊。

二、妊娠期糖尿病

1. 基本表现

妊娠期间的各种生理变化会使胰岛素抵抗增加，形成妊娠期糖尿病。糖尿病对母亲的影响，除了血糖不易控制之外，还容易患感染性疾病，如尿路感染等。此外，发生妊娠高血压疾病的概率也会比一般人高出许多。

除了巨婴症易导致难产之外，长期高血糖也容易导致子宫胎盘血管病变，而引起胎儿生长迟滞甚至胎死腹中，不可不慎。所以，糖尿病孕妇应接受医师及营养师的建议，控制饮食或以降血糖药物控制，以确保孕妇和胎儿平安。

2. 护理方法

（1）饮食护理

进行饮食控制，限制碳水化合物的摄入量，多食蔬菜和豆制品类食物，限制水果摄入量。

（2）运动护理

每餐后，陪同孕妇散步 30~40 分钟。

（3）药物治疗

如果饮食控制不好，则需在医护人员的指导下协助产妇使用胰岛素注射来控制血糖。

（4）定期监测

协助孕妇定期监测血糖。

（5）健康宣教

用所学的糖尿病的相关知识，向孕妇讲解妊娠期糖尿病的注意事项。

（6）协助孕妇数胎动

如胎动异常，立即到医院就诊。

三、先兆流产及先兆早产

1. 基本表现

流产是胚胎难以在子宫内继续妊娠而发生出血，胚胎排出体外，嵌于子宫颈口或死于宫内。常见的流产有先兆流产、难免流产、不完全流产、完全流产、稽留流产及复发性流产，主要表现如下。

（1）妊娠 28 周前出现不规则少量阴道出血，常为暗红色，腹痛，子宫大小与妊娠月份相符，未见胎块物从阴道排出，胎儿尚存活，可继续妊娠可能为先兆流产。

（2）在先兆流产基础上，如阴道出血量多，伴血块排出及阴道流液，小腹痛剧烈，面色苍白者，常为难免流产。

（3）阴道出血量多，腹痛剧烈，于阴道内排出胎盘样组织后，腹痛缓解，阴道出血量较前减少者，常为完全流产。

（4）在难免流产基础上，如阴道出血量多，有胎物排出，但仍有部分残留在体内，腹痛加剧，出血不止，面色苍白，出冷汗，头晕，目眩，常为不完全流产。

（5）有停经史，阴道反复出血，量时多时少，子宫不见增大者，常为稽留流产。

（6）连续流产3次以上的称为复发性流产，也称习惯性流产。

先兆早产指妊娠满28周不足37周，孕妇出现不规律的宫缩，有腹痛和阴道流血的情况。

先兆流产和先兆早产一旦产生需积极护理，以避免流产和早产。

2. 护理方法

（1）孕妇卧床保胎。家政服务员对孕妇进行卧床的生活护理，如饭前饭后的护理、便前便后的护理，保证孕妇卧床保胎的基本需要及卫生护理。

（2）保持大便通畅，协助孕妇多食含纤维素高的食物，以保证大便通畅，必要时协助使用缓泻剂。

（3）协助孕妇使用保胎药物，定时服用。

四、前置胎盘及胎盘早期剥离

1. 基本表现

妊娠晚期出血又称产前出血，是指妊娠28周以后发生的阴道出血。常见而严重的有前置胎盘、胎盘早期剥离。这两种病起病急，易发生大出血，短期内可危及孕妇和胎儿的生命。

（1）前置胎盘

正常妊娠时，胎盘附着在子宫体的前壁、后壁和侧壁上。如果胎盘部分或全部附着于子宫下段，并盖在子宫颈内口上，称为前置胎盘，其主要表现如下。

1）阴道出血，妊娠后期出现无腹痛性阴道出血，是前置胎盘主要症状。往往在半夜或不知不觉中发现出血，初期血量会少些，但可反复出血，一次比一次多，颜色鲜红，有时有血块。

2）孕妇自感腹软，子宫无收缩。如出血不多，仍可感到有胎动；如出血量多，可引起胎儿宫内缺氧，容易造成胎死宫内，胎动也就消失。

3）该病因出血量多，孕妇在短期内即可有严重贫血，并有头昏、心跳、四肢发冷、面色苍白等休克表现。

（2）胎盘早期剥离

胎盘附着于正常部位，在胎儿娩出前，部分或全部从子宫壁剥离者，称为胎盘早期剥离。胎盘早期剥离是妊娠晚期严重并发症之一。有妊娠中毒症、原发性高血压、慢性肾炎、腹部外伤、胎位不正行外倒转手术者，容易患此病，其主要表现如下。

1）妊娠晚期或将要分娩前，突然发生剧烈腹痛，为持续不停地痛。

2）腹痛后有阴道流血，阴道出血量与休克症状不相符合，即阴道出血少，而休克严重。

3）触摸子宫会感到僵硬，并有明显压痛，宫底较前升高，胎心、胎动消失。

4）胎膜自行破裂者，可流出粉红色血性羊水。

2. 护理方法

（1）卧床休息，注意有无腹痛发生。

（2）注意阴道出血量、脉搏及血压变化，定期测量脉搏和血压情况。

（3）预防大便干燥，协助孕妇多食富含纤维素的食物，必要时协助使用缓泻剂。

（4）饮食上选择含铁量高的食物。

（5）预防感染，保持孕妇身体清洁。

（6）监测胎动，如胎动有异常，立即就医。

（7）如有持续性腹痛发生，立即就医。

五、胎膜早破

1. 基本表现

（1）阴道自然流出无色液体。

（2）如羊水伴有颜色（黄色、黄绿色），说明胎儿有缺氧表现。

2. 护理方法

（1）如孕妇在家中突然发生胎膜早破，应协助孕妇立即平卧或左侧卧位，不可坐或站立，避免脐带脱垂。

（2）应立即呼叫救急车，用担架将孕妇送往医院。

（3）胎膜早破后，如发现羊水异常，应在第一时间送往医院就诊。

学习单元6　异常妊娠识别与应对

知=识=要=求

一、妊娠早期需就医的情况

妊娠早期的3个月是胎儿器官分化的关键阶段，也是胎儿最为脆弱的时期。因为胎盘没有巩固，胎儿对来自各方面的影响特别敏感，一旦出现以下异常情况，孕妇需要第一时间就医。

1. 异常呕吐

孕妇出现持续恶心、频繁呕吐、不能进食、明显消瘦、自觉全身乏力等症状，就必须就医。剧烈、频繁呕吐会影响孕期的营养吸收，引起血压下降、尿量减少、脱水、电解质紊乱等不良反应，严重时会损害肝肾功能，影响胎儿的营养吸收和生长发育。缺乏经验的孕妇容易将此视为正常孕吐，往往想不到求医。

2. 见红

少量断断续续地流血称见红，如有见红但无腹痛，可以先卧床休息。如休息后见红仍不止或反而增多，应立即去医院检查胚胎发育是否良好，流产是否可以避免，以确定治疗方案。如果出血量超过月经，更是不正常，此时要立即去医院，如有阴道排出物，要把排出物一并带去，方便医生诊断。孕期出现见红应及时告知医生，切勿讳疾忌医。少量出血提示孕妇要注意休息。有流产经历的孕妇妊娠早期最好休息3个月，妊娠稳定后再开始工作。

3. 腹痛

妊娠早期出现腹痛，特别是下腹部痛，应该考虑是否是妊娠并发症。如果症状是阵发性小腹痛，伴有见红，可能是先兆流产。如果是单侧下腹部剧痛，伴有见红及昏厥，可能是宫外孕。如果妊娠期出现上述两种腹痛，一定要及时去医院治疗。

4. 体温升高

发热是常见的胎儿致畸因素。热度越高、持续越久，致畸的可能性越大。因此，孕妇在妊娠早期要注意冷暖，少去空气不洁、人员拥挤的公共场所。另外，高温作业、桑拿浴、热盆浴等也是造成体温升高的原因，这些活动均不适合妊娠早期的孕妇。

二、异常妊娠表现

1. 宫外孕

正常妊娠情况下，受精卵在子宫内膜上着床并生长发育，如果受精卵在子宫体腔以外的地方生长发育，就是异位妊娠，俗称"宫外孕"。

典型症状：停经约 6~8 周后，感到下腹剧烈疼痛，出现少量阴道出血。发生宫外孕时，即使是输卵管破裂，只要治疗及时，就不会对母体产生很大的影响。但如果治疗不及时，就会因大量出血导致危险。

另外，如果只是少量出血，而没有腹痛，则是受精卵在子宫内膜上着床时引起的"点状出血"，并无危险。这种情况下，孕妇不可着急，应卧床休息，家政服务员要密切观察并不时询问孕妇感受。

2. 葡萄胎

葡萄胎是指胎盘底部的微细绒毛产生异常，在子宫内形成葡萄形状的水疱，并充满子宫，是实际上没有胎儿或胎儿发育不正常的情形。

典型症状：恶心、呕吐等症状会非常严重，妊娠 3~4 个月时会分泌大量暗褐色的分泌物，下腹产生膨胀感。妊娠 5~6 个月时也听不到胎心音。

利用超声波检查，在妊娠 5~6 周时就能够准确诊断出葡萄胎，确诊后需要进行 2~3 次刮宫术，手术后要严格进行护理，在手术后一年内必须采取避孕措施。

3. 胎盘功能不良综合征

胎儿宫内发育迟缓称为胎盘功能不良综合征，或胎儿营养不良综合征，会增加胎儿的死亡率，还会影响儿童期及青春期的体格和智力发育。

（1）一旦诊断胎儿宫内发育迟缓，应及时治疗，小于 32 周开始治疗效果较好，超过 36 周治疗则效果较差。

（2）如果是母体因素引起的，应针对病因治疗，如治疗母体并发症。营养不良的孕妇要及时补充营养素，如氨基酸、脂肪、维生素及微量元素等。

（3）如果是胎盘因素引起的，应配合医生积极治疗，改善胎盘微循环。

（4）如果是胎儿因素引起的，如染色体异常、胎儿畸形等严重疾病，则应及早做产前诊断，终止妊娠。

4. 分泌物异常

孕妇在妊娠期正常的分泌物应该是乳白色、没有异味的白带。如果发现分泌物出现了别的颜色，如黄色或者褐色，甚至伴有出血等情况，就应及时去医院检查。

学习单元 7　照护临产孕妇分娩

知=识=要=求

一、临产征兆

1. 子宫底下降

初次生产的孕妇到了临产前 2 周左右，子宫底会下降，孕妇会觉得上腹部轻松起来，呼吸也变得比前一阵子舒畅，胃部受压的不适感减轻，饭量也会随之增加。

2. 宫缩

在临近预产期时，孕妇如觉得腹部 1 天之内有好几次发紧的感觉，并且这种感觉慢慢转为很有规律的下坠痛、腰部酸痛，每次持续 30 秒，间隔 10 分钟，以后疼痛时间逐渐延长，间隔时间缩短，当规律性的疼痛达到每 6～7 分钟 1 次，则意味着将要临产了。

3. 破水

阴道流出羊水，俗称破水。因为子宫强有力的收缩，子宫腔内的压力逐渐增加，子宫口开大，胎儿头部下降，引起胎膜破裂，阴道流出羊水。这时离胎儿降生已经不远了，羊水正常的颜色是淡黄色，如果是血样、绿色混浊，必须马上告诉医生。

4. 出血

正常子宫颈分泌黏稠的液体，在宫颈形成黏液栓，防止细菌侵入子宫腔内。这种分泌物在孕期增多并变黏稠。临产前，因宫颈内口胎膜与宫壁分离，会发生少量出血，这种出血与子宫黏液栓混合，由阴道排出，称为见红。这种见红是分娩即将开始时比较可靠的征兆。如果出血量大，可能是胎盘早期剥离，应立即请医生检查。

5. 下腹部压迫感

由于胎儿下降，分娩时先露出的部分已经降到骨盆入口处，因此孕妇出现下腹部坠胀，甚至感觉膀胱受压迫的现象。这时孕妇会感到腰酸腿痛，走路不方便，出现尿频。

二、分娩过程（简称"产程"）

自然分娩的过程从规律的子宫收缩开始，到胎儿和胎盘娩出为止。一般来说，分娩过程分为3个阶段，也叫3个产程。

1. 第一产程——开口期

从子宫有规律的收缩开始，到子宫口开全，初产妇往往要经历12～14小时的阵痛，经产妇则需要6～8小时。

第1阶段：产道变软。分娩时，子宫颈由紧闭变柔软，方便胎儿通过。子宫口开始缓缓张开，羊水和黏液会起到润滑作用，帮助胎儿通过产道。

第2阶段：子宫开始缓缓收缩，加大子宫内的压力，挤压子宫口，使子宫颈扩大，胎儿往下滑。

第3阶段：阵痛开始，子宫口开始张开，开到1厘米左右后会停止一段时间，然后以每次2～3厘米的速度缓缓张开，最后开到10厘米，使胎儿的头部能通过为止。

2. 第二产程——分娩期

从子宫口开全至胎儿娩出为止，初产妇要持续1～2小时，经产妇可在1小时内完成。

第4阶段：子宫口开始张开时，羊水破裂，此时会感觉有股温暖的液体从阴道流出。阵痛时会有排便的感觉。

第5阶段：阵痛每隔1～2分钟来临一次。阵痛时，孕妇应根据医生的口令，进行呼吸和用力，正确有效地用力非常关键。

第6阶段：第二产程的阵痛来势凶猛，孕妇体力消耗极大，但应努力保持清醒。胎儿头部娩出后，就不要向腹部用力，要短促地呼吸，使胎儿自然娩出。胎儿出生后，医生会剪断脐带。

3. 第三产程——娩出期

第7阶段：胎儿娩出后，宫缩会有短暂停歇，大约相隔10分钟，又会出现宫缩以排出胎盘。这个过程需要5～15分钟，一般不会超过30分钟。

三、指导孕妇分娩的技巧

1. 分散注意力

临产时，陪伴的家属及家政服务员，或者助产士，应分散孕妇注意力，聊一聊孕妇感兴趣的话题，并讲解分娩的进展情况，使孕妇了解所处的阶段。这样可有效地缓解分娩过程中的不适，从而降低对宫缩的感受力。

2. 调节呼吸的频率

当运动或精神紧张时，人的呼吸频率就会加快。主动调整呼吸的频率，可缓解由于分娩所产生的压力，增强孕妇的自我控制意识。

3. 适当采用令孕妇放松的方法

（1）由家属、家政服务员或助产士触摸孕妇的紧张部位，并指导其放松，反复地表扬鼓励孕妇并讲解进展情况。

（2）有条件的话可选择播放舒缓的音乐进行放松。

四、指导孕妇配合医生生产

1. 第一产程的配合

在此阶段，子宫口未开全，过早用力反而会使子宫口肿胀、发紧，不易张开。此时孕妇应做好以下配合工作。

（1）思想放松，精神愉快

做深慢、均匀的腹式呼吸，即每次宫缩时深吸气，同时逐渐鼓高腹部，呼气时缓缓下降，这样可以减少痛苦。

（2）注意休息，适当活动

利用宫缩间隙休息，节省体力，切忌烦躁不安而消耗精力。如果胎膜未破，可以下床活动，适当的活动能促进宫缩，有利于胎头下降。

（3）采取最佳体位

除非是医生认为有必要，否则不要采取特定的体位。能使孕妇感觉阵痛减轻的体位就是最佳体位。

（4）趁机补充营养和水分

尽量吃些高热量的食物，如牛奶、鸡蛋等，多饮汤水以保证有足够的精力来承担分娩重任。

（5）勤排小便

膨胀的膀胱有碍胎头下降和子宫收缩，应在保证充足的水分摄入前提下，每 2~4 小时主动排尿 1 次。

2. 第二产程的配合

第二产程时间较短。子宫口开全后，孕妇要注意随着宫缩用力。当宫缩时，两手紧握床旁把手，先吸一口气憋住，接着向下用力。宫缩间隙，要休息、放松，喝点水，准备下次用力。当胎头即将娩出时，要密切配合接生人员，不要再用力，避免造成会阴严重裂伤。

3. 第三产程的配合

在第三产程，要保持情绪平稳。分娩结束后 2 小时内，应卧床休息，进食半流质食物补充消耗的能量。一般产后不会马上排便，如果感觉肛门坠胀，有排大便之感，要及时告诉医生，医生要排除软产道血肿的可能。如有头晕、眼花或胸闷等症状，也要及时告诉医生，以便及早发现异常并给予处理。

培训课程 2　照护产妇

学习单元 1　不同体质的产妇调理膳食制作

知 = 识 = 要 = 求

一、用膳食调理改善产妇体质的意义

妊娠期间子宫撑大，内脏受压。生产后子宫不受胎儿压迫后迅速松弛，内脏不受子宫挤压而变松垮，此时，子宫和内脏都有收缩回原来样子的本能。所以此时是恢复体内平衡最好的时机，应好好调养。胎儿娩出后，母体内大规模

新陈代谢，所有的激素将出现重大调整，调整得宜，产妇的生理和心理都会得到良好的恢复。产后坐月子调整体质是时间最短，收效最快的。

不同体质产妇对饮食的要求有所不同，家政服务员在照顾产妇饮食的时候，要注意观察产妇的体质情况，并据此提供个性化的服务。

二、体质类型

人体体质类型，大的分类有寒性体质、热性体质和中性体质 3 种类型。中医将体质分为气虚体质、阳虚体质、阴虚体质、湿热体质、痰湿体质、血瘀体质、气郁体质、特禀体质、平和体质 9 种。

1. 寒性体质

（1）寒性体质产妇的特征

面色苍白，怕冷或四肢冰冷，口淡不渴，大便稀软，频尿、量多色淡，痰清，涕清稀，舌苔白，易感冒。

（2）适用食物

这种体质的产妇肠胃虚寒，气血循环不良，应吃较为温补的食物，如麻油鸡、四物汤、四物鸡或十全大补汤等，原则上不能太油，以免引起腹泻。温补的食物或药补可促进血液循环，达到气血双补的目的，而且筋骨较不易扭伤，腰背也不易酸痛。一般气虚、阳虚、痰湿、血瘀体质多属寒性体质。这种体质的产妇宜食用荔枝、龙眼、苹果、草莓、樱桃、葡萄，忌食寒凉蔬果，如西瓜、木瓜、柚子、梨、阳桃、橘子、番茄、香瓜、哈密瓜等。

2. 热性体质

（1）热性体质产妇的特征

面红耳赤，怕热，四肢或手心、足心热，口干或口苦，大便干硬或便秘，痰涕黄稠，尿量少、色黄赤、味臭，舌苔黄或干，舌质红赤，易口破，易长痘疮或痔疮等。一般阴虚、湿热、气郁体质多属热性体质。

（2）适用食物

这种体质的产妇可用食物来滋补，如山药鸡、黑糯米、鱼汤、排骨汤等，蔬菜类可选丝瓜、冬瓜、莲藕等。青菜豆腐汤可以降火气。腰酸的人可用炒杜仲煮猪腰汤。这类产妇不宜多吃荔枝、龙眼、苹果等，可以少量吃些橙子、草莓、樱桃、葡萄。

3. 中性体质

（1）中性体质产妇的特点

不热不寒，不特别口干，无特殊常发作的疾病。

（2）适用食物

这种体质的产妇饮食上较容易选择，可以食补与药补交叉进行。如果补了之后口干、口苦或长痘，就停止药补，吃些较降火的蔬菜，也可喝一些不凉的橙汁或葡萄汁。

技 = 能 = 要 = 求

技能 1 当归羊肉汤

当归羊肉汤如图 3-17 所示。本菜肴适合阳虚体质的孕妇食用。

图 3-17 当归羊肉汤

一、操作准备

1. 主料准备：羊肉 100 克、当归 10 克。
2. 辅料与调料准备：盐 2 克，姜、米醋、水适量。

二、操作步骤

步骤 1 将当归洗净，用清水泡软，切片备用。将姜洗净，切片。

步骤 2 将羊肉洗净，切片，放入加了米醋的沸水里汆烫一下捞出。

步骤 3 锅中加水，放入当归片、姜片、羊肉片，大火煮沸后，小火炖 15 分钟，撇去浮沫，加盐调味即可。

技能 2 香菇胡萝卜牛肉粥

香菇胡萝卜牛肉粥如图 3-18 所示。本菜肴适合气虚体质的孕妇食用。

一、操作准备

1. 主料准备：大米 75 g、香菇 3 个、牛肉 40 克、胡萝卜 1 根。

2. 辅料与调料准备：葱末、姜末、盐适量，水 1 000 毫升。

二、操作步骤

步骤 1 将大米洗净。将香菇泡软，洗净，切成丝。将胡萝卜和牛肉分别洗净，切成丝。

步骤 2 锅置火上，加 1 000 毫升水，大火烧开。放入大米煮至四成熟，放入香菇丝、牛肉丝、胡萝卜丝。再次煮开，小火煮至肉烂米熟时，放入葱末、姜末和盐，再煮 5 分钟即可。

图 3-18 香菇胡萝卜牛肉粥

技能 3　冬瓜薏米老鸭汤

冬瓜薏米老鸭汤如图 3-19 所示。本菜肴适合阴虚体质的孕妇食用。

一、操作准备

1. 主料准备：老鸭半只、冬瓜 200 克、薏米 50 克。

2. 辅料与调料准备：葱段、姜片、盐、植物油、水适量。

图 3-19 冬瓜薏米老鸭汤

二、操作步骤

步骤 1 将老鸭收拾干净，去头、屁股和鸭掌，剁成大块。将冬瓜去皮，洗净，切大块。将薏米洗净，用冷水浸泡 2 小时以上。

步骤 2 在锅中放入冷水，将鸭块放入，大火烧开，煮 3 分钟捞出，用温水洗净。

步骤 3 另起锅，在锅中放入植物油，烧至五成热时放入葱段和姜片爆香，倒入鸭块炒至变色。放入适量开水和薏米，小火炖 1 小时后，放入冬瓜和盐，继续炖至瓜熟即可。

技能 4　桂花糯米藕

桂花糯米藕如图 3-20 所示。本菜肴适合气郁体质的孕妇食用。

一、操作准备

1. 主料准备：莲藕 500 克、糯米 150 克。

2. 辅料与调料准备：蜂蜜、糖桂花、冰糖、番茄酱、水适量。

图 3-20　桂花糯米藕

二、操作步骤

步骤 1　将糯米洗净，用温水泡 2 小时，沥干。将莲藕洗净去皮，把较大一头的蒂切下 2.5 厘米，留作盖子。将糯米填入莲藕孔内，用筷子捅实，把盖子盖上，用牙签固定封口。

步骤 2　将塞好糯米的藕放入锅内，加适量的水、冰糖、番茄酱，大火煮沸后改用小火继续煮 4 个小时，至变黏稠时捞出，稍微放凉。

步骤 3　把糯米藕切成片，摆放在盘子中，浇上糖桂花，淋上蜂蜜即可。

技能 5　丝瓜烩牡蛎

丝瓜烩牡蛎如图 3-21 所示。本菜肴适合湿热体质的孕妇食用。

一、操作准备

1. 主料准备：牡蛎 200 克、丝瓜 2 根。

2. 辅料与调料准备：姜末、葱花、盐、湿淀粉、植物油、清水适量。

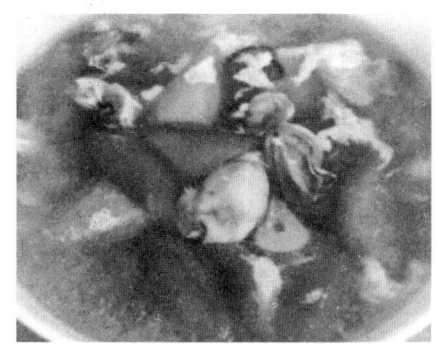

图 3-21　丝瓜烩牡蛎

二、操作步骤

步骤 1　将牡蛎洗净后，用沸水烫一下即捞出。将丝瓜去皮，洗净，切成块。

步骤 2 净锅上火，放植物油烧热，放入姜末和葱花爆香，放入丝瓜块略炒，然后放入少量清水，烧开，放入牡蛎。

步骤 3 烧沸后，加盐，用湿淀粉勾薄芡，起锅装盘即可。

技能 6　清蒸排骨

清蒸排骨如图 3-22 所示。本菜肴适合痰湿体质的孕妇食用。

一、操作准备

1. 主料准备：猪排 500 克、冬瓜 300 克。
2. 辅料与调料准备：盐、姜丝、葱段、清水适量。

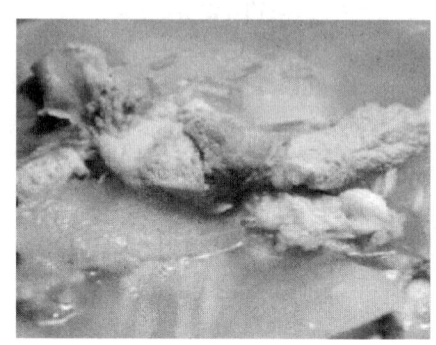

图 3-22　清蒸排骨

二、操作步骤

步骤 1　将猪排洗净，剁成段，放入沸水中汆烫，用温清水冲净血沫，装入大碗中。将冬瓜去皮，洗净，切成 0.5 厘米厚的片。

步骤 2　在锅内倒入清水，加盐煮沸，倒入猪排碗中，加入葱段、姜丝，一起放入蒸锅中蒸至排骨熟透。

步骤 3　将冬瓜放入排骨中，继续蒸至冬瓜熟烂即可。

技能 7　海米油菜

海米油菜如图 3-23 所示。本菜肴适合血瘀体质的孕妇食用。

一、操作准备

1. 主料准备：油菜 150 克、海米 15 g。
2. 辅料与调料准备：葱花、盐、植物油适量。

图 3-23　海米油菜

二、操作步骤

步骤1 将油菜择洗干净。将海米挑去杂质,洗净。

步骤2 炒锅置火上,倒入适量植物油,待油烧至七成热,放入葱花爆香,倒入油菜和海米翻炒,再加入盐翻炒后即可。

技能 8　山药糕

山药糕如图3-24所示。本菜肴适合特禀体质(过敏体质)的孕妇食用。

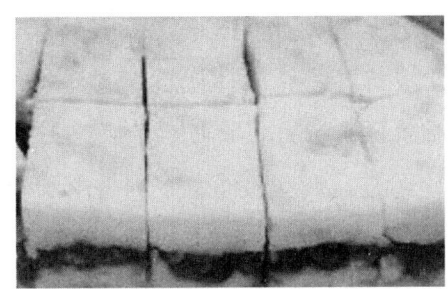

图3-24　山药糕

一、操作准备

1. 主料准备:山药1 000克、山楂糕300克、枣泥300克、土豆300克。
2. 调料准备:白糖适量。

二、操作步骤

步骤1 将山药、土豆洗净,去皮,上锅蒸熟,放凉后将两者放在一起,揉搓均匀,分成3份。

步骤2 将山楂糕用刀搓成泥状,加白糖拌匀。

步骤3 将3份山药、土豆泥用湿布分别叠压成大小相同、厚约1厘米的片。

步骤4 在3层山药、土豆泥之间分别夹上一层山楂糕泥和枣泥,摞成5层。食用时切小块,撒上白糖。

学习单元2　产后不适的调理膳食制作

知=识=要=求

产妇在月子期间会有不同程度的产后不适,使得产妇非常痛苦,这些不适有恶露不尽、抑郁、缺钙腰腿疼、便秘、上火、体虚免疫力差、水肿、贫血等。

这些不适在月子期间通过科学合理的膳食调理，能够得到改善。调理时，中药应在医生指导下使用。

一、恶露不尽

一般情况下，产后 3 周以内恶露即可排净，如果超过 3 周仍然淋漓不尽，即为"恶露不尽"。中医认为这是由于产时伤其经血，虚损不足，不能收摄，或恶血不尽，则好血难按，相并而下，日久不止。也就是说，恶露不止多与虚损或血瘀有关。

虚损多由于体质虚弱，正气不足，产时失血伤气，导致冲任不固，不能摄血。因此，此类产妇应在膳食中增加人参、熟地、茯苓等具有益气摄血作用的中药进行调理。而血瘀则是由于新产之后，胞脉正虚，寒邪乘虚而入与血相搏，形成瘀结所致。对此应选用益母草、山楂等进行活血化瘀，行气止痛。还有一部分产妇恶露不尽与血热有关。

二、产后抑郁

产后抑郁由于会造成严重后果，而越来越多地引起人们的重视。如果能在早期及时加以情绪调节干预，就能有效地避免产后抑郁向严重方向发展。中医认为，产后抑郁主要是肝火旺盛、气血凝滞所致，多吃一些清热去火，富含 B 族维生素、维生素 C 和含钾的食品可以有所缓解。如莲子能够清心除烦，百合能敛气养心、安神定魄，红枣可补气、养血、安神。

三、产后腰腿疼

怀孕和哺乳会令女性钙质流失，缺钙会给女性带来腰痛、腿疼、骨质疏松等问题。所以产后补钙是非常重要的。

四、产后便秘

产妇由于产后体质虚弱或手术伤口疼痛，排便力量减弱或受制约。另外，产妇需要静养，活动量少，胃肠蠕动功能减弱，再加上增加营养需要，每天进食蛋白质含量高的食物，导致很多产妇有产后便秘问题，甚至会出现痔疮，给产妇造成很大的痛苦。高纤维食物可以让产妇缓解产后便秘，还有助于预防痔疮、脱肛、肛裂等疾病。

五、产后上火

产妇在月子里需要补充营养，吃一些高蛋白、高热量的食物，如果进补过猛，加上产后生活习惯的改变、气候干燥或产后身体气血亏虚，很容易上火，这时可在饮食上进行调理。

1. 上火的表现

（1）心火表现为舌尖发红，心烦意乱，多梦睡不好觉，小便黄并带有热辣、刺痛的感觉。

（2）脾火表现为舌苔黄腻，口苦口干，想大量地饮水。

（3）胃火表现为口臭、牙痛、牙龈红肿、牙根发炎，而且大便干燥。

（4）肝火表现为眼干、眼痒，眼屎分泌多，而且爱发脾气。

2. 降火食材

（1）莴笋质地脆嫩，水分多，可以清热、顺气，适合肺胃有火的产妇。

（2）草莓可清热去火，适合肝火旺盛的产妇食用。

（3）绿豆能够清凉解毒、清热解烦，对脾气暴躁，心烦意乱的产妇尤其适用，但因为其性凉，故应适量食用。

（4）白菜含有丰富的维生素，多吃白菜可以起到很好的清火、滋阴、润燥的作用。

六、产后水肿

产妇在产褥期内因体内水分潴留而引起肢体甚至全身水肿，中医认为这多是因为脾胃虚弱和肾气虚弱。缓解水肿的食材如下。

1. 红豆含有丰富的皂角苷，可刺激肠道，有良好的利尿作用，可消除水肿。

2. 薏米可促进体内血液循环和水分代谢，利尿消肿，有助于改善产后水肿。

3. 鲫鱼具有健脾胃、利水消肿、通血脉的作用，有助于缓解产后水肿。

4. 冬瓜利尿、助消化、消水肿，可以帮助排除体内多余水分，使肾脏功能维持正常。

七、体虚免疫力差

产妇产后身体非常虚弱,身体各器官机能明显下降,对细菌、病毒的抗病能力非常弱,所以,产后膳食滋补的重要目的就是提高产妇的身体免疫力,让身体健壮起来。

八、产后贫血

产妇生产过程中大量出血,气随血耗,造成气血不足,体质虚弱。产妇褥汗过多也是元气亏损的表现。如果不加以膳食调理,很容易导致产后贫血。尤其是本来就体质弱、有孕期贫血的产妇,更应该利用坐月子期间的饮食调理,改善贫血症状。

技=能=要=求

技能 1　益母草煮鸡蛋

益母草煮鸡蛋如图 3-25 所示。

一、操作准备

1. 主料准备:鸡蛋 2 个。
2. 辅料准备:益母草 30 克、红枣 5 颗、水适量。

二、操作步骤

图 3-25　益母草煮鸡蛋

步骤 1　将益母草择去杂质,清水洗净,用刀切成段,沥干水备用。将红枣洗净。
步骤 2　把鸡蛋放入水中,清洗干净。
步骤 3　将益母草、鸡蛋、红枣下入锅内,加水同煮。
步骤 4　20 分钟后鸡蛋熟,把外壳去掉,再放入此汤中煮 15~20 分钟即可。

三、营养价值

鸡蛋营养丰富,其中所含蛋白质为最易被人体吸收的优质蛋白。益母草有去瘀止痛、活血利水的功效。此品是滋养产妇、缓解恶露不尽的产后典型滋补调理膳食。

技能 2 莲子红枣银耳汤

莲子红枣银耳汤如图 3-26 所示。

一、操作准备

1. 主料准备：干银耳 4 朵、莲子 10 克、红枣 8 颗。

2. 辅料与调料准备：冰糖、温水适量。

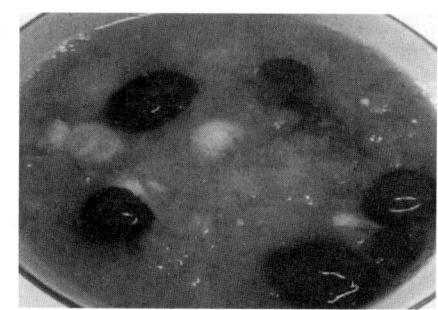

图 3-26 莲子红枣银耳汤

二、操作步骤

步骤 1 将干银耳泡发，洗净，去蒂，撕成小朵。将莲子洗净，用清水泡透，去心。将红枣洗净，用小刀间隔着划几刀。

步骤 2 在砂锅中倒入适量温水，置于火上，放入银耳、莲子、红枣，再加水，至没过食材 5 厘米。用大火将水煮开，转小火煮 1 小时，加入冰糖煮至溶化即可。

三、营养价值

这道汤品是传统的月子期间滋补佳品，能清心除烦，安神解郁。

技能 3 鲫鱼豆腐汤

鲫鱼豆腐汤如图 3-27 所示。

一、操作准备

1. 主料准备：鲫鱼 1 条（约 250 克）、豆腐 400 克。

2. 辅料与调料准备：盐 2g，姜片、葱花、湿淀粉、水、植物油适量。

图 3-27 鲫鱼豆腐汤

二、操作步骤

步骤 1　将豆腐切成 5 厘米厚的块,用加了盐的沸水烫 5 分钟后沥干待用。去除鲫鱼的鳞、内脏,洗净后沥干,抹少许盐腌制 10 分钟。

步骤 2　将锅放火上,放入植物油,烧至五成热,爆香姜片,将鱼两面煎黄,加水适量。待水烧开后用小火煮 30 分钟,放入豆腐片,调味后勾薄芡,并撒上葱花。

三、营养价值

豆腐是优质的植物蛋白,也是高钙食物。鲫鱼除了含有丰富的蛋白质外,也是一种高钙食品。二者结合是非常好的补钙食品,同时这道汤还兼具下奶功效,是产后常用的滋补膳食之一。

技能 4　虾米青菜粥

虾米青菜粥如图 3-28 所示。

一、操作准备

1. 主料准备:虾米 30 克、粳米 100 克。
2. 辅料与调料准备:青菜 2 棵、盐 1 克、清水适量。

图 3-28　虾米青菜粥

二、操作步骤

步骤 1　将粳米洗净。将虾米洗净,稍泡。将青菜洗净,切段。

步骤 2　在锅里放入清水,烧开,加入粳米。粥煮至半熟时,加入洗净的虾米。米汤稠时,加入青菜和盐,略微搅拌,出锅即可。

三、营养价值

这款粥营养丰富,含有蛋白质、脂肪、钙、磷、铁等多种营养素,是产妇补钙佳品,并且还能通乳,产后乳汁分泌不足者宜经常食用。

技能 5　莲藕麦片粥

莲藕麦片粥如图 3-29 所示。

一、操作准备

1. 主料准备：大米 90 克、麦片 20 克、莲藕 100 克、猪里脊肉 50 克、胡萝卜 30 克。
2. 辅料与调料准备：盐 1 克、清水适量。

图 3-29　莲藕麦片粥

二、操作步骤

步骤 1　将大米洗净。将莲藕去皮，洗净，切片。将胡萝卜洗净，切丝。将猪里脊肉洗净，切丝。

步骤 2　将大米放入锅中，加水煮开，再加麦片和莲藕片，大火煮滚后转小火，煮至浓稠状。加入胡萝卜丝和猪里脊肉丝煮熟，再加盐搅拌均匀，煮一会儿即可。

三、营养价值

这款粥食物品种多，营养丰富。其中的莲藕、麦片都有丰富的膳食纤维，有很好的促进肠胃蠕动的作用，能帮助产妇缓解便秘。

技能 6　益母鱼腥苦瓜排骨汤

益母鱼腥苦瓜排骨汤如图 3-30 所示。

一、操作准备

1. 主料准备：排骨 500 克、苦瓜 500 克、益母草 12 克、鱼腥草 12 克。
2. 辅料与调料准备：盐 2 克，姜片、清水适量。

图 3-30　益母鱼腥苦瓜排骨汤

二、操作步骤

步骤 1　将排骨洗净，切块。将苦瓜洗净，去瓤，切块，加盐腌渍片刻后洗净备用。

步骤 2 将益母草、鱼腥草洗净，放入纱布袋中。

步骤 3 在砂锅中倒入清水，烧开。将排骨、装有益母草和鱼腥草的纱布袋、姜片一起放入滚开的水中，用中火煲 3 小时左右。再放入苦瓜煲 5 分钟，放入盐调味即可。

三、营养价值

排骨可补钙、增强体质，苦瓜能够清热去火，非常适合产后上火的产妇食用。

技能 7　红豆薏米粥

红豆薏米粥如图 3-31 所示。

一、操作准备

1. 主料准备：红豆 50 克、薏米 50 克。
2. 调料与辅料准备：冰糖、清水适量。

二、操作步骤

图 3-31　红豆薏米粥

步骤 1 将红豆、薏米分别淘洗干净，红豆用水浸泡 3 小时，薏米用水浸泡 1 小时。

步骤 2 锅置火上，放入清水，加入红豆，大火煮开后改小火。

步骤 3 煮至红豆裂开后，将薏米放入锅中，大火煮开后，改小火煮 1 小时，加入冰糖即可。

三、营养价值

红豆和薏米都具有利水除湿、健脾消肿的作用，适合产后水肿的产妇食用。

技能 8　海带猴头菇汤

海带猴头菇汤如图 3-32 所示。

一、操作准备

1. 主料准备：猴头菇 3~4 个，海带、胡萝卜适量。
2. 辅料与调料准备：姜片、植物油、盐、水适量。

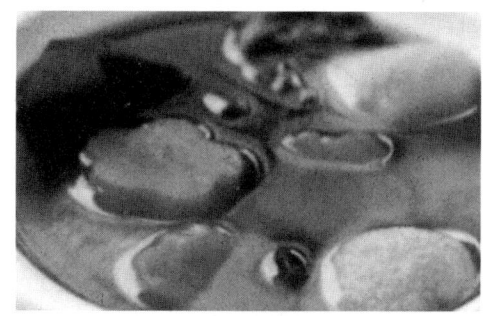

图 3-32　海带猴头菇汤

二、操作步骤

步骤 1　将猴头菇洗净，焯水。海带用水浸泡后洗净，切丝。将胡萝卜洗净，切块。

步骤 2　将植物油烧热，放入姜片，转小火，将姜片煸成褐色。加水转大火，放入猴头菇煮约 10 分钟后加入海带、胡萝卜块煮 10 分钟，加盐即可食用。

三、营养价值

海带富含钙、硒、镁等营养素，猴头菇富含蛋白质、无机盐，胡萝卜富含胡萝卜素、维生素 A 等营养物质，三者搭配有助于提高产妇免疫力。

技能 9　麻油猪肝

麻油猪肝如图 3-33 所示。

一、操作准备

1. 主料准备：新鲜猪肝 200 克。
2. 辅料与调料准备：芝麻油、姜片、盐、水适量。

图 3-33　麻油猪肝

二、操作步骤

步骤 1　将猪肝洗净，切成薄片，放在水中浸泡 30 分钟左右，反复换水至水清为止。

步骤 2　在锅中倒入芝麻油，小火加热，爆香姜片。

步骤 3　转大火，放入猪肝快炒至变色，加水煮沸后，加盐调味即可。

三、营养价值

麻油可理气止痛，化瘀止血，猪肝可补血，这款菜肴是典型的月子滋补膳食，对产妇缓解贫血有帮助。

学习单元 3　按摩产妇乳房、疏通堵塞乳腺

知=识=要=求

一、产妇乳腺肿胀的原因

乳房分泌的乳汁得不到及时排出或乳腺管淤塞不通，乳汁淤积成块，出现乳腺肿胀。

二、产妇乳房按摩的目的

乳房按摩可避免及缓解乳房肿胀，使产妇顺利进行母乳喂养。

三、疏通堵塞乳腺的要点

1. 热敷

每次喂奶之前都要热敷，用一个瓶子装上热水（温度为能忍受的最热温度），在乳房上来回滚压按摩。

2. 勤喂勤吸

如果产妇乳房肿块不消，就要勤让新生儿吸，至少 2 个小时一次。让新生儿尝试换不同的位置吸，这样新生儿的下巴会对乳房起到按摩的作用，多几个方向吸，就能疏通乳腺。

3. 按摩

新生儿吸奶的时候产妇用手向着乳头的方向梳理按摩，但别太用力。尽量把乳房里的肿块揉开，疏通。

4. 不要给乳房任何压力

抱新生儿的时候注意别让他压到产妇的乳房，晚上睡觉的时候，选择侧

身睡。

技=能=要=求

技能　按摩产妇乳房、疏通堵塞乳腺

一、操作准备

1. 协助产妇取舒适安全体位。

2. 热敷乳房（准备一盆热水，温度为 45～55 ℃，可依气温酌情增减），如图 3-34 所示。

3. 将温热毛巾覆盖在两个乳房上，保持水温，两条毛巾交替使用，如此热敷 5～8 分钟即可，注意皮肤反应，以免烫伤，如图 3-35 所示。

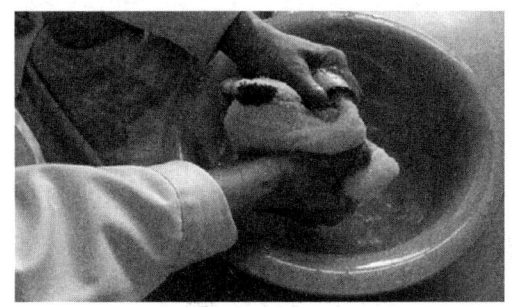
图 3-34　温热毛巾

图 3-35　热敷乳房

二、操作步骤

步骤 1　活动乳房。双手拇指与食指分开，环抱乳房基底部，上下左右活动乳房，注意动作轻柔，如图 3-36 所示。

步骤 2　乳腺小叶腺泡按摩。一只手托住乳房，另一只手四指并拢，用指腹在乳房上方周围进行 360° 小旋转按摩，如乳房有硬块，增加按摩力度，如图 3-37 所示。

步骤 3　乳腺管按摩。用食指、中指、无名指的指腹顺乳腺管纵向从乳房根部向乳头方向按摩，如图 3-38 所示。

步骤 4　挤出乳汁。用拇指、食指分别在乳晕上垂直向胸壁按压，将乳汁挤出，观察乳汁分泌情况，如图 3-39 所示。

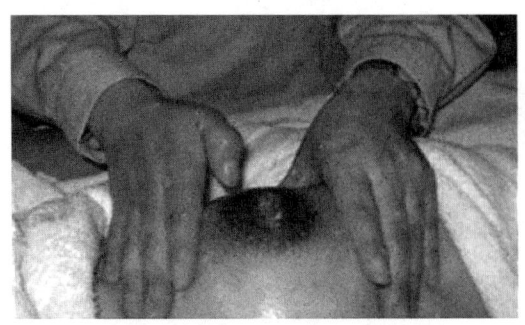
图 3-36　活动乳房

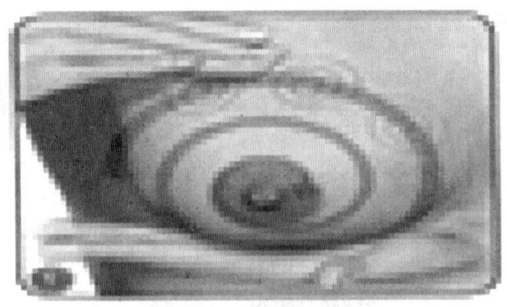
图 3-37　360°按摩乳房

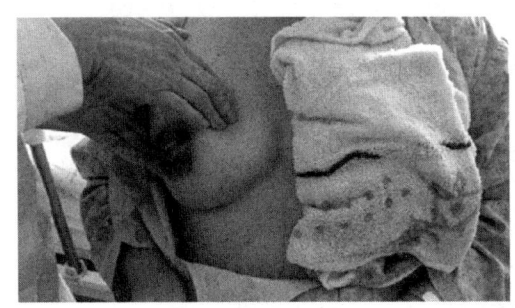
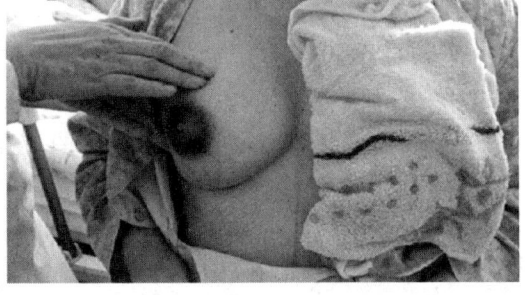
图 3-38　按摩乳腺管

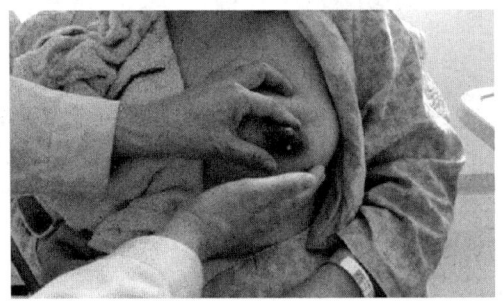
图 3-39　挤出乳汁

三、注意事项

1. 按摩乳房时，手指不能仅在乳房的皮肤上摩擦，应按及乳房深处。
2. 注意热敷乳房的温度，以免烫伤皮肤。
3. 乳腺有硬块时，先按摩硬块周围部位，待乳汁排出一些，硬块四周变软再按摩硬块，即先按健处再按患处。

学习单元 4　母乳喂养常见问题与应对

技=能=要=求

产妇在母乳喂养中会遇到各种各样的问题，如乳房肿痛、乳头疼痛或者皲裂、产后缺乳、乳头混淆、新生儿拒绝吃奶，以及奶水的储存等诸多哺乳问题。遇到这些问题，不要轻易放弃母乳喂养，只要掌握合理的方法解决这些问题，就能帮助产妇坚持进行母乳喂养。

技能 1　乳房肿痛

乳房分泌的乳汁得不到及时排出，或者乳腺管堵塞造成乳汁淤积成块，会使产妇出现乳房肿痛及沉重感。严重时，乳房会胀得很满、很硬，使新生儿根本无法吸吮，加重了肿胀。如果乳汁不及时排出，不但影响正常的哺乳，还会发展成乳腺炎等严重后果，给新生儿和产妇带来伤害。如因这种胀痛而不愿喂奶，还会限制母乳喂养。

在这种情况下，家政服务员应使用恰当的手法，进行乳腺管疏通。先排出一部分乳汁，待乳晕附近乳房变软，方便吸吮时，再让新生儿赶紧吸奶。乳汁吸空，肿痛也就会随着消失。

一、操作步骤

步骤 1　协助产妇取舒适、安全体位。

步骤 2　用 50 ℃左右温热水，浸湿毛巾，覆盖在两个乳房上，保持 5 分钟。

步骤 3　双手拇指与食指分开，环绕乳房基底部，做轻柔安抚按摩。

步骤 4　一只手托住乳房，另一只手四指指腹做往乳头方向的旋转按摩。如遇硬块部位，先避开，将周围乳汁排出一些，乳房变松软一些后，再从硬块靠近乳房基底部位，将硬块边揉边往乳头方向旋推。

步骤 5　用拇指和食指分别在乳晕上做垂直向胸壁按压和挤捏，将乳汁人工排出。

步骤 6　充分利用新生儿的吸吮，按揉与吸吮交替进行。

二、注意事项

1. 按摩乳房时，不能只在皮肤上摩擦，而是要垂直于胸壁使力，边下压边推揉。先做健侧乳房，再做患侧乳房，千万不能硬揉硬推。

2. 要频繁而有效地喂哺新生儿。每次哺乳，一定要排空乳房里的乳汁。夜晚因为泌乳量大，要注意提醒产妇经常翻身和及时哺乳。

3. 哺喂前热敷和按摩，有助于乳腺管的通畅。热敷乳房的水温温热足以，一方面是防止烫伤乳房皮肤，另一方面，温度过高，会加重乳房肿胀。

4. 饮食上要减少有利泌乳的膳食摄入，特别是一些汤类膳食。

5. 如果有红、肿、热、痛等炎症表现，及时就医。

技能 2　乳头疼痛、乳头皲裂

哺乳时发生乳头疼痛，甚至乳头皲裂，均是因为哺乳方式和乳头护理不当造成的。新生儿衔乳不正确是乳头疼痛、乳头皲裂最常见的原因和最终放弃哺乳的原因之一。在发生乳头皲裂时，由于有皮肤破损，产妇此时身体的抵抗力很弱，很容易发生感染，发生乳腺炎，继而与新生儿交叉感染，导致新生儿鹅口疮的发生。因此，指导产妇正确哺乳是家政服务员非常重要的工作。

一、操作方法

1. 指导产妇采取正确哺喂体位及新生儿的衔接姿势，纠正只含住乳头而不含住大部分乳晕的错误做法。

2. 如果每次哺乳时，乳头疼痛难忍，或者乳头皲裂严重时，应暂时停止哺乳，改用人工排乳或吸奶器吸奶，排出的乳汁用小勺喂哺新生儿。或者借助工具，协助产妇戴上乳盾哺乳。待伤口恢复后继续正常哺乳。

3. 哺乳后使用纯羊脂膏涂抹乳头，保持伤口湿润，减少疼痛，促进愈合。

二、注意事项

1. 注意平时做好乳房、乳头的护理。乳汁中含有丰富的抗菌成分和蛋白质，本身就可以起到一定的杀菌和保护表皮的作用。每次哺乳结束，让产妇挤出少许乳汁，涂抹在乳头和乳晕上，然后，让乳头暴露一会儿，使之自然干燥，再戴上哺乳文胸。

2. 清洁护理时，不要用肥皂、酒精擦洗乳头。

3. 不要让新生儿养成含着奶头睡觉的习惯，因为乳头长时间在湿热的口腔中，也容易破损、皲裂。

4. 哺乳时，先喂疼痛或皲裂轻的一侧，因为新生儿开始时的吸吮力量大，会加剧疼痛。

技能 3 乳头凹陷

女性乳房的乳头如果不凸出乳晕平面，甚至凹陷于平面之下，致局部呈火山口状时，称为乳头凹陷。乳头凹陷最理想的矫正是在孕前或者孕中期，如果错过这些时间，到产后哺乳时，才发现乳头凹陷致使新生儿无法衔接乳头，而影响正常哺乳，也不要着急。只要采取积极的态度和正确的方法，就能逐渐实现正常哺乳。

一、操作方法

1. 哺乳前，热敷乳房 5 分钟，同时按摩乳房刺激泌乳反应，然后挤出一些乳汁，使乳头湿润、变软，继而轻轻边提拉边捻转乳头，引起立乳反射。

2. 哺乳时，将乳晕捏扁，在新生儿张大嘴的时候，将乳晕全部塞进其嘴里，让其尽可能含住大部分乳晕，这样就容易吃到奶了。

3. 指导采用正确的哺乳方法，当新生儿饥饿时，先吸吮凹陷比较严重一侧的乳头，因此时新生儿的吸吮力强，易吸出乳头。哺乳结束后，戴上乳盾保护乳头。

4. 每天进行乳头拉伸，用一只手固定乳房，另一只手拇指和食指捏住乳头，做向外牵拉动作，并牵拉边捻转。如此动作重复进行，每次持续 3~5 分钟。

5. 对于凹陷严重、手指无法捏住乳头的，借助器具矫正。取 2 支 10 毫升的注射器，去掉其中一支的活塞，用一根内径 4 毫米、长 5 厘米的橡胶管连接两个注射器接针头处，清洗、消毒备用。将去掉活塞的注射器的一端罩在凹陷的乳头上，并使其紧密接触乳房，然后抽拉另一端注射器的活塞，抽吸空气，直至乳头被吸出，并保持负压状态 3 分钟以上。矫正后先分离橡胶管，再取下罩在乳头上的注射器。切勿用回推活塞的方法取下注射器，以免乳头回缩。

二、注意事项

1. 勤做乳头矫正，但要注意力度，不能把乳头拉伤。

2. 在协助新生儿衔接乳晕时要耐心，如果一次不行，多试几次。不能着急，否则会带动新生儿吸吮时的紧张情绪。

技能 4　促进全母乳喂养

能够全母乳喂养是每个新生儿家庭的愿望。要实现这个愿望，需要产妇、新生儿、产妇家庭成员及家政服务员的共同努力。

一般情况下，产妇会在分娩后 1~3 天泌乳，但也有些产妇在分娩 3 天以后仍无乳汁或乳汁分泌不足，乳房柔软不胀，即产后缺乳。这多由乳腺发育不良、产后失血过多或过度疲劳所致。除了乳腺发育不良外，大都可以通过饮食调节结合乳房按摩的方法来促进乳汁分泌。

一、促进措施

1. 带领全家人创造母乳喂养氛围，坚定产妇母乳喂养信心。

2. 喂养遵循早接触、早吸吮、早开奶。

3. 母婴同室，按需哺乳，勤吸吮，有效吸吮，刺激泌乳素、催产素的分泌。

4. 不管产妇有没有奶，一定要让新生儿多吸。多吮吸有助于下奶。频繁有效吸吮是最好的下奶措施。如果吸吮不力，可使用吸乳器增加吸乳频率，促进乳汁分泌。

5. 产妇月子期间要保证充足的营养和进行科学的膳食调理，多喝营养汤汁和水，禁食回奶食物。

6. 做到母婴同步休息，保持愉快、舒畅心情。

7. 遇到喂养问题，要积极正确处置。产妇要克服疼痛配合，家人应给予支持和关爱。

8. 通过按摩产妇乳房促进乳汁分泌。

二、操作步骤

1. 乳房按摩催乳法

步骤 1　家政服务员洗手，去掉手表、戒指等。

步骤 2 清洗乳房，用 50 ℃温热水浸湿毛巾，热敷乳房 5 分钟。

步骤 3 双手环绕乳房打圈，安抚、按摩乳房。

步骤 4 一只手托住乳房，另一只手食指和中指放于乳头两侧，拇指指腹轻摩乳头，刺激泌乳反应。

步骤 5 拇指、食指、中指模仿婴儿吸吮，捏住乳头捻转，将乳头捻软。

步骤 6 乳头变软后，抱过新生儿吸吮。因为新生儿才是最好的"催乳师"。人工催乳按摩和新生儿吸吮要交替反复进行。

2. 背部按摩刺激泌乳反射法

步骤 1 产妇取坐位，身体向前弯曲，双臂交叉放在桌边，并将头枕于手臂上。

步骤 2 将上衣翻起，使乳房裸露、松弛下垂。家政服务员在产妇脊柱两侧向下按摩。

步骤 3 家政服务员双手握拳，伸出拇指，用双拇指用力点压、按摩、移动并做小圆周运动。按摩完脊柱两侧后，再自颈部移到肩胛骨，持续按摩 2~3 分钟。

技能 5 乳头混淆矫正

乳头混淆是指新生儿出生后因为吸吮产妇乳头之前先使用了奶瓶，或者频繁使用奶瓶，而不会吸吮或不愿吸吮母乳的现象。之所以称为混淆，是因为吸吮母乳和吸吮奶瓶的动作和方法是不一样的，新生儿习惯了奶瓶的吸吮方式之后，形成奶瓶依赖，在吸吮母乳时就产生了技术上的混淆。

一、操作方法

1. 停止使用奶瓶，在新生儿重新接受产妇的乳头之前，可以先使用小勺子喂奶。

2. 新生儿抗拒母乳的时候，可以停一会儿，逗逗他，抱抱他，或者用小勺子喂点水。多鼓励母婴皮肤接触，直到重新接受母乳。

3. 多给新生儿尝到母乳，挤到嘴里也好，用勺子喂也好，让新生儿熟悉并逐渐爱上母乳的味道，这是实现母乳喂养的重要一步。

4. 新生儿饿的时候，会更愿意吸吮母乳。此时应抓住机会，鼓励产妇每天频繁喂哺他。达到平均每 1.5~2 小时喂一次，让新生儿满足并吃饱。这样，新生儿就会很快习惯和接受母乳。

5. 鼓励产妇建立亲密的亲子关系，只要产妇身体允许，尽量亲力亲为地做一些照护新生儿的事情，喂养、换尿布、洗澡、抚触、被动操、穿脱衣服、逗玩、安抚睡觉等，增加新生儿对母亲的亲密感。

6. 指导产妇使用正确的哺乳姿势和哺乳方法，母亲奶水充足，新生儿吸吮不费力，就会喜欢吸吮母乳。

二、乳头混淆的预防

1. 新生儿一出生，就要先让其吸吮母乳。尽量不使用奶瓶。可以用专用小勺子喂水、喂奶。

2. 6个月以内的婴儿，不要使用安抚奶嘴。不能让婴儿产生依赖，以避免产生乳头混淆。

技能6　母乳的储存、解冻和加热

有些产妇因为种种原因，需要将奶挤出储存起来，待需要喂养时，再解冻、加热进行喂养。例如，产妇泌乳过多，新生儿睡觉不能及时吃奶；产妇或新生儿因疾病需要治疗，暂时分离；母亲休完产假去上班，不能按需随时哺乳等。

一、操作方法

1. 吸出母乳后，将婴儿一次喝奶的量装入经消毒的密封奶瓶或者集乳袋内。密封前将空气排出，密封后写上日期和容量。每袋只装8分满，放凉后，置于冰箱冷冻柜保存。要避免其他食物影响乳汁的新鲜度。

2. 食用前先将母乳冷藏解冻或常温解冻，解冻后轻轻摇晃，让乳汁与脂肪混合均匀。

3. 解冻后的母乳直接隔水加热或倒入奶瓶隔水加热。切不可用微波炉或煮沸法来加热，以免破坏母乳中的营养成分。

二、注意事项

1. 食用前，提前将乳汁放到冰箱冷藏室自然解冻，解冻了的母乳可以在冰箱里存放10小时。自然解冻时，可把乳汁放在室温条件下，或者37 ℃的温水里解冻。

2. 解冻后的母乳勿再次冷冻，应当天食完，以免乳汁变质。

3. 奶瓶使用后应清洁消毒，以免奶垢残留，滋生细菌。

4. 母乳在冰箱中冷藏可保存 24 小时，冷冻可保存 3~6 个月。

学习单元 5　照护剖宫产产妇

知识要求

剖宫产不同于正常分娩，是利用外科手术方式娩出胎儿的过程。剖宫产手术一般会在腹部做一条长约 10 厘米的切口，手术创口大、创面广，又与藏有细菌的阴道相通连，所以，容易产生并发症和后遗症。

剖宫产后最常见的并发症有发热、子宫出血、尿潴留、肠粘连、肺栓塞、羊水栓塞等，严重的并发症还可导致死亡。后遗症有慢性输卵管炎，以及由此导致的宫外孕、子宫内膜异位等。所以加强术后护理，对于顺利康复非常重要，对照护者也有更高的要求。对剖宫产产妇的照护包括住院期间的术后照护、回家后的特殊月子照护两个方面。

技能要求

一、住院期间的术后照护

1. 指导正确术后体位

产妇在术后 6~8 小时应去枕平卧，头偏向一侧，以免呕吐物吸入气管引起吸入性肺炎。术后第 2 天改半卧位，有利于深呼吸和恶露的排出。

2. 观察生命体征

术后每 30 分钟测量血压、脉搏、呼吸 1 次，待血压、脉搏、呼吸平稳后改为每天 1 次，病情危重的持续心电监护。术后 3 天内每天测量体温 4 次。术后 1~2 天，体温可轻度升高，但不超过 38 ℃，为手术吸收热。

3. 观察宫缩及出血

观察宫缩及阴道流血情况，如出血量超过月经量或有大血块排出，则应及时告知医务人员，医务人员会根据情况给予宫缩剂。

4. 伤口观察

应每天观察腹部切口有无渗血、血肿、红肿、硬结等。注意观察伤口愈合情况，防止缝线断裂。术后呕吐或咳嗽时，应提醒、协助产妇按住伤口两侧，减轻腹压增加引起的伤口疼痛，防止缝线断裂。

5. 会阴部位清洁

留置导尿管期间，要注意保持会阴清洁，每日消毒伤口2次，会阴擦洗消毒2次。注意保持导尿管通畅，观察尿量及尿液颜色。会阴清洁工作在住院时由护士做，家政服务员可在旁边协助并观察学习，以便回家擦洗消毒时做得更好。

6. 拔除导尿管后的照护

鼓励产妇尽早自行排尿。如果卧床排不出，家政服务员可搀扶产妇起床去厕所排尿。排尿困难的采取诱导排尿（如打开水龙头刺激），诱导失败则需要重新留置导尿管，定时开放，以锻炼膀胱功能，直到能够自行畅通排尿为止。

7. 协助排便

应保持产妇大便通畅，必要时可服用缓泻药物。

8. 协助活动

鼓励和协助产妇及早活动，先在床上活动肢体，勤翻身，术后2~3天拔出导尿管后鼓励产妇下床活动。活动可有效防止肠粘连、肺栓塞等并发症，有利于促进肠蠕动，防止肠胀气，便于早通气。

二、回家后的特殊月子照护

1. 每天注意伤口愈合情况，在伤口没有完全愈合之前，注意清洁时不要弄湿伤口部位，防止感染。

2. 在营养与饮食方面，剖宫产产妇由于手术时肠子受刺激及麻醉药效力未完全消失而功能受抑制，肠蠕动减慢，肠腔内有积气，易造成术后的腹胀感。

为了减轻肠内胀气，术后6小时内禁食。6小时后可喝一点温开水或萝卜汤增强肠蠕动，促进排气，并使大小便通畅。排气后，饮食可由流质改为半流质，食物宜有营养且易消化，如蛋汤、粥、烂面条等，然后依产妇身体恢复情况，逐渐过渡到正常饮食。

术后不久的产妇不要过早食用鸡汤、鲫鱼汤等荤汤和催乳食物。易发酵、产气多的食物，如黄豆、豆浆、淀粉等也要少吃或不吃，以防腹胀，可在术后7~10天再食用。

3. 鼓励和协助产妇早哺乳。不要因为伤口疼痛而不愿意喂奶，新生儿吸吮乳房时子宫会发生收缩，有利于子宫复旧。

4. 术后10天可以根据伤口愈合情况缠绑腹带。

三、注意事项

1. 由于术后几天剖宫产产妇在床上休息时间比较长，在起床时一定要先慢慢扶起产妇，待安稳后再下地。

2. 在未排气前避免进食牛奶、豆浆等食品，以免加重肠胀气。术后可遵医嘱服一些有利于肠蠕动的药物。

3. 保持二便通畅，每天督促产妇及时排便。

4. 做好体温观测。停用抗生素可能出现低热，这常是生殖道炎症的早期表现，如体温超过37.5 ℃要及早就医，避免转成慢性输卵管炎等炎症。体温观测有利于早发现早处理。

5. 术后3天内常补液，补足水分，防止血液浓缩，形成血栓。

学习单元6　疏导产妇的不良情绪

知=识=要=求

一、产妇的心理特点

1. 不稳定因素

产妇身体内的雌激素和孕激素水平下降，与情绪活动有关的儿茶酚胺分泌减少，体内的激素调节处于不平衡状态，所以其情绪很不稳定。

2. 焦虑因素

产妇在经历妊娠、分娩之后，身体疲惫、虚弱，精神也会受到影响。

3. 紧张情绪

造成产妇紧张情绪的原因是多方面的，这与分娩后体内激素比例重新分配、产妇分娩后角色转变、不知如何哺育期待已久的新生儿等有关。

4. 依赖性情绪

产妇由于产后生理的特殊性，受传统"坐月子"习惯影响而产生依赖性情绪。

5. 产褥期抑郁症

近年来，产褥期抑郁症已被广泛关注，这种心灵的闭塞症是产妇在特殊时期出现的一种心智性疾病，表现为精神呆滞、孤独无援、疑虑烦躁、生活懒散。对此，产妇在产前应学习一些产褥期知识，产后尽早下地活动，恢复原有的兴趣。

此外，产妇情绪的好坏与新生儿生长发育密切相关。

二、产妇不良情绪产生的原因

1. 健康知识的掌握情况

产妇分娩前对健康知识的缺乏易使产妇对分娩过程无清楚认识，更易增加分娩的疼痛；产后面对自身疾病、新生儿健康与否等因素更易产生焦虑、不安、恐惧的情绪。

2. 身体恢复情况

产妇因切口疼痛、乳房胀痛、大出血、乳腺炎、剖宫产刀口感染及便秘等各种产后不适，易出现焦虑的情绪。

3. 分娩情况

采用何种方式分娩及分娩是否顺利均影响产妇的情绪。

4. 新生儿情况

新生儿健康状况、育儿方法及新生儿性别等问题均影响产妇的情绪。尤其是一些家庭重男轻女，这使得产妇在新生儿出生后，有一定的心理压力。

5. 情感支持情况

产妇进入待产室或产房后，因需独自面对陌生的环境，会感到孤独不安，产后若得不到家人的关心和呵护也会出现焦虑的情绪。

技 能 要 求

技能　疏导产妇的不良情绪

一、操作方法

1. 指导产妇转移焦点

产妇遇到不顺心的事情，应适当将自己的注意力转移到一些愉快的事情上，身体力行地参与力所能及的愉快活动。

2. 求救法

产妇主动去寻求和接受别人的关注，用他人的关爱来保护自己是一种很有效的改善不良情绪的方法。

3. 放松充电法

产妇将孩子暂时交给其他人照料，给自己和爱人放个短假，看场电影，逛逛商场，避免心理和情绪的透支。

4. 行为调整法

产妇做一些放松活动，如深呼吸、散步、打坐、冥想平静的画面、听舒缓优美的音乐等。

5. 自我实现法

生儿育女只是女性自我实现的一种方式，但并不是唯一的方式，趁着休产假的时间关注一下自己擅长的事业，待产假结束以新的形象出现。

6. 角色交替法

产妇虽已为人母，但仍是丈夫的娇妻、父母的爱女，要时常给自己换个角色享受娇妻、爱女的权利。

7. 自我鼓励法

产妇多鼓励一下自己，看到自己的优点，想到事物好的方面以及多看到别人对自己的关心，不多计较和在意别人的负面看法和观点。

二、注意事项

1. 观察产妇的情绪变化，掌握沟通技巧，即不能直白、生硬，要婉转。

2. 要了解产妇的生活习惯、喜好与禁忌，发现产妇情绪低落时，要主动关心，并与其进行交流。

3. 不要以指导者的口气同产妇讲话，要注意讲话的艺术。

4. 争取产妇家属的支持。

相关链接

> 我是一个有5年工作经历的月嫂，今年年初我进入了一个自然分娩的产妇家庭。产妇从医院回来的第3天，情绪低落，沉默寡言，时不时与丈夫及家人拌嘴。我发现产妇这种情绪后，鼓励产妇多与家人沟通，自己全方位地把新生儿照顾好，让产妇和家人有空闲的时间进行沟通，让产妇做一些她喜欢的事，鼓励产妇锻炼身体，多给产妇讲我以前服务对象的一些经验，消除产妇的一些思想顾虑及不良情绪。经过我和家人的努力，产妇慢慢接受自己作为母亲的角色，开始主动接触孩子，也开始跟家人交流，逐渐认可了我的工作。在我一个月的月嫂工作完成时，产妇已经恢复正常，一家人开开心心，同时对我充满了感激之情。

培训课程 3 照护新生儿

学习单元1 预防新生儿意外伤害

知 识 要 求

由于新生儿十分弱小，不会自主抬头，也不会翻身，当各种危险来临时，不可避免地会受到如窒息、烫伤等伤害。因此，家政服务员在照护新生儿各工作环节中，要格外小心，避免发生意外。要注意采取有效的防范意外伤害的措施，以保证新生儿在安全的环境中健康成长。

一、新生儿窒息

1. 造成原因

（1）蒙被或受压窒息

新生儿口鼻周围不要放置软性物品，防止棉被、毛巾等软性物品盖住口鼻，发生窒息。产妇与新生儿同睡一张床，甚至同睡一个被窝很容易由于被子堵塞口鼻而使新生儿发生窒息。另外，产妇躺着哺乳新生儿时，容易造成新生儿边吃边睡，而产妇因疲劳入睡，导致乳房堵塞新生儿的口鼻，发生窒息。

（2）俯卧窒息

由于新生儿不能调整自己头部的姿势，俯卧睡眠很容易导致新生儿被被褥堵塞口鼻而窒息。

（3）呛奶窒息

由于新生儿消化道生理特点，喂奶后很容易发生溢奶。如此时新生儿呈仰卧姿势，呕吐物流入气管，可能因呛奶引起窒息。

2. 预防措施

（1）成人最好不要与新生儿同床睡觉，更不要与新生儿盖一条被子。应做到与新生儿同室不同床。

（2）尽量不要让新生儿俯卧睡眠，特别是夜晚更不能如此。白天新生儿俯卧时，一定有成人在一旁看护。

（3）防呛奶窒息

1）正确合理喂养，避免喂奶过多、过快。人工喂养的，奶嘴孔不可太大。倒转奶瓶时，奶水应成滴而不是成线流出。喂奶时，奶瓶底应高于奶嘴，防止吮奶时吸入空气。母乳喂养要注意哺乳姿势，以防乳房堵住新生儿的鼻孔。另外还要控制速度，泌乳过快、奶水量大时，应用手指轻压乳晕，减缓奶水的流出速度。

2）喂奶时机要适当，不要在新生儿哭泣或欢笑时喂奶，不要等新生儿已经很饿了才喂。吃得太急容易呛。吃饱了不可勉强喂，强迫喂奶容易发生意外。

3）喂奶后，应保持新生儿处于直立位，等呃气（打嗝）后再放回床上，并先保持右侧卧位 30 分钟，再改成仰卧。

4）一旦出现溢奶，要立刻清理新生儿口腔和流出来的奶水，防止奶水被吸入气管导致吸入性肺炎甚至窒息。使新生儿保持右侧卧位，防止再次溢奶。

5）喂奶前先换尿布，喂奶后尽量少搬动新生儿。

6）对于易吐奶的新生儿，吃奶后应将其头部垫高 30°，持续 30~40 分钟，以免吐奶后奶水被吸入气管。

二、新生儿烫伤

新生儿烫伤事故时有发生。烫伤事故会给新生儿身心造成很大危害，严重的会影响终生。因此，家政服务员在日常照护工作中，应严格按照正确的规范进行操作，并实施防范新生儿烫伤的有效措施。

1. 造成原因

（1）洗澡水太热或先倒热水，不经意把新生儿掉入热水中。

（2）人工喂养时，奶水温度调得过高，烫伤新生儿消化道。

（3）抱着新生儿拿取暖壶或热汤、热粥，不小心滑倒或碰到新生儿。

（4）用暖水袋保温时，水过热或放得离新生儿太近。

（5）采用电炉或红外线照射时，因温度高、照射距离近、照射时间长，引起新生儿局部皮肤充血和起水疱。

2. 预防措施

（1）洗澡

给新生儿洗澡时，如果使用流动水，一定要控制好温度，以 38~40 ℃为宜，或以手肘内侧感觉不凉不烫为度。如果使用盆浴，放水时应该先放凉水后放热水。不要抱着新生儿拿暖壶，以免烫伤。要让新生儿远离热水盆、热水壶等。待洗澡水调好温度后方可将新生儿放入浴盆。

（2）喂养

人工喂养时，应将奶滴到手背上试温，感觉不烫才可喂给新生儿。当发现奶凉，需要温奶时，可将奶瓶放在热水杯里温奶。温奶过程中，切勿抱着新生儿拿热水壶、倒热水，一定要将新生儿妥善安放好再去温奶，以免新生儿被热水烫伤。温奶后，抱着新生儿喂奶时，要远离热水壶、热水杯，以免新生儿的脚踢到热源，发生烫伤。

（3）拿取热源物

不要将任何热源物，如热水、热汤、热粥等放在离新生儿过近的地方。给他人传递热源物时，要避免从新生儿上方和旁边经过，以免不小心碰翻，烫到新生儿。

（4）使用热水袋

原则上，新生儿不必使用热水袋取暖，因为新生儿皮肤娇嫩，水温稍微掌握不好就可能发生烫伤。如果需要使用暖水袋，水温应在60～70℃，暖水袋应隔着小包被放在距离新生儿10厘米远处。在使用前务必将瓶塞拧紧，以免热水流出烫伤皮肤。

（5）使用灯照取暖

使用灯照取暖时，要有成人守候在旁。热源不要太近，还应不时移动光源，并用手试照温度，以免过热。

三、中暑和煤气中毒

新生儿居室温度以22～24℃为最佳，湿度最好保持在50%～60%，每日要保证通风、换气。

1. 造成原因

夏天，有的产妇坐月子时紧闭门窗，且不使用风扇、空调，这是造成新生儿中暑的重要原因。冬天，用炉子取暖时不注意空气流通，容易造成煤气中毒。

2. 预防措施

（1）夏季防中暑

1）合理穿衣很关键。天气炎热，不能给新生儿穿过多的衣服，否则会因散热不良，引起体温升高或在胸背部出现白色透明的疱疹，俗称"白痱子"。但也不能让新生儿全身裸露，这样会使其受凉。

2）为了给新生儿一个舒适的环境，夏季炎热的时候，可以开空调和电扇降温。但空调温度不应低于26℃，且应将风向调整为向上方吹，并把出风口用纸或薄布遮挡起来，避免冷风直接吹到新生儿和产妇。开电风扇时也是如此，风量应低速、柔和，且不能直接吹到新生儿和产妇身上。

（2）冬季防煤气中毒

如果家庭没有暖气设备防寒，需要使用煤炉取暖的，一定要注意烟筒的通畅，以防止新生儿和产妇煤气中毒。

新生儿的体温调节机制还不健全，因而给新生儿保暖十分重要。一般摸摸新生儿露着的部位，如面颊、额头、手脚等，以不凉、无汗为宜。若新生儿四肢发凉，说明室温过低，就要采取合理安全的保暖措施。但也不能保暖过度，保暖过度如同夏季中暑，会对新生儿的大脑造成损伤。

四、线头缠绕导致新生儿肢体组织坏死

衣被、手套或袜子上的线头缠绕新生儿手指、脚趾，可造成血流受阻、肢端发乌，甚至组织坏死，造成肢体残疾等。因此，要多留意和检查新生儿的手脚。不要轻易地包裹手脚，以防止新生儿肢体组织被线头缠绕而坏死。

学习单元2　照护早产儿、低出生体重儿和巨大儿

知=识=要=求

一、早产儿的特征

胎龄在37足周以前出生的活产婴儿称为早产儿或未成熟儿，其出生体重大部分在2 500克以下，头围在33厘米以下，身长小于45厘米。

1. 头颅较大

早产儿头颅相对较大，与身体的比例为1∶3，囟门宽大，颅骨较软，头发呈绒毛状，指甲软，男婴睾丸未降或未全降，女婴大阴唇不能盖住小阴唇。

2. 呼吸系统不成熟

早产儿因呼吸中枢和呼吸器官发育不成熟，呼吸功能常不稳定，部分可出现呼吸暂停和青紫。有些早产儿因肺表面活性物质少，可发生严重呼吸困难和缺氧，称为肺透明膜病，这是导致早产儿死亡的常见原因之一。

3. 消化吸收能力弱

早产儿吸力和吞咽反射均差，胃容量小，易发生呛咳和溢奶。消化和吸收能力弱，易发生呕吐、腹泻和腹胀。肝脏功能不成熟，生理性黄疸较重且持续

时间长。肝脏储存维生素 K 少，各种凝血因子缺乏，易发生出血。此外，早产儿体内其他营养物质，如铁、维生素 A、维生素 D、维生素 E、糖原等，存量均不足，容易发生贫血、佝偻病、低血糖等。

4. 体温中枢发育不成熟

早产儿体温中枢发育不成熟，皮下脂肪少，体表面积大，肌肉活动少，自身产热少，更容易散热。他们常因为周围环境寒冷而导致低体温，甚至硬肿症。

5. 神经反射差

早产儿各种神经反射差，常处于睡眠状态。体重小于 1 500 克的早产儿还容易发生颅内出血，应格外重视。

6. 免疫功能差

早产儿的免疫功能比足月儿差，对细菌和病毒的杀伤和清除能力不强，从母体获得的免疫球蛋白较少。由于对感染的抵抗力弱，他们更容易患败血症，死亡率也较高。

二、低出生体重儿的特征

出生体重小于 2 500 克的新生儿称为低出生体重儿。

低出生体重儿的身体各器官发育不成熟，生活能力低下，适应性与抵抗力差，吸吮、吞咽功能不完善，胃容量小，消化酶不足，吸收、消化能力差，易发生喂养困难、呛奶、吐奶。再加上低出生体重儿体内糖原储备少，而又处于高代谢状态，较正常新生儿更易出现低血糖，体重不增，抵抗力更低下，甚至死亡。

由于低出生体重儿胃容量小，胃肠蠕动功能弱，易发生胃食管反流和呕吐。而且低出生体重儿咳嗽反射差，甚至无咳嗽反射，呕吐易使其窒息和呼吸暂停。鼻十二指肠管饲喂养可以保证低出生体重儿生长营养的需要，以减少呕吐和吸入的可能性。低出生体重儿皮下脂肪少，保温能力差，呼吸机能和代谢机能都比较弱，特别容易感染疾病。

三、巨大儿的特征

新生儿的出生体重等于或大于 4 000 克，就可以称为巨大儿。

巨大儿的特征为体重大，易发生低血糖，食奶量大。

技 能 要 求

技能 照护早产儿、低出生体重儿和巨大儿

一、操作步骤

1. 早产儿的家庭护理

早产儿出院后需要精心照料，喂养时要慢慢增加喂食量，少量多餐，早产儿吮吸力不足，产妇要耐心喂养。早产儿对温度及其变化很敏感，一定要注意保暖，父母要保持和医生的密切联系，一有疑问随时咨询医生。

（1）由于早产儿吸吮力不足，应耐心喂养。一般出院初期，一次喂奶需要30~40分钟。

（2）出院回到家的早产儿，头2~3天，其每餐喂食量应维持在医院时的量，不必增加。待适应家里的环境后再逐渐加量，因为环境变迁对早产儿影响很大，尤其是胃肠的功能。

（3）采取少量多餐及间断（每吸食1分钟，将奶瓶抽出口腔，让早产儿呼吸约10秒钟，然后再继续喂食）的喂食方式，可减少吐奶及呼吸上的压迫。

（4）可给早产儿喂食奶粉，以促进消化及增加营养吸收。

（5）早产儿对温度及其变化很敏感，所以要注意体温的保持及温度的恒定，以免致病。

（6）定期去医院追踪检查及治疗，如视听力、黄疸、心肺、胃肠消化及接受疫苗注射等。

（7）保持与医生密切的联系，以便随时咨询。

（8）学习婴幼儿急救术，如吐奶、抽搐、肤色发绀时的处理，以备不时之需。

2. 低出生体重儿的家庭护理

（1）低出生体重儿对室内空气的好坏比成人要敏感，应特别注意以下两点。

1）保持室内空气流通，定期打开窗户，置换新鲜空气。家人如果感冒，则一定要戴口罩。在流感季节可询问儿科医师，以决定是否给低出生体重儿打预防疫苗。

2）烟雾是呼吸道疾病的致病因素，千万不要让低出生体重儿暴露在二手烟下，

父母也一定要避免在室内吸烟。如果刚刚吸过烟，暂时不要亲近低出生体重儿。

（2）在低出生体重儿出生之后的1~3个月内，应严格限制访客。尽量不让访客碰触低出生体重儿，如果一定要近距离接触低出生体重儿，请访客务必把手洗干净。之所以这样做，主要有如下两个原因。

1）让低出生体重儿有充足的时间来适应家中的新环境。

2）避免访客可能带来的传染疾病。

（3）卧室窗口要有防护栅栏，当抱着低出生体重儿在窗口站立时，要避免因为探视窗外而不慎使低出生体重儿跌下。

（4）床头柜的四周应为圆角，以免给低出生体重儿带来意外撞伤。

（5）婴儿床的四周要有床栏，以防低出生体重儿意外滚落。

（6）空调的温度不要太低或太高，每天要定时开窗通风，保持室内空气畅通。

（7）喂奶后不要仰卧，低出生体重儿更容易溢奶，喂奶后应该让低出生体重儿采取头偏右侧卧位，防止溢奶堵住口鼻。

（8）不要让低出生体重儿与成人同床同被，以防意外压伤低出生体重儿，或是造成低出生体重儿窒息。低出生体重儿应该独睡在小床上，将婴儿床放在大床的旁边，方便成人照顾。

（9）不要在低出生体重儿枕边放小物品或玩具，以免造成误食或塞住口鼻而发生意外。

（10）不摇晃低出生体重儿入睡，过度用力或不当摇晃可能使低出生体重儿脑组织受到损伤。如果低出生体重儿不肯入睡，不妨让其哭一会儿，哭累了自然会入睡。建议让低出生体重儿养成自然入睡的好习惯。

（11）母乳仍是最好的选择，和一般足月儿一样，母乳可以给低出生体重儿提供更合适的营养，应尽量以母乳哺喂低出生体重儿至1岁，这样不仅能让低出生体重儿的胃肠功能发育良好，而且能获得更强的预防疾病和抵抗能力。

3. 巨大儿的家庭护理

由于巨大儿容易发生低血糖，而且巨大儿食奶量较大，因此要注意喂养问题。

二、注意事项

1. 照护早产儿的注意事项

（1）与早产儿玩耍时，动作要慢、要轻，不要经常用新玩具包围他，不要过分刺激早产儿。

（2）留意早产儿的反应，如他头部转向，或不再注视成人时，就表示他已失去兴趣或累了，这时应停止与他玩耍。

（3）注意室内温度，因为早产儿体内调节温度的机制尚未完善，没有一层皮下脂肪为他保温，失热很快，所以保温十分重要。

（4）晚上又黑又静，早产儿可能不习惯，可开夜灯及播放轻柔的音乐，以帮助早产儿适应环境。

（5）早产儿喜欢被襁褓裹起来。襁褓布料一定要柔软、无刺激，头部绝不能包起来。

（6）早产儿由于呼吸系统未发育完善，对空气污染物十分敏感。所以婴儿房必须保持空气洁净，禁止吸烟。

（7）早产儿的床上用品及室内家具的颜色都不宜过鲜艳、明亮，以免对早产儿产生过分刺激。

（8）最重要的一点是要留心早产儿特殊的需求，一般规律不一定完全适合早产儿的需要，家政服务员必须"听他指挥"，千万别强加于早产儿。

2. 照护巨大儿的注意事项

（1）提倡母乳喂养巨大儿。相比母乳喂养，人工喂养的巨大儿要多一些，母乳实在不足，也要让巨大儿先吃完母乳，再补充婴幼儿配方奶粉。

（2）哺乳期间产妇要特别注意自己的饮食，少吃脂肪含量过高的食物，如炸鸡、动物皮、奶油等。

（3）给巨大儿添加辅食不宜太早，6个月后添加辅食较为合适。

（4）6个月以后，不要长时间抱着巨大儿，尽量让他多活动。

学习单元3　新生儿异常情况及处理

知=识=要=求

一、啼哭

1. 饥饿式啼哭

当新生儿饥饿时，哭声洪亮，哭叫的同时头会来回转动，嘴会不停寻找，并做出吸吮动作。此时,只要及时给新生儿喂食,啼哭就会立即停止。

2. 冷暖式啼哭

当新生儿冷时,哭声会减弱,严重的还会伴有面色苍白,手脚冰凉,身体蜷缩。此时,只要把新生儿抱在温暖的怀中或加盖衣被,新生儿便不哭了。新生儿热时,会哭得满脸通红、满头是汗,一摸身上也是湿湿的,被窝很热或衣服太厚。此时,减少铺盖或衣服,新生儿就会慢慢停止啼哭。成人务必使新生儿的房间保持所需温度,可用手抚摸新生儿的颈后,以测试是否太冷或太热。

3. 疼痛式啼哭

疼痛式啼哭多表现为突然尖哭,如被挤压、刺痛或腹痛等。此时应立刻接近新生儿,紧抱并轻声安慰,检查新生儿全身是否有异物刺痛或衣服太紧,排除痛源之后新生儿便会停止啼哭。陪着新生儿直到他完全安静为止;如果安慰不起作用,哭闹持续不止或伴随发热、呕吐、腹泻等症状时,应送医院尽早诊治。

4. 刺激性啼哭

当新生儿受到猛烈或突然的刺激,如光线、噪声、猛烈的动作或蚊虫叮咬等,表现出阵发性尖哭。此时,家政服务员应及时把新生儿抱在怀里,采用一般接触、活动和说话等抚慰法。避免强光、高声和突然的动作造成的突然刺激,必要时应裸露并检查受伤部位,以便及时去除诱因。

5. 疲倦式啼哭

许多新生儿疲倦时就啼哭,想要睡觉的哭声与饥饿的哭声不一样,往往会哼哼唧唧。有些新生儿睡觉时会骤然抽动一下或猛然一动。这样可能使新生儿异常醒来,造成新生儿烦躁不安,也会引起哭闹。故应避免在新生儿睡觉前过度逗引或白天过分使其兴奋和疲倦;养成新生儿安静入睡的习惯,同时晚餐切勿过饱,以免造成胃肠不适,影响睡眠而哭闹。

二、饮食

当发现新生儿突然改变了原有的饮食习惯或饮食兴趣,并伴有哭闹,给他吃奶他也予以拒绝,或吃得很少,这可能是新生儿已患病但尚未表现出明显的症状,应密切观察,一旦发现其他异常应立即就医。

三、睡眠

新生儿的睡眠时间远比成人要多得多,且睡眠程度均较熟。孩子年龄越小,睡眠时间越长,新生儿每日需睡14小时以上,12个月至2岁的幼儿每日需睡13小时左右,3~6岁的儿童一般每日需睡12小时左右。如果发现孩子每日的睡眠时间减少,夜间睡得不安稳,如没有引起他不睡觉的特殊原因,家政服务员就应该密切观察,看是否有潜在的疾病或缺乏钙质,必要时应立即就医。

四、夜啼

新生儿常常在夜间入睡后,突然大声啼哭,且持续时间较长。此时,即便抱着、摇着,新生儿也哭个不停,即使暂时不哭了,只要往床上一放,马上又会大哭起来,新生儿夜啼有以下原因。

1. 新生儿吃奶时含乳头的方式不正确,吸吮乳汁的同时也吸进了过多的空气,导致肠胀气,引发痉挛性腹痛。可用小儿开塞露半支挤到新生儿肛门内,稍堵住肛门片刻,使其排便、排气,一般即可有效。

2. 有的新生儿夜啼是因为饥饿,如果抱起来喂些奶,新生儿就会慢慢安静下来。

3. 有的新生儿夜啼是因为环境太热或太冷,适当调节室温后,新生儿就会慢慢安静下来。

4. 新生儿夜啼有可能是因为缺钙,血钙下降可使新生儿的神经肌肉兴奋性增高,夜间或睡眠时稍有惊吓便啼哭不止,同时可伴有多汗、枕秃等。这种情况应及时就医。

5. 疾病是导致新生儿夜啼的主要原因,如发烧、肠绞痛等。应仔细观察,必要时立即就医。

五、睡眠昼夜颠倒

许多新生儿白天睡觉,晚上哭闹,这一问题困扰着许多父母,有的甚至担心新生儿是不是病了。事实上,新生儿白天睡得比晚上要好。一般情况下,随着新生儿逐渐长大,会慢慢调整睡眠模式,也就是白天越睡越少,晚上越睡越多。如果非要调整新生儿昼夜颠倒的睡眠方式,可以适当增加新生儿白天的活动量，这样有助于调节新生儿的夜眠状态。另外，每天晚睡前都做同一件事，让他知道接下来便要睡觉了。

六、便溺

平时新生儿小便较多，颜色淡黄且清澈。若新生儿出现小便次数少，便量也减少，且颜色发黄、混浊，说明新生儿可能已在发热。一般情况下，新生儿每日要大便 2~3 次，如果新生儿出现大便次数减少，或大便次数明显增多，且有黏液相混，则说明新生儿可能已经生病，应立即请医生诊治。

七、精神状态

健康的新生儿均具有好动的特点，且精神饱满，当他吃饱时便会手舞足蹈。若新生儿出现表情淡漠、不喜言笑、不爱睁眼睛、吃饱后逗他无反应等精神不振的表现，家政服务员便要提高警惕，密切观察，发现异常，应立即就医。

八、呼吸

一般情况下，新生儿的呼吸都是较均匀而平静的。如果新生儿出现呼吸急促、表浅、深重或困难，甚至面色青紫、口唇发紫、手脚冰凉，多表明新生儿在发热或患有呼吸系统疾病或心血管系统疾病，应立即就医。

九、脐炎

脐炎（见彩图 11）是脐残端的细菌性感染。分为急性脐炎和慢性脐炎两种。急性脐炎是脐周组织的急性蜂窝织炎。慢性脐炎为急性脐炎治疗不规则、经久不愈或新生儿脐带脱落后遗留未愈，以及异物局部刺激所造成的一种脐部慢性炎症表现。

1. 病症特点

（1）急性脐炎

新生儿脐炎最初症状为脐带脱落后伤口延迟不愈并有溢液，有时有脐轮红肿，脐凹内可见小的肉芽面或脐残端有少量黏液或脓性分泌物。严重者可有红、肿、热、痛等蜂窝织炎的症状。感染严重时可见脐周明显红肿变硬，脓性分泌物较多，轻压脐周，有脓液自脐凹流出并有臭味。

（2）慢性脐炎

脐窝湿润肿胀，渗出物有臭味，可为脓性或混有血液。因分泌物刺激，周围皮肤可能有湿疹样改变，甚至发生糜烂，痒感明显。脐窝内有肉芽组织增生，色泽暗红，表面凸起，无黏膜被覆，触之出血。多数病程较长，迁延不愈。

2. 防护措施

（1）断脐时应严格执行无菌操作，断脐的用具和结扎脐带的线均要严格消毒。遇有紧急情况，接生时消毒不严，应在数小时内重新断脐和严格消毒脐残端。

（2）在脐残端脱落前后，要勤换尿布，保持脐部清洁干燥，每天可用75%的医用酒精涂擦脐残端和周围2~3次。如果结痂，涂擦酒精时应将结痂掀起，从内向外涂擦，才能真正起到消毒的作用。

3. 注意事项

（1）不能使用龙胆紫、红汞等有颜色的药物，因为药物的颜色会影响对脐部的观察。

（2）不要用松花粉、爽身粉等，因粉状异物的刺激可引起脐部慢性炎症而形成肉芽肿，不易愈合。

（3）如果发现脐部出现红肿或有脓性分泌物等脐炎的表现，应及时去医院就诊。

十、湿疹

湿疹是由多种内外因素引起的瘙痒剧烈的一种皮肤炎症反应，分急性、亚急性、慢性三种。

1. 病症特点

（1）急性湿疹

皮损初为多数密集的粟粒大小的丘疹、丘疱疹或小水疱，基底潮红，逐渐融合成片，伴有剧烈瘙痒。由于搔抓，丘疹、丘疱疹或小水疱顶端抓破后呈明显的点状渗出及小糜烂面，边缘不清。如继发感染，炎症更明显，可形成脓疱、脓痂、毛囊炎、疖等。急性湿疹好发于头面、耳后、四肢远端、阴囊、肛周等，多对称分布。

（2）亚急性湿疹

急性湿疹炎症减轻后，或急性湿疹未及时适当处理，转为亚急性湿疹。此时，皮损以小丘疹、结痂和鳞屑为主，仅见少量丘疱疹及糜烂，仍有剧烈瘙痒。

（3）慢性湿疹

常因急性、亚急性湿疹反复发作不愈而转为慢性湿疹，也可能开始即为慢性湿疹。表现为患处皮肤增厚、浸润，棕红色或色素沉着，表面粗糙，覆鳞屑，或因抓破而结痂。自觉瘙痒剧烈。慢性湿疹常见于小腿、手、足、肘窝、腘窝、外阴、肛门等处，病程不定，易复发，经久不愈。

2. 防护措施

（1）避免自身可能的诱发因素。避免食用可能致敏的食物和刺激性食物。

（2）急性湿疹可用生理盐水、3%硼酸或1∶2 000～1∶10 000高锰酸钾溶液冲洗、湿敷患处，或将炉甘石洗剂涂于患处，起收敛、保护作用。

（3）亚急性、慢性湿疹应用合适的糖皮质激素霜剂、焦油类制剂或免疫调节剂。

（4）如湿疹严重，应及时到医院就诊。

3. 注意事项

（1）湿疹区域尽量少沾水。

（2）应在专业医师指导下用药。

（3）避免接触外界刺激物质，少接触化学成分用品，如肥皂、洗衣粉、洗涤剂等。

十一、鹅口疮

鹅口疮（见彩图12）又名雪口病、白念菌病，由真菌感染引起，是儿童口腔常见疾病。

1. 病症特点

（1）2岁以内的婴幼儿最多见。

（2）口腔黏膜出现乳白色、微高起的斑膜，周围无炎症反应，形似奶块，无痛。擦去斑膜后，可见下方不出血的红色创面。斑膜面积大小不等，可出现在舌、颊、腭或唇内黏膜上。

（3）在感染轻微时，白斑不易发现，也没有明显痛感，或仅在进食时有痛感。严重时，新生儿会因疼痛而烦躁不安、胃口不佳、啼哭、进食困难，有时伴有轻度发热。

（4）受损的黏膜治疗不及时可不断扩大，蔓延至咽部、扁桃体、牙龈等，严重者可蔓延至食管、支气管，引起真菌性食管炎或肺念珠菌病，造成呼吸、吞咽困难。少数可并发慢性黏膜皮肤念珠菌病，甚至可继发其他细菌感染，造成败血症。

2. 防护措施

（1）产妇有阴道霉菌病时应积极治疗，切断传染途径。

（2）产妇在喂奶前应用温水清洗乳晕和乳头，并应经常洗澡、换内衣、剪指甲，每次抱新生儿前要先洗手。

（3）新生儿进食的餐具清洗干净后再蒸 10~15 分钟。

（4）新生儿的被褥要定期拆洗、晾晒，洗漱用具要与成人分开，并定期消毒。

十二、脐疝

脐疝（见彩图 13）是指腹腔内容物由脐部薄弱区突出的腹外疝。

1. 病症特点

（1）当啼哭、站立和用劲时，脐部膨胀出肿物，多呈半球形或圆柱状，直径 1~2 厘米，无其他症状，较少嵌顿，常在洗澡、换衣时无意中发现。

（2）新生儿脐疝多属易复性疝，即啼哭、咳嗽、站立时肿物饱满增大，而且肿物触之较坚实。新生儿安静或者成人用手按压时，肿物缩小或回纳入腹腔，并伴有肠鸣音。肿物缩小或回纳后，局部留有松弛皮肤皱褶。肿物较大时，特别是新生儿哭闹，腹压增高时，外表的皮肤发亮，显得较薄，除非为创伤所致，肿物表皮不会被撑破。

2. 防护措施

大多数脐疝通过脐部筋膜环的逐步收缩，会在 1 岁左右自愈。2 岁前，除非嵌顿，可观察等待，采用非手术疗法促使自愈。如满 2 岁，脐疝直径超过 1.5 厘米，应手术治疗。

十三、红臀

新生儿红臀亦称新生儿尿布皮炎，是新生儿常见和多发的皮肤病，如彩图 14 所示。

1. 病症特点

（1）表现为肛周、臀部、会阴部皮肤发红，并有斑丘疹和疱疹，皮肤糜烂和渗液严重者可蔓延至男婴的阴囊、女婴的大阴唇、大腿内侧、腰骶部。红臀极易发生感染，引起皮肤溃疡。

（2）新生儿红臀分为3度。仅局限于部分皮肤潮红的为Ⅰ度；出现局部皮肤潮红，有皮疹并向周围蔓延的为Ⅱ度；局部皮肤破损、溃疡的为Ⅲ度，一般会伴发真菌或细菌感染。

2. 防护措施

（1）每天给新生儿洗澡，水温38～40 ℃。尤其需要注意清洗干净新生儿皮肤皱褶处及臀部。洗澡后给予基础护理，将护臀膏均匀涂在皮肤皱褶处及臀部。

（2）保持室内空气新鲜，调节好室内温、湿度。室内温度以18～22 ℃（早产儿在24～26 ℃）为宜，湿度以55%～65%为宜。

（3）给新生儿使用棉质、透气性能好、吸水性强的尿布或纸尿裤，每2小时更换一次。腹泻的新生儿大便次数较多时应在大便后及时更换尿布或纸尿裤，每次更换尿布或尿裤后，用温水擦洗或用不刺激皮肤的湿巾擦洗，之后用吸水性好的纸巾轻轻吸去水分。为防止机械刺激引起红臀，动作一定要轻柔，不可用力擦拭。用护臀膏在新生儿的会阴区、腹股沟区、后臀区，以及男婴的阴茎及阴囊下部涂抹均匀，再穿上尿布或纸尿裤。尿布或纸尿裤边缘应平展，松紧适宜。更换尿布或纸尿裤时，给新生儿翻一次身，侧卧或俯卧，使新生儿臀部不持续受压。

（4）对于Ⅰ度、Ⅱ度红臀的新生儿，使其俯卧，充分暴露臀部，持续晾干，同时注意保暖，然后外涂护臀膏。对于Ⅲ度红臀的新生儿可采取创面吹氧气，每次15～30分钟，每天2～3次，吹氧后外涂护臀膏，继续保持臀部干燥清洁，同时注意保暖。

十四、呕吐

呕吐指由于食管、胃或肠道呈逆蠕动并伴有腹肌强力痉挛和收缩，迫使食道和胃内内容物从口和鼻涌出。呕吐可以是独立的症状，也可是原发病的伴随症状。

1. 病症特点

（1）呕吐发生时间

新生儿出生后数小时内呕吐，可能是在分娩时吸入了羊水；出生后数小时内吐咖啡色黏液，可能是误吸母血所致；出生后24～36小时后出现频繁呕吐，出生后又没排便，要考虑肛门或直肠闭锁；出生后1～2周出现持续呕吐，第3周加重，伴有消瘦和营养不良，需观察有无肥厚性幽门狭窄。

（2）呕吐的方式或状况

溢奶的新生儿喂奶后奶汁从口角少量流出或吐出，也有少数新生儿有时从口和鼻喷出。吐出来的是原奶汁，不伴有任何不适。这种情况可能是喂养不当、吃得过饱、胃里存有气体。此时应适当减少奶量或次数，坐着喂奶，喂完后竖起来拍背。

（3）呕吐物内容和性质

1）呕吐物呈清亮或泡沫状黏液及未消化的奶汁，表示吃的食物下行受阻，梗阻在贲门以上，可见于新生儿先天性食管闭锁，或食道炎引起的食管狭窄和贲门失弛缓症等。

2）呕吐物为黏液乳凝块及胃内容物，表示食物已进入胃。呕吐可能由胃肠道感染及幽门部位梗阻引起，可见于肥厚性幽门狭窄等。

3）黄或绿色清亮黏液样的呕吐物，有时混有少量奶块，多见于新生儿十二指肠闭锁或狭窄、环状胰腺和肠旋转不良。

4）呕吐物为黄绿色液混有少量食糜，见于高位空肠闭锁或粘连性肠梗阻及肠麻痹。

5）呕吐物呈浅褐绿色粪汁样、味嗅，可考虑为空回肠或结肠闭锁、肠无神经节细胞症或直肠肛门畸形。

6）呕吐物带血或吐血。少量血液和胃酸作用后呈棕褐色，可见于新生儿咽下含母血的羊水或吸吮皲裂的乳头、新生儿自然出血症等。大量呕血多见于门脉高压症合并食管静脉曲张破裂或胃溃疡出血。

2. 防护措施

（1）哺乳不宜过急，哺乳后竖抱新生儿身体，让其趴在肩上，轻拍其背部至打嗝。

（2）进食、进水应定时定量，避免暴饮暴食。如因饮食过量引起应减少进食量。

（3）呕吐的患儿应采取侧卧位或坐位，吐后要用温开水漱口。必要时可给患儿喝少量果汁、淡盐水。

（4）呕吐停止或减轻后，可给予少量、微温的米汤等流质饮食。

（5）有脱水或电解质紊乱情况的，应及时就医，按需补液和纠正电解质紊乱。

十五、呃逆（打嗝）

1. 原因

（1）照护不当导致新生儿外感风寒，寒热之气逆而不顺，俗话说是"喝了冷风"，会诱发打嗝。

（2）新生儿饮食过量，或吃了冷奶水，或服用寒凉药物，会使脾胃功能减弱，诱发打嗝。

（3）在不恰当的时机哺乳，如饥饿后吃得过快或惊哭后吃奶，会造成新生儿哽噎而诱发打嗝。

（4）喂奶姿势不正确，如奶瓶底未高于奶嘴，导致新生儿吞咽过多空气而诱发打嗝。

2. 防护措施

（1）在新生儿哭闹的时候不要进食。母乳喂养时避免乳汁流得过快，人工喂奶也要避免太急，奶瓶底要高于奶嘴。新生儿吃奶时，头要比身子高。每次吃完奶，要等新生儿打出嗝后再放下。

（2）受凉引起的打嗝，可以先抱起新生儿，然后轻拍其后背，再喂一点温热水，在胸腹部盖上保暖衣被等。

（3）新生儿打嗝不止，可将其抱起后轻轻地刺激其小脚底，或用食指尖在其嘴边或耳边轻轻地挠痒，促使新生儿啼哭。这样，可以使新生儿的膈肌收缩停止，从而止住打嗝。

十六、褶烂

褶烂因新生儿皮肤褶缝处皮肤相互摩擦、积汗与分泌物过多、局部热量不能散发，引起充血所致。体胖、炎热、潮湿、不注意卫生等更易发病。

1. 病症特点

病症常于出生后第二周，在腋窝、腹股沟、臀缝、四肢关节屈面，以及肥胖儿的会阴部、颈部等褶缝处出现，皮肤发红、糜烂，表皮剥脱，边缘清楚，病变处皮温较高，褶缝中的积液有臭味。

2. 防护措施

（1）注意新生儿个人卫生，勤换尿布或纸尿裤，保持局部清洁。确保新生儿使用的衣物、被褥、用具清洁。

（2）为新生儿洗澡时应彻底洗净腋窝、颈部、腹股沟等处的胎脂，减少对皮肤的刺激。洗澡后在褶缝处用细软纱布将水吸干，扑以无刺激的婴儿爽身粉，以防褶烂发生。

（3）将皮肤破溃处用温水洗净、擦干，将适量的鞣酸软膏均匀轻柔地涂抹在上面，每日2次，可以起到隔水、干燥及止痛等作用，避免感染加重。

（4）治疗可外用炉甘石洗剂。继发细菌感染时要及时就医。

学习单元 4　新生儿疾病筛查与常见病预防

知=识=要=求

为了提高出生人口素质，减少先天残疾发生，推动新生儿疾病筛查工作健康发展，我国将新生儿疾病筛查工作作为促进基本公共卫生服务逐步均等化的重要内容，积极实施干预措施。

一、新生儿期需做的筛查

1. 新生儿遗传代谢病筛查

出生3天后取足跟血。抽血后，如果接到复查通知，要及时到医院复查，早期治疗干预，避免智力受损。未在出生3天抽取足跟血的新生儿，要在出生后20天内补筛。

2. 新生儿听力检查

出生3~5天内初筛。如果接到通知要求进行复查时，应及时带新生儿到指定医院检查，以免延误诊治。未筛查者42天内补筛。

二、常见病预防

1. 做好卫生消毒

应给新生儿创造一个卫生的环境。一是要保持环境卫生，居室应清洁、安静，每天通风换气。二是要保证接触者的卫生，减少亲属探望，不要让传染病患者接触新生儿。三是接触孩子或取拿物品前要洗手。成人的手可能带有大量细菌和病毒，会传播多种疾病。新生儿机体免疫系统尚未发育成熟，极易受到感染。因此，成人在接触新生儿前一定要洗手。先用肥皂搓洗，后用流动水充分冲洗干净。

2. 正确补充鱼肝油，有效预防佝偻病

新生儿出生后，生长发育速度比较快，身体需要钙的量与生长发育速度成正比，为了能让新生儿健康成长，不能忽视钙的补充，否则容易诱发佝偻病。

维生素 D 参与体内钙代谢，帮助钙沉积到骨骼的生长部位，使骨骼正常生长。而母乳和代乳品中维生素 D 的含量比较低，所以新生儿无论是母乳喂养还是人工喂养，都应补充维生素 D。补维生素 D 有两种方法，晒太阳和口服鱼肝油。晒太阳是一种经济实惠的方法，阳光中的紫外线可以促使皮肤合成维生素 D。但对于新生儿来说，用这种方法不足以完成维生素 D 的补充，所以还应该正确补充鱼肝油。鱼肝油是一种维生素类药物，主要含有维生素 A 和维生素 D。一般情况下，新生儿自出生后 15 天起，就应该开始补充鱼肝油。

（1）补充鱼肝油的要求

口服鱼肝油时，要掌握好用量。足月纯母乳喂养儿，每日口服维生素 D 400 IU（国际单位）；早产儿每日补充 800～1 000 IU，3 个月后改为 400 IU。过量服用鱼肝油会给新生儿的身体带来危害，所以最好在医生指导下科学服用。

（2）正确补充鱼肝油的方法

1）按补剂说明和遵医嘱进行操作。从最初每天吃一滴开始补充，以后逐渐增加至标准补充单位量。

2）将鱼肝油胶囊的一端刺破，将里面的鱼肝油从新生儿嘴角边挤滴到嘴里。不能从嘴的正前方滴入，以免因手滑将鱼肝油胶囊整个挤到新生儿嘴里，引起窒息。

学习单元5　促进新生儿发展

知识要求

一、新生儿神经行为发育特点和能力

1. 听力

新生儿出生3~7天对声音有反应，听觉出现。他们能对成人的声音和动作有反应，会用哭声表达需求。

2. 视力

新生儿出生时已对光有反应，2~4周两眼能凝视光源，能看清距离20厘米左右的物体，喜欢红色、黑白分明的图案。

3. 触觉

新生儿出生后不久，对触觉很敏感。他们对软硬、冷热、疼痛等有感觉，喜欢被抱、被抚摸，喜欢紧贴人的身体。

4. 嗅觉和味觉

新生儿出生后不久就已具备嗅觉和味觉能力，对气味有感觉，能循着乳香寻找乳头。

5. 头围

新生儿出生时头围33厘米左右，满月时37厘米左右。出生头一个月是大脑重量增加最快的时期。

6. 运动能力

新生儿有运动能力。如吃手、听到妈妈的声音会转头、手上举、腿伸直等；在安静觉醒状态时，喜欢注视；有一定的模仿能力，模仿张口、噘嘴、吐舌等；会随音节屈伸四肢。

7. 交往能力

新生儿有交往能力，如与成人对视、似带微笑等。他们需要父母与之交流，表达需要的方式是哭，如饥饿、冷热、衣被松紧、需要家人的爱抚时，都会以哭来表达。

二、促进新生儿发展的方法

1. 经常抚摸和拥抱新生儿。
2. 经常与新生儿玩，对新生儿说话。
3. 悉心照顾，了解新生儿哭声的含义，及时满足新生儿的需要，如饥饿、冷热、衣被松紧、家人的爱抚等，有利于安全感建立及心理健康发展。
4. 给新生儿做抚触，并在抚触过程中不停地与新生儿进行眼神和语言的交流。

技 = 能 = 要 = 求

技能 1　新生儿的视觉训练

1. 出生 2 周后的新生儿就可以进行早期视觉训练，每天分上午、下午两次用黑白人物图片、彩色带响玩具在新生儿的前方做上下左右移动，时间 3~5 分钟，训练新生儿的眼睛追寻物体的能力。
2. 使用彩色玩具对婴儿进行视觉训练时，要先用红色玩具吸引注意，时间不宜过长，以 3~5 分钟为宜。再用绿色玩具进行同样的追寻物体训练，同时消除视觉疲劳，时间 3~5 分钟。

技能 2　新生儿的听觉训练

1. 日常护理时，可经常对新生儿说话，让他们熟悉周围人的声音。
2. 可在新生儿周围做远近移动呼唤。
3. 弹响指：新生儿仰卧在床上，先逗引其玩一玩，然后在其面前弹响指来吸引其注意力，还可以不停转换方位。
4. 玩声响玩具：用适合 2 周后的新生儿进行听觉训练的带声音玩具，在新生儿身边做上下左右移动训练，让他了解声音出现的现象。
5. 播放音乐：每天给新生儿播放一些舒缓、优美的音乐，也可以让新生儿继续听胎教音乐，这样他会感到亲切和安逸。这些音乐可在新生儿吃、玩、睡时，作为背景音乐播放，不需要让他刻意去听。也可以用手机或小型录音机播放欢快的儿童歌曲，把放着歌曲的手机或录音机在新生儿前面做上下或左右移动。

6. 倾听大自然的声音：稍微大一点的新生儿，可让其倾听大自然的声音，如风声、雨声、流水声、鸟叫声、蝉鸣声等。

技能3　促进新生儿发育的亲子游戏

1. 辅助游戏用具准备

（1）黑白图，大小与人脸相仿，悬挂在小床一侧。

（2）颜色明亮、声音悦耳、无棱角的哗铃棒。

（3）不同颜色的彩球、气球、灯笼（直径约15厘米，悬挂在小床上方）。

2. 亲子游戏方法

（1）看：看色彩鲜艳的球、父母的微笑。

（2）听：听悦耳的音乐、父母的话语。

（3）嗅：闻母亲的乳香、父亲的体味。

（4）触：触摸不同质地、形状的物品，感受亲人的搂抱和抚摸，以及冷或热的空气和水。

3. 注意事项

（1）应选择正规厂家生产的玩具。

（2）接触新生儿手的玩具应该是可以冲洗和消毒的。

（3）应选择光滑的玩具，以免划伤新生儿。

（4）不要选择易掉色的玩具，以免新生儿接触到有毒物质。

（5）悬挂在小床上方和两侧的玩具要经常更换位置。

职业模块 ④ 照护婴幼儿

内容结构图

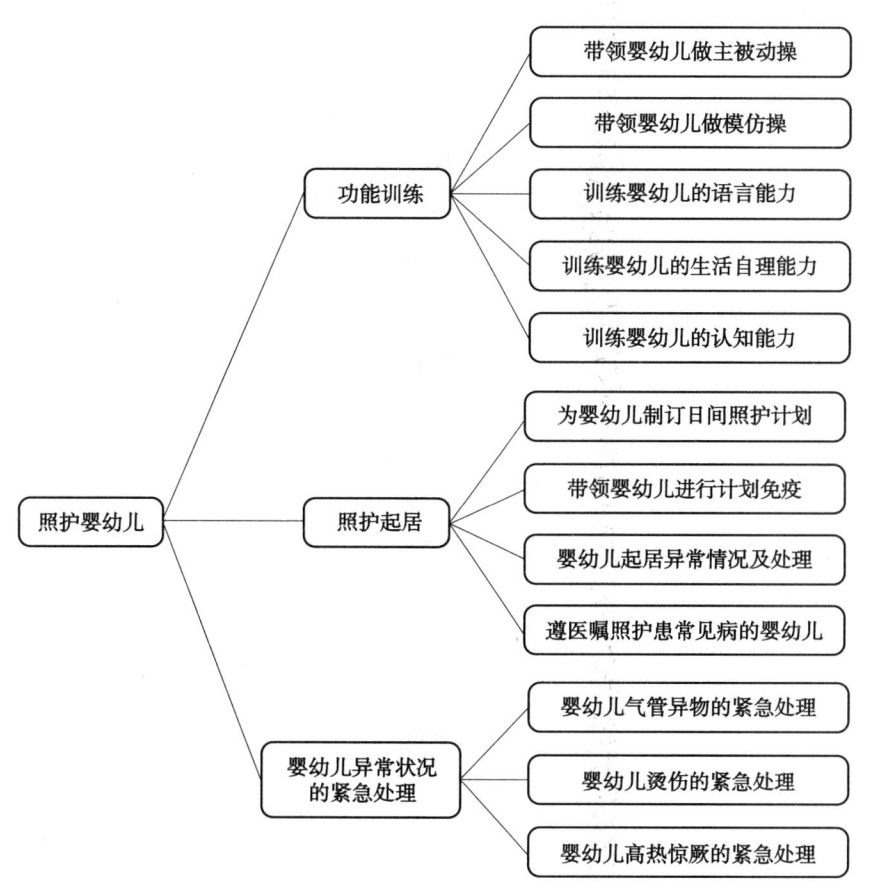

培训课程 1

功能训练

学习单元 1　带领婴幼儿做主被动操

知识要求

一、婴儿被动操

婴儿被动操是完全在家政服务员帮助下进行的婴儿操，适合 0~6 个月的婴儿。被动操对婴儿身体的生长发育很有好处，对神经系统、动作协调等发展有积极作用。

二、婴幼儿主被动操

婴幼儿主被动操是在家政服务员的适当协助下，加入婴幼儿的部分主动动作完成的。婴幼儿主被动操主要锻炼婴幼儿四肢、肌肉、关节的运动，并锻炼腹肌、腰肌、脊柱的运动，如弯腰拾物运动、扶腋步行、双脚跳跃等，为站立、行走做准备。主被动操适用于 7~12 个月的婴幼儿，这个时期的婴幼儿已经有了初步自主活动的能力，能自由转动头部，自己翻身，独坐片刻，双下肢已能负重，并上、下跳动。婴幼儿每天进行主被动操练习可活动全身的肌肉、关节，为爬行、站立和行走打下基础。

技=能=要=求

技能　带领婴儿做被动操

一、操作准备

1. 选择舒适的床或地垫，上面铺干净的布单（如果在床上做，床垫不能太软）。
2. 室温要求 22～25 ℃。
3. 婴儿锻炼时应穿着舒适、宽松的衣裤，也可以裸体做。应根据婴儿的大小、体力适当增减节拍。
4. 被动操尽量安排在婴儿清醒、情绪好的时候。可播放一些舒缓的轻音乐或童谣来调节气氛，有助于婴儿情绪放松。

二、操作步骤

第一节：扩胸运动

预备姿势：婴儿仰卧，如图 4-1 所示，家政服务员双手握住婴儿的双手，把拇指放在婴儿手掌心内，其余四指抓握婴儿腕部。让婴儿保持握拳姿势，婴儿双臂放在身体两侧下垂。

第 1 拍：将婴儿两臂举起，在胸前交叉，如图 4-2 所示。

第 2 拍：将婴儿两臂向体侧外展 90°，手心向上，重复两个 8 拍，如图 4-3 所示。

图 4-1　预备姿势　　　　图 4-2　胸前交叉　　　　图 4-3　双手外展

注意：双臂平展时可帮助婴儿稍用力，两臂向胸前交叉时动作应轻柔些。每次交叉婴儿的手应左右上下轮换。

第二节：伸屈肘关节（见图 4-4 至图 4-6）

图 4-4　屈左臂肘关节　　图 4-5　肘关节伸直还原　　图 4-6　屈右臂肘关节

预备姿势：同第一节扩胸运动。

第 1 拍：将婴儿一侧手臂以肘关节为轴心，举起并屈肘关节，手心朝上，上举时手尽量接近婴儿耳旁。

第 2 拍：肘关节伸直还原。

第 3、4 拍：另一侧相同，重复共两个 8 拍。

注意：屈肘关节时，手触婴儿肩膀，尽量接近婴儿身体，伸直时不要用力。

第三节：肩关节运动（见图 4-7 至图 4-10）

预备姿势：同第一节扩胸运动。

图 4-7　婴幼儿仰卧　　　　　图 4-8　旋转左肩关节

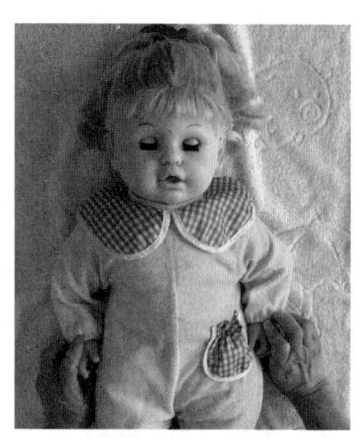
图 4-9　还原动作

图 4-10　旋转右肩关节

第 1、2 拍：以婴儿肩关节为轴心，将婴儿一侧手臂自然垂下；另一侧手臂由内向外作圆形旋转肩关节；分别以顺时针或逆时针旋转运动，也可以一圈顺时针，一圈逆时针。

第 3、4 拍：还原。

第 5~8 拍：换另一侧手臂，动作相同，重复共两个 8 拍。

注意：动作必须轻柔，切不可用力拉婴儿两臂勉强做动作，以免损伤关节及韧带。

第四节：伸展上肢（见图 4-11 至图 4-15）

预备姿势：同第一节扩胸运动。

第 1 拍：将婴儿两臂向胸前举起。

第 2 拍：两臂向体侧外展 90°，使上肢与其躯干呈十字形。

第 3 拍：以肩关节为轴心，上举婴儿双臂过头顶，掌心向上。

图 4-11　婴幼儿仰卧

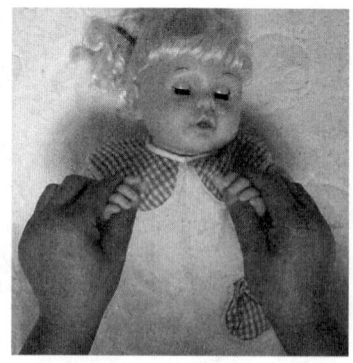
图 4-12　双臂胸前向上

图 4-13　双臂外展

图4-14 双臂向上

图4-15 双臂还原

第4拍：动作还原，重复共两个8拍。

注意：双臂上举时与肩同宽，动作轻柔。

第五节：伸屈踝关节（见图4-16至图4-18）

图4-16 婴幼儿仰卧

图4-17 伸屈左侧踝关节

图4-18 伸屈右侧踝关节

预备姿势：婴儿仰卧，家政服务员一只手握住婴儿脚踝部，另一只手握住婴儿足前掌。

第1拍：将婴儿足尖向足背屈踝关节。

第2拍：足尖向足底伸展，轻轻地旋转踝关节，至8拍。

换另一侧足踝部做伸屈动作，做8拍。

注意：伸屈时动作要自然，切勿用力过度。

第六节：双腿轮流伸屈（见图4-19至图4-22）

预备姿势：婴儿仰卧，双腿伸直平放。家政服务员拇指在下，四指在上，

图 4-19　婴幼儿取仰卧位

图 4-20　左腿伸屈

图 4-21　右腿伸屈

图 4-22　双腿还原

双手分别握住婴儿小腿近踝处。

第 1 拍：将左腿伸直上举成 45°。

第 2 拍：上举成 90°。

第 3、4 拍：还原，重复共两个 8 拍。

换另一侧腿做伸屈，做两个 8 拍。

注意：屈膝时稍帮助婴儿用力，伸直动作放松。

第七节：双腿伸直上举（见图 4-23 至图 4-24）

预备姿势：婴儿双腿伸直平躺，家政服务员两掌心向下，握住婴儿两膝关节。

第 1、2 拍：将双腿向上举成 90°。

图 4-23 双腿向上举成 90°

图 4-24 双腿还原

第 3、4 拍：还原，重复共两个 8 拍。

注意：双腿向上举时，臀部不离开桌、床面，动作轻缓。

第八节：转体翻身运动（见图 4-25 至图 4-27）

图 4-25 协助转体

图 4-26 向一侧翻身

图 4-27 从仰卧到俯卧

预备姿势：婴儿仰卧，家政服务员一只手扶婴儿的后背上方肩胛部，另一只手握着婴儿小手。

第 1 拍：将婴儿从仰卧位转为侧卧位。

第 2 拍：将婴儿转为俯卧位。

第 3、4 拍：用相同方法做另一侧，重复共两个 8 拍。

注意：

1. 仰卧时婴儿的双臂自然地放在胸前，使头略微地抬高一些。

2. 婴儿从俯卧位可翻转回仰卧位，也可以连续翻转。

3. 婴儿转为俯卧位后，家政服务员可就势用一只手抵住婴儿的双脚，另一只手拿玩具，在婴儿面前引导其向前爬。

三、注意事项

1. 婴儿被动操应在两次喂奶之间，以及排大便后进行，避免训练中吐奶。
2. 做操前拥抱婴儿，做操中注意动作轻柔，让婴儿有舒适感、节律感。
3. 家政服务员尽量邀请爸爸、妈妈和婴儿一起锻炼，增进彼此感情。
4. 每天做 1~2 次，循序渐进，应灵活掌握，逐渐完善。
5. 如果婴儿哭闹不配合，可暂停，观察婴儿的情况。
6. 选择舒缓的轻音乐或童谣，声音不可过大，以免刺激婴儿的听力。
7. 训练后给婴儿喂些水。

学习单元 2　带领婴幼儿做模仿操

知识要求

婴幼儿模仿能力强，好学好动，对各种游戏、声音有极强的好奇心。模仿操就是根据婴幼儿这些特点来设计的，主要是通过一些儿歌、歌谣让婴幼儿模仿一些动作，如一些日常生活动作及跑、跳、平衡、弯腰等动作，具有强烈的游戏性和趣味性。模仿操比较容易掌握，在家中可以由成人编儿歌和动作让婴幼儿做。婴幼儿模仿操不但可训练他们的各种动作，培养婴幼儿的独立生活能力，而且可提高婴幼儿的想象力、创造力、模仿力、思维能力和语言表达能力。

技能要求

技能 1　带领婴幼儿做"宝宝洗脸"模仿操

目的：活动腕关节、肘关节、肩关节、上肢肌肉，逐步培养婴幼儿的自理生活能力和语言能力。

动作：婴幼儿伸出双手，五指并拢放在脸前。

一、二、三、四，右手在脸前上下洗4次；

二、二、三、四，右手顺时针转动4次；

三、二、三、四，左手在脸前上下洗4次；

四、二、三、四，左手顺时针转动4次。

配合语言或童谣做洗脸操。

洗洗脸，上、上、下、下；洗洗脸，转一转。

洗洗脸，上、上、下、下；洗洗脸，转一转。

技能2　带领婴幼儿做"小鸭走路"模仿操

目的：活动膝关节、髋关节、下肢肌肉，提高婴幼儿的想象力、思维能力和语言能力。

动作：婴幼儿两手放背后，抬头，腰略弯，模仿小鸭子走路。

一、二、三、四，向前走；

二、二、三、四，向前走；

三、二、三、四，向后退；

四、二、三、四，向后退。

配合语言：小鸭走路，嘎！嘎！嘎！

技能3　带领婴幼儿做"小白兔跳"模仿操

目的：训练婴幼儿腿部力量、全身动作的协调性、平衡功能，提高婴幼儿的想象力、思维能力、模仿能力、语言能力。

动作：两手张开，掌心向前，食指、中指竖起来，放在头两侧作耳朵，双脚做跳的动作。

一、二、三、四，向前跳；

二、二、三、四，向后跳；

三、二、三、四，向前跳；

四、二、三、四，向后跳。

配合语言：小白兔，跳一跳。

注意事项：

1. 选择的歌谣、歌曲应适合婴幼儿的年龄特点。

2. 做操的时候选择平整、宽阔的地方，防止婴幼儿摔倒。

3. 家政服务员和家长要与婴幼儿一同做操或邀请小伙伴一同做操，激发孩子的兴趣和团队意识。

学习单元3　训练婴幼儿的语言能力

知=识=要=求

一、提高婴幼儿语言能力的方式

语言是人类交际的工具、思维的武器，对婴幼儿来讲，尽早掌握语言是很重要的。新生儿是不会说话的，他们用哭表达自己的需求。在正确教育下，4～5岁的孩子语言已很丰富了。

婴幼儿语言的发展是一个连续的、有规律的过程。先学发音，对于2～3个月的婴儿，当成人"啊""哦"地和他说话时，他就会咿呀学语，逗他时会大笑。进而是理解语言，7～8个月的婴儿已能理解简单的语言，如问他灯在哪里，他就会指灯或看灯。婴儿稍大后，成人可用轻柔的语音刺激他，将周围各种事物简单的名称告诉他，让他脑海中留有印象。

常常听到1岁左右婴幼儿的妈妈说："这孩子什么都懂，就是不会说。"这是因为他仍处于理解语言阶段。2岁左右的幼儿语言进入一个蓬勃发展的时期，这时，他们已会说3～4个字组成的词语、句子，知道常见物品的名称，很喜欢学成人说话。

二、婴幼儿语言能力训练的方法

婴幼儿在咿呀学语阶段，应做到情绪愉快，积极发音；在理解语言阶段，应做到理解得多，理解得对；在会说话阶段，应做到语言清楚，内容丰富。这些都不是自发的，而是正确教育的结果。

1. 听力和模仿训练

听力和视觉的集中能使婴幼儿出现微笑、全身活跃和发音等反应，为了训练听力和提高模仿能力,可以做以下训练。

(1)我在哪里

3~4个月的婴儿可以做"我在哪里"的游戏,从不同方向呼唤他的名字,鼓励他寻找发出声音的方向。

(2)悄悄话

经常与婴幼儿进行亲切温柔或悄悄话式的谈话,话要简短,对一些词汇可以加重语调、夸张口型,有时可稍停顿,让婴幼儿能模仿。家政服务员发音要清晰,用词要简单、准确。

(3)听指令,点部位

互相按指令点到身体的部位,这个交互式游戏能很好地训练婴幼儿的听力,提高婴幼儿的手眼协调能力。

(4)听故事

讲故事时,中间可以停顿,让婴幼儿接着编故事或讲下边一句。这不仅可训练婴幼儿的听力,而且还能提高婴幼儿的想象力、创造力、记忆力、语言表达能力。

(5)指人物

讲故事的时候让婴幼儿靠近图书,并在图片上指出正在讲的人或物。家政服务员可以调整音调、语速去适应他所指的人或物。

(6)找东西

锻炼婴幼儿听力,可以说出某个家中物品的名称,从易到难,先从他喜欢的东西开始,让他找出来。

2. 表述能力的训练

(1)当婴幼儿啼哭时,家政服务员发出与他哭声相同的叫声,他会试着再发声,几次回声对答成功后,他会十分喜欢这个游戏,并渐渐学会叫而不是哭。家政服务员可以把口张大一点,用"a"来代替哭声诱导婴幼儿对答,他就会慢慢地发出第一个元音。如果他无意间发出其他元音,无论是"o"还是"i",都应赞扬他。

(2)对于稍大一些的婴幼儿,可以做下列游戏来训练表述能力。做"打电话"的游戏,可提高语言表达能力;做"传话"的游戏,让婴幼儿留心听,准确记,把话传给别人,传话内容由简单到复杂;做"边听边说边做"的游戏,教婴幼儿边听、边复述、边按要求做;做"模仿"的游戏,模仿不同的人说话,如爷爷的声音、奶奶的声音、小朋友的声音、高兴的语调、生气的语调、哭的声音、笑的声音等;听录音复述故事;出门回来让他说说都看到了什么,最高兴的事是什么,什么最好玩;背古诗、歌谣的时候,做"我说上句,你接下句"的游戏;看嘴形猜话;词语接龙;说相反词;看图编故事等。

3. 婴幼儿的语言能力发展在很大程度上依赖于家庭环境

(1)家政服务员说话时,要发音准确、清晰,句子完整,语法规范,声调自然而适中;注意词汇丰富,语言精练,用标准的语言训练婴幼儿。

(2)对于婴幼儿,要伴随照料活动说话,讲究说话的艺术,语速适中,口齿清楚,声调温和亲切。不可用严厉的声调对婴幼儿说话,也不要恐吓他。要多用积极鼓励、阳光性的语言,少用消极、禁止性的语言;多用提问的方式跟婴幼儿说话,少用命令的方式叫婴幼儿做事等。

(3)让婴幼儿多接触悦耳的音乐、朗朗上口的儿歌和广告语、娓娓动听的童话故事、有趣的语言教育游戏等,让他模仿和练习。同时,要充分利用广播和电视中的少儿节目,让婴幼儿多模仿正确的语言;使婴幼儿增加词汇量,学习表情,丰富语调,在潜移默化中提高语言表达能力。

(4)婴幼儿有问题要允许他们问,通过问题的解答,他们可以增长知识,提高思维能力、理解能力。好奇是儿童的天性,幼儿从1岁半起就进入第一个好问期,喜欢提出一个个"是什么"的问题;3岁以后进入第二个好问期,这时的问题往往以"为什么"为主;4~5岁正处于好奇、好问的关键年龄,不仅提出的问题多,而且问题的内容涉及面广,家政服务员应该正确对待他们的提问,保护他们的好奇心。

(5)要认真倾听婴幼儿说话,婴幼儿讲话时不要轻易打断,不要不假思索地做出某种结论性评价或简单地应付。因为这传给婴幼儿的是一种消极、漠视的信息,实质是反对、阻止婴幼儿说话。长此下去很容易挫伤婴幼儿的自尊心,遏制婴幼儿说话的积极性。婴幼儿若长期生活在紧张压抑的语言环境中,就可能会口吃或变成不愿开口说话的"小哑巴"。和婴幼儿谈话时最好能蹲下来,让他感觉到尊重和平等。如果遇到婴幼儿用词、用句、发音有误或表达不流畅,不要发脾气、训斥、讥讽、嘲笑,应耐心等待,鼓励他把话说完,对婴幼儿一定要有耐心和爱心。

三、注意事项

1. 语言训练要符合婴幼儿的年龄特点。
2. 不可以操之过急、训斥甚至辱骂婴幼儿。
3. 家政服务员要用普通话，说话语音、语调清晰。
4. 与婴幼儿对话交流时，要用正规词语，不要模仿使用"童语"。

技 = 能 = 要 = 求

技能　训练幼儿的语言能力、想象力、认知力

一、技能目标

通过做下雪了游戏，训练幼儿的语言能力、想象力、认知力。

二、训练方法

家政服务员对幼儿说："今天，阿姨给你请来一位小客人，你看是谁。"随后出示小熊木偶，让幼儿说出小客人的名字是"小熊"。

家政服务员对幼儿说："小熊昨天晚上睡觉时，做了一个梦，让我们一起来听听，它梦见了什么。"

家政服务员扮演小熊，说："我梦见昨晚下雪了。"在利用木偶玩具讲故事的同时，也可准备一些用彩色纸剪成的雪花。

家政服务员提问："这是什么颜色的雪花。"幼儿回答："白雪花。"家政服务员提问："它们合在一起是什么颜色？"幼儿回答："五颜六色。"

通过故事情节和道具提高幼儿的词汇量，如"五颜六色""雪花飞舞"等，并能流畅地讲述出来。家政服务员讲故事时，面部表情要丰富。可先讲上半句或上句，让幼儿补充后半句或下句的内容。

识字：雪花、白色等（3岁左右的幼儿可以练习识字）。

三、注意事项

1. 注意语音、语调清楚，语速缓慢，口形夸大，表情丰富。

2. 家政服务员与全家人用普通话教幼儿说话，不要用方言，更不应说粗话，从小培养语言美，使幼儿懂得谈吐优雅。

3. 要按规律培养教育，使幼儿在提高语言能力的同时，也获得心理上的满足。

4. 应结合日常生活实际，多教幼儿一些物体名称，多用一些形容词来表述事物的特性，并纠正幼儿的错误认识，反复强化，加深幼儿的记忆。

5. 五颜六色的雪花会混淆幼儿的认知，可以用单纯的白色。大一点的幼儿可以用五颜六色的雪花。

学习单元4　训练婴幼儿的生活自理能力

技=能=要=求

技能1　训练婴幼儿自己抱水瓶喝水、抱奶瓶喝奶

随着婴幼儿的长大，可逐渐地培养他们的生活自理能力。让婴幼儿在动手过程中动脑，促进大脑的发育，为入园入学打好基础。

一、操作准备

1. 挑选适合婴幼儿年龄的水瓶、奶瓶（婴儿可选用双耳杯）。

2. 准备果水，如苹果水、梨水等；菜水，如小白菜水、萝卜水、芹菜水等；白开水或奶。

3. 水、奶的温度适宜（以38~40℃为宜），每顿水量是每顿奶量的1/3~1/2，量不宜过多。

4. 准备围嘴或小毛巾。

二、操作步骤

步骤1　取婴幼儿舒适的体位，如坐位、卧位、横抱位等，如图4-28至图4-30所示。

步骤2　将水瓶、奶瓶成45°放在婴幼儿口中，脖子下面围好围嘴或小毛巾。

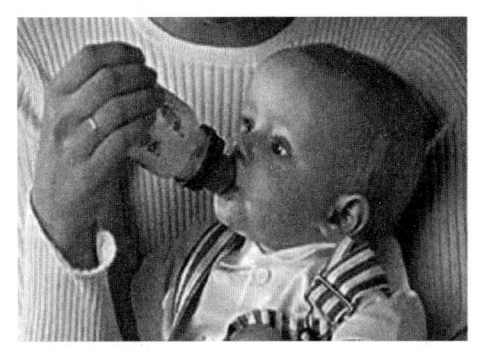
图 4-28 婴幼儿坐位喝奶

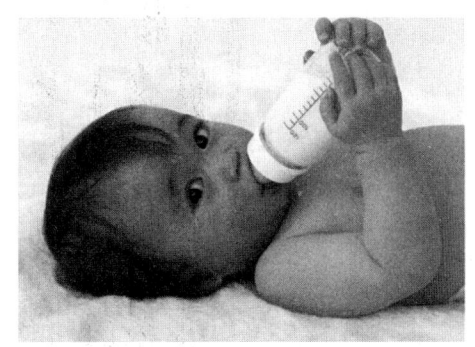
图 4-29 婴幼儿仰卧喝奶

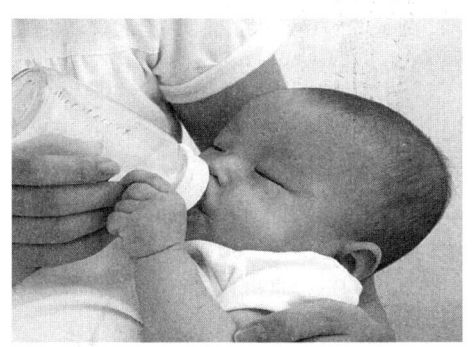
图 4-30 婴幼儿横抱位喝奶

步骤 3　将婴幼儿的双手置于水瓶、奶瓶两侧或双耳杯的耳朵上，让婴幼儿抱住水瓶、奶瓶。

三、注意事项

1. 家政服务员密切观察婴幼儿的情况。

2. 在婴幼儿喝水、喝奶时，家政服务员不要离开他，防止水瓶等滑落及呛水、呛奶。

3. 注意水、奶的温度，防止过凉、过热。

技能 2　指导婴幼儿洗手

一、操作准备

1. 准备适合婴幼儿高矮的洗手池或洗脸盆。

2. 准备肥皂（洗手液）。

3. 38~40 ℃的温水（冬季水温略高，夏季可用自来水）。

4. 准备毛巾、护手霜。

二、操作步骤

步骤1 将婴幼儿双手浸湿，涂肥皂（洗手液）搓洗双手，充分揉擦30秒左右，至泡沫能够覆盖整个手掌、手指和手指间。

步骤2 将婴幼儿的手心、手背、手指间搓洗干净。打开水龙头，用水冲去泡沫，约冲洗20秒。

步骤3 冲洗时，家政服务员可配合着唱儿歌："轻轻打开水龙头，来把手儿洗，肥皂泡泡洗手心、洗手背、洗手指，一、二、三，甩三下，小手洗得真啊真干净。"洗手过程与儿歌相结合，使婴幼儿学会并喜欢洗手。

小婴儿洗手时，家政服务员应将毛巾放在温水里浸湿，然后将毛巾拧至不再往下滴水，为婴儿擦洗；如婴儿的手较脏，家政服务员可先将肥皂搓于手心，然后为婴儿搓洗双手；婴儿双手搓洗干净后，用毛巾蘸清水，将婴儿手上的泡沫清洗干净。

步骤4 用毛巾擦干，冬季适时涂护手霜。

三、注意事项

1. 家政服务员观察婴幼儿的情况，防止肥皂沫进入眼睛、口、鼻。
2. 刚开始，家政服务员可协助婴幼儿，慢慢地教会婴幼儿自己完成。
3. 如果用洗脸盆洗，一定要先放凉水，再加热水，以防止烫伤。

技能3 训练婴幼儿穿、脱衣服、鞋袜

在日常给婴幼儿穿、脱衣服和鞋袜时，要动作轻柔，态度和蔼可亲，多用语言鼓励他们，使婴幼儿愉快地配合。在给婴幼儿穿、脱衣服时，可结合语言，如对婴幼儿说："伸手，抬头，伸腿……"发展婴幼儿对语言的理解能力。要让婴幼儿初步懂得如何穿衣，并逐渐主动配合成人完成穿衣动作，为他们以后自理做准备。2岁以后，随着幼儿的自主能力逐渐发展起来，就可以慢慢训练他们自己穿、脱衣服和鞋袜。

一、准备工作

1. 幼儿上衣、裤子、鞋袜一套。
2. 可以穿、脱衣服的布娃娃。

二、操作步骤

步骤1 先教幼儿认识衣服,包括辨别衣服的前后,知道袖子穿在胳膊上,裤子穿在腿上,领子套在脖子上等。

步骤2 当幼儿表示要自己穿衣服的时候,可先用布娃娃做练习。先给布娃娃脱衣服,然后再穿上。幼儿每完成一步,成人都要表扬他们,然后鼓励反复练习,练习扣扣子、拉拉链、勾裤钩、解纽扣,最后练习系鞋带。

步骤3 教幼儿脱衣,可以先示范如何脱衣服,如对襟的衣服要先解开扣子,然后把整件衣服脱下来等。

步骤4 教幼儿穿衣,应先把衣服打开放平,并要求幼儿分清衣服的前后,然后根据不同的衣服式样决定采用不同的方法穿衣。穿的过程中,要告诉幼儿胳膊和腿要对准袖口和裤腿口,把胳膊、腿伸直了往里送。

步骤5 训练幼儿穿鞋,先让幼儿分清左右脚,穿袜子时要分清脚跟、脚背。

步骤6 幼儿自己穿完后,要和他一起检查是否穿对了。如衣服是否穿反了,扣子有没有扣错,鞋袜是否穿正确了等。出现错误时,要耐心讲解和帮助幼儿纠正。

三、注意事项

1. 由于幼儿刚开始学穿、脱衣物、鞋袜,动作不熟练,可能会以拉扯的方式脱下自己身上的衣物、鞋袜,要给他们机会不断练习。成人要有耐心,不要期望幼儿能很快学会。

2. 当幼儿穿不好时,成人不要表现出不耐烦,更不能呵斥幼儿,或者干脆不让幼儿自己穿而代劳。开始训练幼儿时,最好在白天清闲的时候,愉快地唱着歌,轻松地教他们。

3. 幼儿能完成的动作是由其生理发育的成熟度决定的,最初可能会自己把衣服套在身上，但不会扣扣子，不会拉拉链；也有能自己把脚伸进鞋里，但不会系鞋带的。因而在训练幼儿穿衣时不要要求一步到位，可以先训练幼儿能完成的动作，然后再训练较复杂和较精细的动作。

4. 不要单独把婴幼儿放在更换衣服的桌面上，以免因滚动而发生意外。应选择平坦的地方更衣，如地板、桌面等。

技能 4　训练婴幼儿良好的排便习惯

7～9个月的婴儿已经可以坐稳了，此时可以开始逐步让他们熟悉便盆并训练坐盆大便。

一、准备工作

1. 婴幼儿专用坐便盆。
2. 卫生纸。

二、操作步骤

步骤 1　注意观察婴幼儿排便前的动作表现，如有排放臭气，同时伴有身体用力、面红、使劲，一旦发现应及时引导坐盆。

步骤 2　帮助婴幼儿养成每天排便习惯，可以让婴幼儿在饭后坐盆，利用婴幼儿此时的结肠反射，将大便排出。

步骤 3　婴幼儿排便后，要指导、协助做好卫生清洁工作，并给予一定的鼓励。

三、注意事项

1. 要时刻观察婴幼儿的日常活动、饮水情况，保证他们摄入适量的蔬菜和水果。
2. 不要对婴幼儿的粪便表现出厌恶的神态，防止婴幼儿出现心理便秘。
3. 1岁左右的婴幼儿尚不能自主控制排泄，要逐渐掌握和建立婴幼儿的排便规律。

技能 5　培养婴幼儿良好的睡眠习惯

要培养婴幼儿良好的睡眠习惯，重要的是进行有效的引导，使婴幼儿逐渐熟悉并习惯睡前的一些准备活动。

婴幼儿睡眠充足标准：清晨自然醒来，精神状态好。白天一整天精力充沛，活泼好动。食欲正常，体重、身长按正常的生长速率增长。

一、准备工作

1. 婴幼儿睡眠前的洗漱、如厕、更衣工作。
2. 选择提示睡觉的固定音乐。
3. 营造睡眠适宜环境，拉好窗帘，使室内灯光变暗。

二、操作步骤

步骤 1　对于小婴儿，可用音乐提示法引导其按时睡觉。对于幼儿，可告诉他们几点了，到该睡觉的时间了，或者在睡前讲故事，引导幼儿进入睡眠。

步骤 2　建立睡眠时间和次数固定、按时入睡、按时起床的习惯。白天睡眠时间要适当，以不影响晚上睡眠为宜。不要任其自然，到该起床的时候，可用把尿、放音乐的方式将婴幼儿叫醒。经过一段时间后，他们就会定时自然醒来。

步骤 3　培养婴幼儿自然入睡的习惯，逐渐减少成人陪伴的时间。

步骤 4　注意睡眠观察，睡眠中可适当更换体位，如俯卧、仰卧等。

三、注意事项

1. 不要养成吸奶嘴、咬被角、吮手指等入睡习惯。这些行为会令孩子睡不沉，还影响牙齿的正常发育。这种不良习惯一旦形成，纠正就比较困难了。

2. 吃得过饱或过饥，衣服太紧，被子太厚，尿布湿了没有及时更换，白天睡太多，身上被蚊虫叮咬、有湿疹致皮肤瘙痒等，都可使婴幼儿感到不舒服，哭闹不睡。对此，要及时找出原因，不要通过抱、拍、边走边哄等方法勉强使其入睡，否则会养成不良的睡眠习惯，影响孩子的健康。

3. 侧睡是比较理想的睡眠姿势。这种睡眠姿势能使全身肌肉最大限度地放松，即使发生溢奶，也不易使呕吐物吸入呼吸道而引起窒息。向右侧睡比向左侧睡更好，这样既不会压迫心脏，又能够将婴幼儿所吃的食物向十二指肠输送。

学习单元 5　训练婴幼儿的认知能力

知=识=要=求

一、婴幼儿认知训练

根据婴幼儿不同年龄段的认知水平，有针对性地培养他各个方面的认知能力。生活中随处可见的物品都是婴幼儿的学习资源。

二、认知训练的方法

1. 认识颜色

可以看图指认，摆放几种颜色的卡片或将水果摆放在婴幼儿面前，然后问他哪个是红色，哪个是绿色等，让婴幼儿按指令挑出颜色。婴幼儿先从认红色开始，然后认知绿色、黄色、蓝色。

2. 理解数量的概念

可以教1岁左右的婴幼儿竖起一根食指表示自己1岁。

家政服务员先拿出一样物品，告诉婴幼儿这是1，并和多个物品进行比较，找出哪些是多的，哪些是少的。然后再用手、口一致的方式和婴幼儿一起点数，让他真正理解数量的概念。

3. 掌握长短的概念

学会分辨木棍、笔等的长短，线条的长短及衣服的长短等。

4. 懂得基本方位和培养初步的空间意识

在日常生活中可有意识地教婴幼儿一些基本的方位概念，如上、下、里、外等。在游戏过程中，可有意识地让婴幼儿把某一玩具放在什么的上面或什么的下面；把食物放在碗或杯子的里面或外面，使他初步掌握空间方位感。

5. 分辨物品的归属

如让婴幼儿认识哪些是他的衣服，哪些是妈妈的衣服，哪些是爸爸的衣服等。

6. 培养婴幼儿按指定方向走

在拿物品的过程中让婴幼儿蹲、站、转、走，增强他们身体的灵活性、协调性，以及平衡能力。

三、注意事项

1. 根据婴幼儿的年龄安排活动内容。
2. 活动时间不宜过长。
3. 活动时用到的各种物品要绝对安全,防止对婴幼儿造成伤害。

技=能=要=求

技能 1　指导婴幼儿认识五官

一、操作准备

镜子、人物的图书、人物的照片。

二、操作步骤

步骤 1　让婴幼儿站在或坐在镜子前面,高矮适中。

步骤 2　指认镜子中婴幼儿的五官,对照指婴幼儿自己的五官或家政服务员的五官,同时告诉婴幼儿五官的作用。例如,嘴巴说话、吃饭、喝水,眼睛看书、看妈妈等。

步骤 3　对照镜子,让婴幼儿指认自己的五官。

三、注意事项

1. 一次指认 1~2 种器官。
2. 图书、照片里人物的五官清晰。
3. 防止婴幼儿打碎镜子,注意安全。

技能 2　给兔宝宝盖积木小房子

一、操作准备

在游戏间或户外场地准备一些大小、形状、颜色不同的积木、小桶、小玩偶。

二、操作步骤

步骤1 家政服务员先和幼儿商量给兔宝宝盖一座小房子,然后同幼儿开始玩。家政服务员说:"你去拿一块红色长方形的积木。"这时幼儿走到放积木的地方,挑一块红色长方形的积木,走过来放好。

步骤2 家政服务员说:"再拿两条绿色长方形的积木。"幼儿又去按指令拿。继续让幼儿去拿水桶、三角形木块、圆形木块等。

步骤3 家政服务员根据具体情况可指示拿什么物品、拿多少、拿什么颜色等。这样,幼儿可以反复走、蹲、站起,辨认物体的形状、大小、颜色、数量等。

步骤4 家政服务员同幼儿一起搭盖一间"小房子",让兔宝宝住进新房子,幼儿看到自己劳动的成果,充满了成功的喜悦,有利于幼儿形成优良的心理素质。积木小房子如图4-31所示。

图4-31 积木小房子

步骤5 做完游戏后,教幼儿从哪儿拿的玩具放回哪儿去。

三、注意事项

1. 如果幼儿拿的东西与家政服务员要求不一致,不可以训斥、辱骂孩子。
2. 游戏玩熟练后还可以增加难度,如让幼儿自己设计盖个什么样的房子或增加周围的环境设施等。

3. 可在行走的路段中间放一根绳子，让幼儿迈过去（模仿迈过小河），或者绕椅子走等，增加难度和趣味性。设置障碍物时要注意安全，防止跌倒、绊倒、摔伤。

技能 3　玩　纸　球

一、操作准备

在游戏间或户外场地备一个纸篓或脸盆、旧报纸。

二、操作步骤

步骤 1　家政服务员在幼儿面前将旧报纸揉搓成团状，吸引幼儿的注意力。如果幼儿已经有一定的动手能力，可以请幼儿一起参与揉搓报纸。

步骤 2　让报纸球在地上滚动，让幼儿追逐各色的球（认识颜色），激发幼儿游戏的兴趣，如图4-32所示。

步骤 3　与幼儿一起玩丢球、滚球、追球、捡球的游戏。

步骤 4　家政服务员示范将报纸球投入纸篓或脸盆，然后引导幼儿玩投球的游戏。

图 4-32　玩纸球

三、注意事项

1. 活动中注意安全，防止幼儿摔倒、滑倒。

2. 活动后将报纸球收纳好。

3. 活动后给幼儿洗手，保持手部清洁。

培训课程 2 照护起居

学习单元 1　为婴幼儿制订日间照护计划

知=识=要=求

婴幼儿日常生活的合理安排是根据婴幼儿身心发展特点，从时间和顺序上对婴幼儿日常生活的主要环节进行的安排。

一、制订计划的考虑因素

1. 仔细观察婴幼儿的情绪和行为表现

一般情况下如果婴幼儿的情绪良好，饮食、睡眠正常，乐于和他人玩耍，就表明各项活动的时间安排基本合适；反之则表明对他的日常生活安排得不够合理，应适当调整。

2. 掌握周边环境和气候的特点

婴幼儿在每日生活中既要有足够的睡眠时间，又要有适量的活动时间；既要有室内的活动，又要经常去户外活动。但不同地区、不同季节、不同居住环境的婴幼儿在室内、室外活动的时间早晚与长短可能有一定的差异，如夏季婴幼儿外出晒太阳的时间就不宜安排在中午。弄清楚婴幼儿生活的周边环境和气候特点，以此确定户外活动的时间和地点等。

二、各年龄段婴幼儿日间照护计划

1. 2~10 个月婴儿一日生活安排时间表

6:00—6:30　　　　　起床，大小便，洗手，洗脸，喂奶

6:30—8:00　　　　　活动，玩游戏

8:00—10:00　　　　喂水，第一次睡眠

10:00—10:30　　　 喂奶（6个月后的婴儿加辅食）

10:30—12:00　　　 活动，玩游戏

12:00—14:00　　　 第二次睡眠

14:00—14:30　　　 喂奶

14:30—16:00　　　 外出活动

16:00—18:00　　　 喂水，第三次睡眠

18:00—18:30　　　 喂奶（6个月后的婴儿加辅食）

18:30—20:00　　　 活动

20:00—20:30　　　 盥洗或洗澡

20:30—21:00　　　 喂奶

21:00至次日晨　　　夜间睡眠（根据婴儿月龄夜间喂奶1~2次）

2. 11个月~1岁半婴幼儿一日生活安排时间表

6:00—7:00　　　　 起床，大小便，洗手，洗脸，吃早饭

7:00—9:00　　　　 玩游戏或户外活动

9:00—11:00　　　　喝水，第一次睡眠

11:00—11:30　　　 起床，小便，洗手，吃午饭

11:30—13:30　　　 玩游戏，喝水

13:30—15:30　　　 第二次睡眠

15:30—16:00　　　 起床，小便，吃点心，户外活动，增加与其他小朋友的交往

16:00—18:30　　　 玩游戏（中间喝一次水）

18:30—19:00　　　 洗手，吃晚饭

19:00—20:00　　　 玩游戏

20:00—20:30　　　 喂奶

20:30至次日晨　　　夜间睡眠

3. 1岁半~3岁幼儿一日生活安排时间表

6:30—7:30　　　　 起床，大小便，洗手，洗脸，刷牙

7:30—8:00　　　　 吃早饭

8:00—9:00　　　　 玩游戏

9:00—11:00	喝水，小便，户外活动，与其他小朋友一起玩游戏
11:00—11:30	洗手，吃午饭
11:30—14:30	午睡
14:30—15:00	起床，小便，洗手，吃点心，户外活动
15:00—18:00	玩游戏（中间喝一次水或吃一次水果）
18:00—18:30	洗手，吃晚饭
18:30—19:30	玩游戏
19:30—20:00	盥洗，小便
20:00—20:30	喂奶
20:30至次日晨	夜间睡眠

上述计划适合一般婴幼儿的日间照护，家政服务员应根据不同婴幼儿的特殊需要和其家庭习惯对计划进行适当调整，以获得最佳的效果。

学习单元2　带领婴幼儿进行计划免疫

知识要求

一、计划免疫

计划免疫是将生物制品注射到人体内，使人产生对疾病的抵抗力，以达到预防疾病目的的制度。计划免疫也称为预防接种。当细菌、病毒侵入人体时，身体会产生一种抵抗这种细菌、病毒的物质，叫作抗体。病好后，这种特异性抗体仍然存留在体内，如再有这种细菌、病毒侵入人体，人就有抵抗力而不再得此病。

新生儿出生后，随着从母体带来的抗体逐渐减少，对外来致病性微生物侵袭的防御力逐渐变差，非常容易受细菌、病毒等致病性微生物的侵袭，有计划地接种各类疫苗，能使人体产生抵抗相应疾病的抗体，又因为疫苗减低了毒性，不会使人得病，这样就能达到预防疾病的目的。

二、计划免疫程序表

新生儿出生以后，需按不同年龄进行有计划的预防接种。在我国预防接种可分为免费预防接种和自费预防接种两大类。

计划免疫程序表见表4-1。

表4-1　　　　　　　　　　　计划免疫程序表

接种年龄	乙肝疫苗	卡介苗	脊髓灰质炎疫苗		百白破疫苗	麻风疫苗	麻疹疫苗	麻腮风疫苗	乙脑减毒活疫苗	甲肝疫苗	流脑疫苗
			灭活	减毒							
出生	✓	✓									
1月龄	✓										
2月龄			✓	✓							
3月龄			✓	✓	✓						
4月龄			✓	✓	✓						
5月龄					✓						
6月龄	✓										✓
8月龄						✓	✓				
9月龄											✓
1岁									✓		
18月龄				✓	✓			✓		✓	
2岁									✓	✓	
3岁											✓（A+C）
4岁				✓							
6岁					✓			✓			
小学四年级											✓（A+C）
初中一年级		✓									
初中三年级				✓							

227

以上表内疫苗称为一类疫苗（免费疫苗），我国儿童无论出生在城市还是农村，无论在南方还是北方，无论有没有居住地户口，均应在居住地段的社区卫生服务中心（或规定的接种点）建立预防接种证。婴幼儿随家长迁移时凭证均可接种疫苗。

有些疫苗的接种时间与当地发病季节有关，如流脑、乙脑、流感在南方和北方有明显的流行病学差异。疫苗接种后一般一个月左右就可以有足够的抗体产生，所以接种时间往往定在疾病可能流行的前 1~2 个月。

只有严格按照合理程序接种，才能充分发挥疫苗的免疫效果，使整个人群维持高度免疫水平，建立免疫屏障，有效控制相应传染病的流行。同时，按程序接种还能减少副作用，减少疫苗浪费。因此要按当地程序接种疫苗。

三、自费预防接种的疫苗

自费预防接种的疫苗有水痘疫苗、HIB（B 型嗜血流感杆菌）、23 价肺炎球菌多糖疫苗、七价肺炎球菌结合疫苗、出血热疫苗、口服轮状病毒疫苗、五联疫苗（脊髓灰质炎、百白破、HIB）、霍乱疫苗等。

随着科技进步，会有更多的疫苗问世，造福人类。这些疫苗均有很好的免疫性，工艺先进，制作精良，副作用小，能让婴幼儿少得病，唯一要斟酌的是所带来的经济负担家庭能否承受。只要经济条件允许，婴幼儿没有接种禁忌证，就应选择接种。因为这些疫苗的人群接种率未达 80%，很难靠人群免疫屏障保护自己，只能靠自己接种来避免得病。至于何时接种哪一类疫苗，应咨询医生。

四、预防接种后的注意事项

婴幼儿接种疫苗后有时会发生一些反应，这是由于疫苗虽经灭活或减毒处理，但毕竟是一种蛋白或具抗原性的其他物质，对人体仍有一定的刺激作用。接种后产生反应是人体的一种自我保护，就像感冒发热一样，是机体在抵御细菌或病毒。

1. 正常反应

（1）接种疫苗后的局部反应，如轻度肿胀和疼痛。百白破疫苗接种后接种部位出现硬结就是常见的现象。

（2）接种疫苗后的全身反应，包括发热和周身不适，一般发热在38.5 ℃以下，持续1～2天均属正常反应。

无论局部还是全身的正常反应一般不需要特殊处理，多喂水并注意休息即可。如遇到高热可服用退烧药并注意家庭护理，如可以做物理降温，给婴幼儿吃些富有营养又好消化的食物，多喂水，并要注意观察婴幼儿的病情变化。因为有时会赶上接种疫苗后婴幼儿正好生病的情况，只有仔细观察和分析才可鉴别，万万不可以看到接种后发热就认为接种反应，这样可能会贻误病情。

2. 婴幼儿预防接种前、后的注意事项

（1）注射当天让婴幼儿吃饱、吃好（年长儿做好宣教）。

（2）预防接种当天不要洗澡。

（3）口服糖丸前、后半小时内不要给婴幼儿喝奶、喝水、吃任何东西。

（4）预防接种后多给婴幼儿喝水。

（5）预防接种后不要做剧烈运动。

（6）密切观察婴幼儿的精神状态、接种部位及全身反应，有问题及时咨询医生。

五、计划免疫中常见的问题及处理

1. 严格按照免疫程序的规定，掌握预防接种的剂量、次数、间隔时间和不同疫苗的联合免疫方案。

2. 正确掌握禁忌证，一般禁忌证包括急性传染病的潜伏期、前驱期、发病期及恢复期，发热或患严重的慢性疾病，如心脏病、肝脏病、肾脏病、活动性结核病、化脓性皮肤病、免疫缺陷病或过敏性体质（如反复发作的支气管哮喘、荨麻疹、血小板减少性紫癜等），有癫痫或惊厥史等。特殊禁忌证指针对某种疫苗的禁忌证，更应严格掌握。

3. 预防接种的异常反应及其处理

异常反应一般少见，主要是晕厥，多发生在空腹、精神紧张状态下进行注射时。此时应让婴幼儿立即平卧，保持安静，可以喝些热开水或热糖水，一般不需施用药物，在短时间内即可恢复正常。严重者可皮下注射1∶1 000肾上腺素，每次0.01～0.03毫升/千克。经过处置后，在3～5分钟内仍不见好转者，应立即送医院治疗。

学习单元3 婴幼儿起居异常情况及处理

知=识=要=求

一、婴幼儿生长过程中的发育状况和特点

婴幼儿由于机体抵抗力、免疫功能较差，极易患病。同时，由于婴幼儿的自我保护能力差，也极易受到伤害。因此，早期预防并予以积极处置非常重要。要想能够及时发现婴幼儿的异常情况并进行处置，家政服务员就必须拥有高度的责任心、耐心和爱心，密切注意婴幼儿的哭声、面色、食欲、睡眠、呼吸及大小便等情况，发现异常情况后，要密切观察，如果病情加重就要及时就医，以免贻误病情。

二、及时发现婴幼儿起居中异常情况与处置方法

1. 啼哭

婴幼儿用啼哭表示需求，他们饿了、渴了、热了、冷了，都会以哭来表示。正常情况下，婴幼儿的哭声是清脆、响亮、悦耳的，当其愿望获得满足时就会破涕为笑。婴儿哭声洪亮，哭叫的同时头会来回转动，嘴会不停地寻找，并做出吸吮动作时，表示婴儿饥饿了。如果婴幼儿哭得满脸通红或面色苍白而脸颊特别红，满头是汗，一摸身上也是湿湿的，则表明其热了，要为他调整衣物等。

若婴幼儿哭声不停，给人以尖叫感或沉闷感；给他喝奶、喝水、吃东西、哄逗后仍啼哭不止；给他平时爱玩的玩具、爱吃的东西，也不能使其平静，情绪一反常态，则说明婴幼儿已发生异常或不适，家政服务员应该密切观察，并将情况报告婴幼儿的家人，必要时应立即就医。

2. 精神状态

健康的婴幼儿具有好动的特点，且精神饱满，当他吃饱时便会手舞足蹈，会学着与成人说话。若婴幼儿一旦有表情淡漠、不喜言笑、不爱睁眼睛、吃饱后逗他反应迟缓或无反应等精神不振的表现，家政服务员便要提高警惕，且要密切观察，并将情况报告婴幼儿的家人，必要时应立即就医。

3. 食欲

婴幼儿平时进食很有规律,如果突然出现食欲不振、少食拒奶、呕吐,突然改变原有的饮食习惯或饮食兴趣,并伴有哭闹;给他吃奶他予以拒绝,过一会再给他吃仍然拒绝或吃得很少;给他平时很爱吃的东西也还是拒绝。这可能是婴幼儿已患病但尚未表现出明显的症状。此时应密切观察,且要将情况报告婴幼儿的家人,必要时应立即就医。

4. 睡眠

婴幼儿的睡眠时间远比成人要多,且睡觉时均较熟。婴幼儿年龄越小,睡眠时间越长。如果家政服务员发现婴幼儿睡眠时间减少,夜间睡得不安稳,经常翻身且容易惊醒、嗜睡、无精打采或烦躁哭闹,就应该密切观察,看是否有潜在的疾病存在或缺乏钙、铁和锌等元素,且要将情况报告婴幼儿的家人,必要时应立即就医。

5. 便溺

平时婴幼儿小便较多,颜色淡黄而透明。若婴幼儿小便次数、便量减少,且颜色发黄、尿液混浊,说明婴幼儿可能已在发热或饮水量不足。一般情况下婴幼儿每日大便1~3次;如果婴幼儿平常大便很有规律,突然出现大便次数减少、干燥甚至几天没有大便;出现便秘或大便次数明显增多,且有黏液相混或大便异常,如蛋花汤样大便、绿色稀便、水样便、黏液或脓血便、深棕色泡沫状便、油性大便,则说明婴幼儿可能已生病,应立即将情况报告婴幼儿的亲人,并立即就医。

6. 呼吸

一般情况下,婴幼儿的呼吸都较为均匀而平静,正常婴幼儿每分钟呼吸40次左右,儿童每分钟呼吸30次左右。若婴幼儿呼出的气很热,并有臭味,舌苔厚重、黄腻,或婴幼儿出现呼吸急促、表浅,呼吸深重或困难,心率加快,面色青紫,口唇发紫,手脚冰凉,多表明婴幼儿在发热或患有其他呼吸系统或心血管系统疾病,或有呼吸道异物。家政服务员在密切观察的同时要立即将情况报告婴幼儿的家人,并立即就医。

三、注意事项

1. 要认真观察婴幼儿的情况,出现问题做到早发现、早诊治。

2. 婴幼儿患病具有起病急、变化快的特点，发现问题应及早告知婴幼儿的家人。

3. 不可以随便给婴幼儿用药，要遵医嘱用药。

学习单元4　遵医嘱照护患常见病的婴幼儿

知=识=要=求

一、婴幼儿湿疹

婴幼儿湿疹见彩图15。

1. 发病原因

湿疹是婴幼儿极其常见的疾病之一，婴幼儿湿疹是指3岁以下婴幼儿的湿疹，俗称奶癣。婴幼儿湿疹的发病原因较复杂，新生儿时期常因受母体孕激素的影响而发生脂溢性湿疹，也就是人们常说的"胎毒"或"湿毒"。另外，强光、过冷、过热、过敏、营养不良、腹泻、消化不良、海产品、牛羊肉、牛羊奶等都可能诱发湿疹。

根据湿疹表现不同可分为三个类型：（1）渗出型，又称湿型，以渗出为主，发生糜烂；（2）干型，以糠皮样脱屑为主；（3）脂溢型，渗出物像油一样，痒感不太重。

2. 症状与体征

（1）婴幼儿湿疹多发生在头部、面部、眉间和耳部。

（2）婴幼儿湿疹呈小米粒状，为红色的小疙瘩，密集成群，周边有黄色、半透明的渗出液。

（3）双眉之间、头部、耳部渗出液较多且结痂，有时无渗出结痂，多表现为小血疹。

（4）大腿根部、会阴部、腋下的湿疹会因摩擦使皮肤发红、肿胀、糜烂，露出鲜红而潮湿的嫩肉，如不注意护理极易感染。

（5）湿疹多两侧对称分布，时轻时重，反复发作，一般不发烧，患儿多因剧痒而烦躁不安，夜间哭闹，影响睡眠。由于湿疹的病变在表皮，愈后不留疤痕。

3. 护理

（1）居室要通风、清洁，北方寒冷的冬季保证室内湿度很重要，过湿、过热都会引发湿疹。如果家中是火炕，应把孩子放在炕尾。

穿着方面，一年四季均以穿着纯棉衣物为宜，床上用品也不要用化纤、羽毛、人造纤维、毛皮等材质。玩耍时尽量避免接触花草、动物的皮毛，不宜养宠物。

给婴幼儿洗澡时，水温要低些，以 36~38 ℃为宜，清洗剂以弱酸性为宜，可减少洗浴的次数。涂药时，要避免着凉感冒，动作要轻快，保持卧位。药物将衣服污染后，衣服会变硬，因此要勤换衣服和床单。

（2）寻找发病原因，饮食有节是防治婴幼儿湿疹的必要措施。密切监测添加辅食时容易引起过敏的食物。添加一种，吃 3~5 天观察不过敏，再添加另一种。喂养时不要喂得过饱，怀疑是食物引起疾病的婴幼儿，可以记食物日记，以找出可疑的诱发过敏反应的食物。婴幼儿湿疹致敏食物主要有牛奶、鱼等。过敏性食物可通过母乳传给婴儿，哺乳妇女应忌食辛辣等刺激性食物，忌食海鲜等。

（3）婴幼儿湿疹一定要避免刺激，患处不要用肥皂洗，可用棉花蘸花生油或石蜡油擦洗。婴幼儿皮肤瘙痒严重时，要注意适当约束四肢，以防搔抓皮肤，引起皮损出血、感染。为防止婴儿搔抓患处继发感染，也可给婴儿做小手套，套在手上，睡觉时也可用软布把两手系在床上。做布手套时，布手套内一定不要遗留线头，以免线头绕在手指上，造成指头血液循环障碍，引起手指缺血坏死。

（4）坚持合理用药，冬季用润肤膏，春季用润肤霜，夏季用润肤露，洗浴后涂些润肤霜可起到保湿作用。

二、婴幼儿肺炎

肺炎为婴幼儿的常见病，北方以寒冷干燥的冬季发病率最高，因为这时不但病毒比较活跃，而且婴幼儿的呼吸道抵抗力比较低。婴幼儿肺炎可由病毒或细菌引起，多由上呼吸道感染或急性支气管炎向下蔓延所致。得肺炎的婴幼儿病情轻重差别较大，轻症可以在家治疗护理，重症必须住院治疗。

1. 婴幼儿容易得肺炎的原因

婴幼儿容易得肺炎，因为婴幼儿的气管、支气管管腔狭窄，纤毛运动差，易被黏液阻塞；婴幼儿肺发育未完善，肺泡数量少、含气量少，肺血管丰富且容易充血；婴幼儿全身免疫功能低下，所以婴幼儿在呼吸道感染后，很容易下行蔓延，发生肺炎。患有营养不良、贫血、佝偻病的婴幼儿更易得肺炎。

2. 婴幼儿肺炎的症状与体征

婴幼儿肺炎起病急，初起似感冒，表现出咳嗽、发热、流涕等，随之咳嗽加重，时有痰鸣、呼吸急促、鼻翼扇动等。严重时喘憋明显加重，口唇青紫，甚至有抽搐、昏迷等症状。小婴儿表现为拒乳、鼻扇。

3. 婴幼儿肺炎护理

患肺炎婴幼儿的居室要保持空气新鲜、阳光充足、室温适宜，室温最好维持在20~24℃。每日上午10点、下午3点至少开窗通风两次，每次15~30分钟。开窗时要关门，避免对流风，如有气窗可经常开一个小口。在患儿居室内不要吸烟。家庭选用加湿器或冬天在暖气片上放置一些湿布；或在火炉上放置水壶，敞开壶盖，以便水汽蒸发；或者用湿墩布勤拖地；或在地面洒水，以保持室内适宜的湿度，防止干燥空气吸入气管，痰液不易咳出。

（1）一般护理

患肺炎的婴幼儿穿衣盖被均不宜太厚，过热会使孩子燥热而诱发气喘，加重呼吸困难。安静时可平卧，如有气喘，可用枕头将背部垫高，使其呈半躺半卧位，以利于呼吸。每日早晚，用棉签蘸温开水清洁鼻腔，用温水洗净脸、手、脚及臀部。

（2）饮食的选择

在奶里加入适量的米粉，使奶变稠。喂这样的稠奶，可减少患肺炎的婴幼儿呛奶。喂奶时可选用小孔奶嘴，每吃3~4口奶拔出奶嘴，让婴幼儿休息一会儿再喂，或用小勺慢慢喂入。若发生呛奶，要立即清洁鼻腔内的奶液。1岁以上的幼儿可吃粥、面片、鸡蛋羹等易消化、富有营养的食物，不要吃甜腻的食物，以免消化不良、腹泻。患病后婴幼儿喝奶、喝水减少，加之发热和气喘，均会增加身体水分消耗，因此应注意勤给婴幼儿喂水。

（3）冷空气疗法

婴幼儿喘憋严重时，可将婴幼儿的衣服穿好，帽子戴好，露出口鼻，将窗户打开，抱婴幼儿坐在窗前，让婴幼儿呼吸新鲜的冷空气。每日可进行两次冷空气吸入，每次30分钟，期间要防止对流风直接吹到婴幼儿。

（4）预防上呼吸道感染

婴幼儿肺炎是呼吸道的疾病，预防上呼吸道感染是预防肺炎的主要措施。平时要注意增强婴幼儿的体质，给予足够的营养，经常晒太阳，进行空气浴和户外活动，加强锻炼。如果婴幼儿整天被关在门窗紧闭的居室内，对外界空气的适应能力就会很差。

（5）注射肺炎疫苗

各社区卫生服务中心均可注射肺炎疫苗，注射前应咨询医生。

培训课程 3 婴幼儿异常状况的紧急处理

学习单元1　婴幼儿气管异物的紧急处理

知 识 要 求

时间就是生命，人脑忍耐缺氧的极限是5分钟。如果5分钟后窒息得不到缓解，大脑就会死亡，即使抢救过来，也可能使人成为植物人。而医疗救护的反应时间都在10分钟以上。一旦发生气管异物完全堵塞气道，一味等待医疗救护是不可取的。唯一能够拯救婴幼儿生命的就是在场的人员。因此，掌握婴幼儿气管异物的初步处理是非常重要的。

一、婴幼儿呼吸系统生理特点

1. 会厌特点

婴幼儿的会厌软骨尚未发育成熟，不如成人敏感。因此，当婴幼儿吃一些圆滑或流质的食物时，稍不小心，会厌软骨就来不及盖住，使食物滑到气管，发生气管异物。大块异物可堵塞在气管上方，甚至使整个气管堵塞而发生窒息。

2. 支气管特点

由于婴幼儿右侧支气管较粗短，为气管的直接延伸，故异物较易进入右支气管，引起肺不张、反复感染等情况。

3. 肺的特点

肺就像一个气囊，在人呼吸时，被动地充气和出气，即使不呼吸，肺里也有大量的气体。正是因为如此，当气管异物发生时，急救措施的原理就是通过间接的肺压缩，像充满气的气球一样，形成冲击气流，把异物从气管里冲出来。

二、气管异物症状

家政服务员应掌握婴幼儿发生气管异物的症状，以此判断是否发生气管异物，及时救治。

1. 当较大的气管异物嵌顿于气管至完全堵塞时，可立即窒息。典型的表情是痛苦而不能发声。较大的儿童会不自觉地用手做出 V 字形，钳住喉部，皮肤紫绀，如不及时救治，可立即死亡。

2. 异物较小多会卡在右侧支气管。没完全堵塞时，会出现剧咳、憋气、呕吐、呼吸困难等症状，有哮鸣、气管拍击音、气管撞击感。

三、气管异物的预防

在婴幼儿笑、哭、玩抛接食的游戏时，喉口都是处于打开的状态，此时进食，食物很容易进入喉、气管，发生气管异物，应加以避免。

1. 严禁在喂食时与婴幼儿逗乐。

2. 严禁在婴幼儿哭泣时喂食。

3. 5 岁以下儿童严禁喂食颗粒状食物，是因为他们会"囫囵吞枣"，让颗粒状食物滑入喉、气管、支气管。

4. 避免喂食果冻状食物，以免吸入食物时堵住气管。

5. 严禁与婴幼儿玩抛接食物游戏。

技=能=要=求

技能　气管异物的处理

家政服务员应先检查并清理口咽部异物，然后采用拍背法、推腹法或海姆立克急救法处理气管异物，并应立即拨打 120 急救电话。

一、操作步骤

1. 拍背推胸法

婴儿多用拍背推胸法。

步骤 1　家政服务员坐于凳子上，双脚呈 90°，左脚向前半步，使双膝呈高低位。

步骤 2　将婴幼儿放于双腿上，将婴幼儿前胸部紧贴家政服务员膝部，头部略低。

步骤 3　家政服务员左手握住婴幼儿的下颌，右手掌根以适当力量叩击其两肩胛骨连线中点部位 4 次。然后，右手握住婴幼儿的后头颈翻身，左手按压胸部 4 次。胸部按压点在两乳头连线中点下一横指处。

步骤 4　重复叩击、按压数次，异物可被咳出。如无异物排出，可多次重复操作。

步骤 5　用小手指探入婴幼儿口中，取出异物。

2. 推腹法

步骤 1　使婴幼儿平卧于适当高度的桌子或床上，家政服务员立于婴幼儿右侧。

步骤 2　家政服务员左手放在婴幼儿脐部的腹壁上，右手置于左手的上方加压，两手向胸腹上后方冲击性地推压，使进入气道的异物被向上冲击的气流排出。

步骤 3　重复推压数次，可使异物咳出，最后清理呕吐分泌物。

3. 海姆立克急救法

对能独立站稳的幼儿，可以采用海姆立克急救法。

步骤 1　让幼儿上身略向前倾，家政服务员双臂从身后将幼儿拦腰抱住。

步骤2　家政服务员右手握拳，左手按压在右拳上，大拇指顶住幼儿胃部。

步骤3　猛烈向内、向上顶，以此造成人工咳嗽，咳出异物。

步骤4　帮助幼儿清理口中异物及分泌物。

二、注意事项

1. 婴幼儿头部要低于躯干。
2. 注意施力的方向和力度，防止脏器损伤，造成二次伤害。

学习单元2　婴幼儿烫伤的紧急处理

知=识=要=求

烫伤给婴幼儿的伤害远远不止是皮肤的损伤，严重者可以造成残疾甚至死亡，心理创伤更会影响一生。

一、婴幼儿皮肤的特点

婴幼儿汗腺密度较大，从皮孔蒸发的汗液是成人的2倍。他们皮肤角质层较成人薄，防止有害物入侵的能力弱。皮肤水分含量大，约占体内水分的13%，而成人只占7%。

二、婴幼儿烫伤的原因

婴幼儿烫伤的原因，一是高温物质，如开水、热汤、热油、蒸汽；二是腐蚀性化学物质；三是火焰；四是放射线。

三、婴幼儿烫伤的症状

婴幼儿烫伤分为如下三度。

一度（轻度）烫伤只损伤皮肤的表层，局部轻度红肿，无水疱，疼痛明显。

二度（中度）烫伤是真皮的损伤，局部红肿疼痛，有大小不等的水疱。

三度（重度）烫伤是皮下脂肪、肌肉、骨骼都有损伤，皮肤呈灰或红褐色。

四、婴幼儿烫伤的预防

1. 不要把热的食物或者开水放在桌子边缘。

2. 怀抱婴幼儿时不要端热饮料或较热的食物。

3. 喂食热汤、热粥时,要凉温后方可让婴幼儿接近。

4. 为婴幼儿洗手或洗澡时,应先放冷水再放热水,婴幼儿接触水之前,成人要试温。温度以 37~38 ℃最为适宜。

5. 不要让婴幼儿靠近热水龙头,避免烫伤。

五、烫伤发生时的现场急救

1. 脱离

发生烫伤后,应第一时间让婴幼儿迅速脱离烫伤热源,如脱去燃烧或浸有热物的衣物。如果难以脱去衣物,只要排除化学烧伤物,冲淋降温是最好的选择。

2. 降温

烧烫伤后,应迅速用冷水冲淋,进行冷疗降温。这是现场急救的关键,可迅速将温度散去,以降低创面残余热量对深部组织的伤害,并减轻疼痛感。如果皮肤没有破损,自来水是最佳的选择,可立即用流动冷水对烫伤处冲淋 5~10 分钟。烫伤严重,皮肤破损的不能用冷水冲淋,这会加速皮肤破损。此时可将湿冷毛巾敷在烫伤处降温,以降低体表的温度,减轻创面的受伤程度,以及止疼。也可用干毛巾包冰块置于烫伤部位降温。局部降温越早越好,如烫伤时间超过 10 分钟,再做降温则作用不明显。

3. 脱剪

尽快脱去或剪掉烫伤部位的衣、帽、鞋、袜等。剪脱衣服时要十分小心。若衣服和皮肤粘在一起,切勿撕拉,将未粘在皮肤上的衣服剪开,粘着的部分让其留在皮肤上送往医院处置。这时候如果硬将粘在皮肤上的衣服撕扯开来,会导致皮肤更大的损伤。

4. 覆盖

(1)烫伤后要用干净的衣物或毛巾、白布湿敷包裹创面,预防污染及再次伤害。

(2)不要在烫伤创面上涂抹任何东西,防止加重损伤,延误病情判断。

（3）发生起疱不要自行剪破，应由医院进行严格的消毒处理，避免感染。

5. 就医

紧急处理后，对于较严重的烧烫伤者，应立即就医。

学习单元3　婴幼儿高热惊厥的紧急处理

知=识=要=求

婴幼儿发热本身虽然只是一个疾病的症状，但其给机体带来的危害后果是很大的。高热惊厥就是其严重危害之一，护理不当，可直接引起婴幼儿死亡，必须高度重视。家政服务员掌握护理高热惊厥婴幼儿知识和技能是非常必要的。

一、婴幼儿高热惊厥特点

1. 主要发生在6个月到3岁时期。

2. 多发生于高热开始后的12小时内。

3. 发作短暂，很少连续发作，发作后意识恢复很快，无神经系统异常特征。

4. 退热后1周，脑电图检查显示正常。

二、发生高热惊厥症状

1. 发作前或有先兆，会有口中吐沫、大小便失禁等情况。患儿可表现突发全身性或局部肌群强直性或阵挛性抽动，如某一侧肢体、面部肌肉抽动。

2. 患儿双眼凝视、斜视或上翻，常伴不同程度意识改变。

3. 惊厥持续时间从数秒钟至数分钟，甚至十几分钟不等。个别严重者可持续数十分钟或反复发作。抽搐停止后，患儿易出现困倦，并很快入睡。

4. 惊厥发作若持续30分钟以上或两次发作间隙期意识不能恢复者，称为惊厥持续状态。

三、发生惊厥的危害

惊厥发作时，可造成婴幼儿身体受伤，如出牙的婴幼儿因咀嚼肌群抽搐，可发生舌体的咬伤。抽搐时，双手握拳，可导致手心皮肤损伤。也可以因意识丧失而摔伤骨折等。持续抽搐时间长者，可因机体内耗氧过多，造成机体缺氧，会出现大小便失禁、大脑损伤、窒息等，严重的可直接引起死亡。

四、惊厥婴幼儿现场急救要点

1. 最关键的是保持呼吸道通畅。因为高热惊厥本身虽然有致命的危害，但大多可自行缓解。而其最危险也是最致命的是在惊厥时因为意识丧失，会有口、鼻等分泌物，还有呕吐物等，会导致呼吸道堵塞而引起窒息。严重者可造成死亡。

2. 要迅速设法控制惊厥。惊厥发作时，不要强行搬动婴幼儿，应就地抢救，保持安静，避免声光等刺激和一切不必要的检查。

3. 为防止惊厥导致的外伤，应在婴幼儿床的护栏处放置软性垫子，移开硬物，以防发生损伤。若婴幼儿发作时倒在地上，应就地将其平放，及时将周围可能会伤害婴幼儿的物品移开。切勿用力强行牵引或按压患儿的肢体，以免造成骨折或脱臼。

4. 惊厥发作时，要暂时禁饮食，以免发生呕吐，造成窒息。

5. 要给婴幼儿一个安静舒适的环境，室内空气新鲜，温、湿度适宜，色调柔和。惊厥控制后，要合理安排休息时间，保证充足的睡眠。要给予清淡、易消化、营养丰富的食物，少量多餐。尽量减少不必要的刺激，以防再次诱发惊厥。

五、惊厥发作时的现场急救

1. 防止窒息

（1）保持呼吸道通畅，就地使婴幼儿平卧，头偏向一侧，并避免头部过度前屈曲。用纱布将口腔里的分泌物抠出来。

（2）判断是否刚吃过奶。将惊厥婴幼儿翻转过来，拍一拍他的屁股，使其口中的奶渍流出来，再翻过来，躺好。保持头偏向一侧，这样即使有分泌物，也不容易回流进气管，引起窒息。

（3）将衣服、裤子全部解开，防止衣物限制呼吸。

（4）对于已出牙的婴幼儿，可在上、下牙齿之间放置牙垫，或将包上纱布的调羹放在牙齿之间，防止舌体咬伤。如舌体咬伤出血，口腔的液体会增多，这会增加窒息的危险。

（5）及时清理口、鼻、咽部的分泌物。

2. 止惊措施

针刺或指压人中穴和合谷穴可迅速止惊。人中穴位于人鼻唇中的上1/3与下2/3的交接处，是一个重要的急救穴位。合谷在手背，一、二掌骨之间，第二掌骨桡侧缘的中间凹陷处。取穴时，伸出右手，将拇指和食指分开，展露虎口，把左手拇指横纹放在右手虎口处，向下按压，拇指点处就是合谷穴。

3. 降温

可采取物理降温，如头枕冰袋，用冷湿毛巾敷前额，温水擦浴大动脉经过体表浅层的部位等。

4. 就医

就医是不可缺少的，目的是查明惊厥的原因。

5. 急救注意事项

（1）婴幼儿发生高热惊厥时，整个身体处于肌肉僵持状态。不要用力按压，帮助捋直肢体，这样会导致出现骨折。

（2）一定要冷静操作，保持婴幼儿周围处于安静状态。不要大声呼叫，避免刺激导致再次出现抽搐。

（3）一定要将口腔打开，用压舌板将舌体压住，避免舌后坠或咬伤舌头。可在调羹或筷子上缠上纱布代替压舌板，塞入口中，压住舌体。

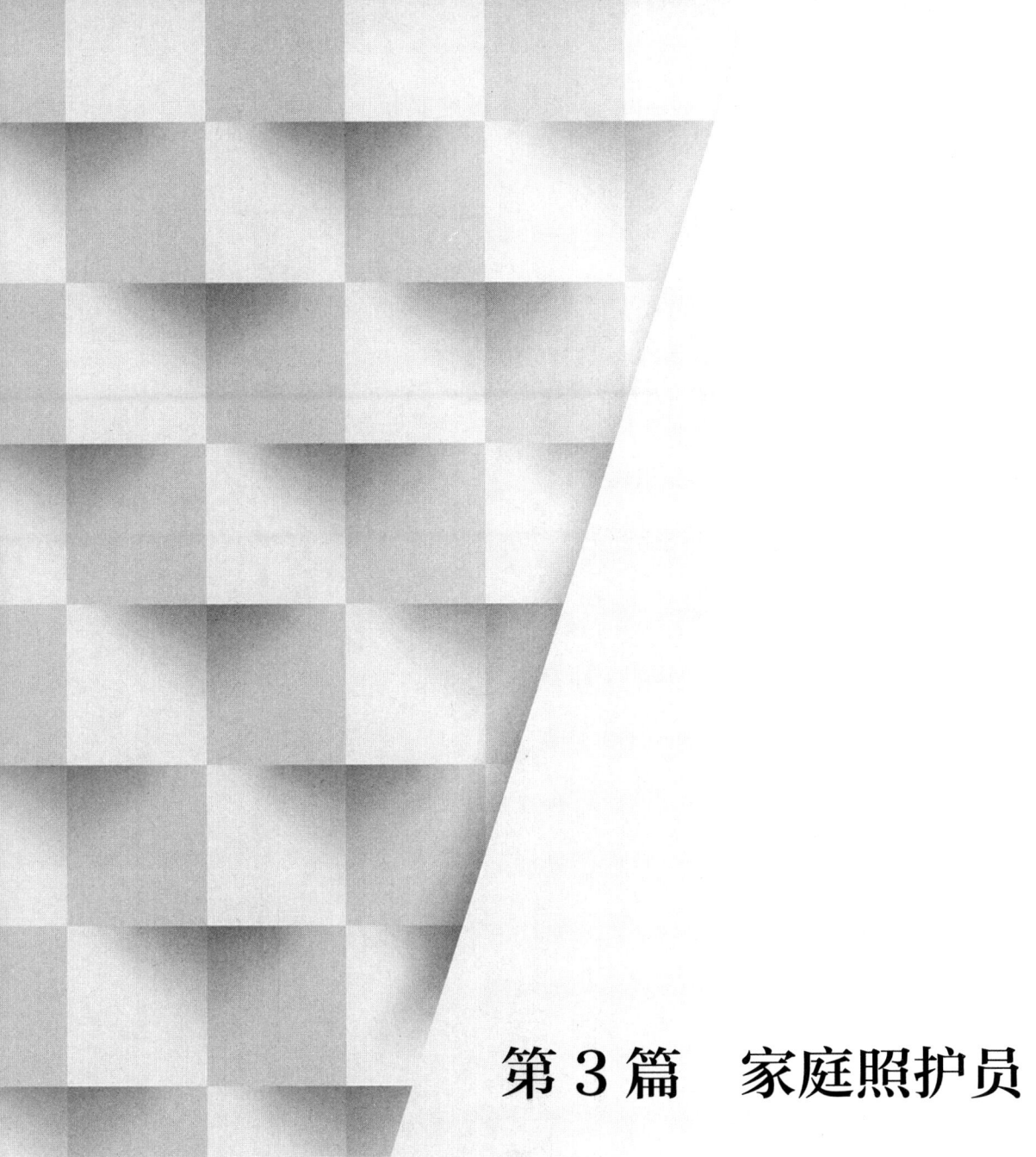

第3篇　家庭照护员

职业模块 ⑤ 照护病患

内容结构图

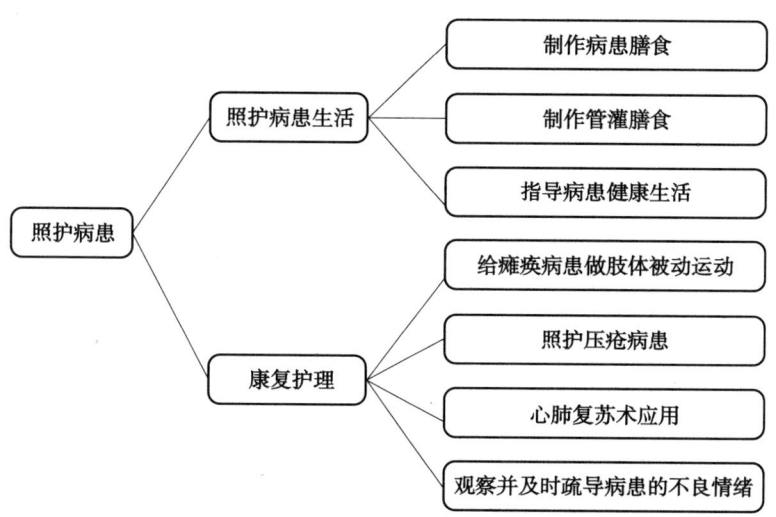

培训课程 1

照护病患生活

学习单元1 制作病患膳食

技 = 能 = 要 = 求

技能 1 红枣豆沙包

一、操作准备

材料准备：普通面粉 500 克、红糖 15 克、酵母粉 5 克、红小豆 250 克、红枣 250 克、水适量。

二、操作步骤

步骤 1 将红小豆用水泡发 12 小时左右。

步骤 2 将红枣用水冲洗干净，加水泡半小时。

步骤 3 把泡好的红小豆放入锅中，加水煮至用勺按压易破碎时捞出。

步骤 4 把红枣放入煮红小豆的水中煮 10 分钟。

步骤 5 把红小豆用勺子压成豆沙。

步骤 6 把煮好的红枣捞出，切碎，放到豆沙里，把枣和豆沙拌匀，馅料就做好了。喜欢吃甜味的可以放一些红糖。枣本身有甜味，吃起来口感也不错，如果家中有糖尿病人，就不要再加糖了。

步骤 7 将面粉加酵母粉、水和好，发至两倍大。

步骤 8 将拌好的馅料用手揉成球状，方便之后包制。

步骤 9 将面揉匀，揉成长条状，用手揪成剂子，大小跟刚才揉好的馅球一般大即可。

步骤 10 把剂子用手揉光滑,用擀面杖擀成中间厚、边缘薄的圆形剂子。

步骤 11 将擀好的剂子放在手心,拿一个馅球放在剂子中间。

步骤 12 另一只手捏褶,褶子捏一圈,将红枣豆沙包封好口倒扣在案板上,用双手搓圆,一个红枣豆沙包就做好了。

步骤 13 依次做完所有的红枣豆沙包,放在暖和的地方醒 15 分钟。

步骤 14 蒸锅中放水烧开,在篦子上铺上湿布,把红枣豆沙包依次放上去。包子生坯中间要留一定间隙。

步骤 15 大火蒸 20 分钟,红枣豆沙包就做好了。

三、注意事项

红枣豆沙包蒸好,关火后要立即取下锅盖,以免蒸馏水流到豆沙包上。

技能 2 羊肉炒面片

羊肉炒面片如图 5-1 所示。

一、操作准备

主料准备:面粉 300 克、羊肉 150 克。

辅料与调料准备:油 200 毫升、盐 5 克、糖 10 克、酱油 10 毫升、蚝油 10 毫升、番茄酱 20 克、番茄 1 个、香芹 30 克、蒜苗 20 克、椰菜 200 克、洋葱 60 克、水适量。

图 5-1 羊肉炒面片

二、操作步骤

步骤 1 先和面,面和好后醒 10 分钟。

步骤 2 将面团搓成条,切成小剂子,放入油里浸泡。

步骤 3 趁这个时间,把羊肉和配菜洗净。将羊肉切片,香芹、蒜苗切段,番茄切丁,椰菜和洋葱切块。

步骤 4 取一个小面剂子,用手往两头捋,把它捋直、捋薄,放入开水中。

步骤 5 从开水中捞出面片过凉水，沥干水备用。

步骤 6 把油烧热，放入羊肉煸炒。

步骤 7 羊肉炒至六成熟，放入椰菜与洋葱翻炒至熟。

步骤 8 放入香芹段与番茄翻炒至断生。

步骤 9 加入盐、糖、番茄酱、酱油、蚝油调味。

步骤 10 放入过凉的面片翻炒。

步骤 11 炒匀后，把蒜苗段放入锅内翻炒。

步骤 12 炒匀后出锅。

三、注意事项

1. 面可以和得稍软一点，和面的时候可放入少许盐。
2. 擀面片时要保持面片薄厚均匀。

技能 3 鸡 蛋 羹

一、操作准备

材料准备：鸡蛋 1 个、温开水适量、盐 3 克。

二、操作步骤

步骤 1 洗干净鸡蛋，准备好和鸡蛋等量的温开水。

步骤 2 在蒸锅中倒入水，烧开。

步骤 3 将鸡蛋磕入碗中，加入少量盐，加入温开水，打散后用滤网过滤一遍，滤去浮沫。

步骤 4 在碗上面蒙一层保鲜膜，用牙签在保鲜膜上戳几个小洞，放入已烧开水的蒸锅中，蒸 7~8 分钟即可取出，晾至温度适中时食用。

三、注意事项

1. 加入鸡蛋中的水一定要是温开水。
2. 要想鸡蛋羹细腻平滑，必须过滤蛋液，滤去浮沫。

技能 4　红枣山药排骨汤

一、操作准备

1. 主料准备：排骨 200 克、山药 150 克。
2. 辅料与调料准备：葱段 5 克、姜 5 克、红枣 3 颗、盐 3 克、鸡精 2 克、水适量。

二、操作步骤

步骤 1　将排骨剁小块，洗干净。将山药去皮，斜切成小块，泡水备用。

步骤 2　在锅内放入少量水烧开，将排骨放入，余烫至颜色变白立即捞出，用温水冲洗，除去浮沫，沥去水。

步骤 3　另起一锅，锅内放适量水烧开，放入排骨、葱段、姜，煮 30 分钟后加入山药、红枣，再放入盐、鸡精。

步骤 4　盖锅，再煮 10 分钟后即可食用。

三、注意事项

余烫排骨时要把握好火候，肉色全部变白立即捞出，如果时间太长，肉就会老，影响口感。

学习单元 2　制作管灌膳食

知=识=要=求

一、管灌膳食

1. 管灌膳食的定义

管灌膳食是将食物注入喂食管内，经由鼻至胃、鼻至十二指肠、鼻至空肠或是食道口、胃造口、空肠造口等途径，为病患提供营养的流质饮食，主要用于无法经口进食的病患食用，常用的有鼻饲法进食。

2. 适用对象

（1）严重外伤、灼伤导致无法经口摄食或摄食不足的病患。

（2）癌症晚期的病患。

（3）中风昏迷不醒或意识不清者。

（4）神经性厌食的病患。

（5）口腔或头颈部的疾病造成不能咀嚼或吞咽的病患，如口腔癌、下颚骨折、食道癌、食道狭窄及食道切除等。

（6）消化道外科手术病患，腹部尚存引流管，需经胃造口或空肠造口喂食者，以管灌膳食作为正常饮食前的过渡饮食。

3. 管灌膳食营养搭配要求

（1）混合奶

混合奶包含牛奶 500 毫升、蛋黄 1 个、白糖 5 克、食用油 5 克、食盐 1 克，必要时可加入瘦肉、猪肝、大米、胡萝卜、青菜等。

（2）要素饮食（又称元素饮食）

要素饮食是一种化学精制食物，含有人体所需、易于吸收的全部营养成分，包括游离氨基酸、单糖、主要脂肪酸、维生素、无机盐和微量元素等。

二、管灌膳食的制作

1. 用物准备

准备牛奶 500 毫升、蛋黄 1 个、白糖 5 克、食用油 5 克、食盐 1 克、要素饮食（按说明比例添加）。

2. 操作步骤

（1）将鸡蛋（如添加瘦肉、猪肝、菜等，则做相同处理）煮熟，然后用粉碎机将煮好的食物搅打成较稠且均匀的液体状食物，过滤去渣后同其他成分一起搅碎，再次过滤去渣。

（2）按医嘱要求量鼻饲喂食。

（3）整理归纳用物。

3. 注意事项

每次制作管灌膳食的量不能过大，最好现做现吃，因管灌膳食很容易滋生细菌，常温只能保存 30 分钟，如有剩余，必须放入冰箱冷藏，在 24 小时之内用完。

学习单元3　指导病患健康生活

知=识=要=求

健康的生活方式是指有益于健康的习惯和行为方式。主要表现为健康饮食、适量运动、不吸烟、少饮酒、保持心理平衡、有充足的睡眠、讲究日常卫生、合理用药等。

健康的生活方式可以抵御传染性疾病，更是预防和控制心脑血管疾病、恶性肿瘤、呼吸系统疾病、糖尿病等疾病的基础。而不健康的生活方式不仅会导致慢性疾病的发生，而且会加剧慢性病的病情和影响治疗的效果，给健康带来严重危害。

一、合理膳食

1. 每天选择食物的品种越多越好

（1）食物可分为五大类

1）谷类及薯类。谷类如米、面、谷物杂粮等，薯类如马铃薯、红薯等。

2）动物性食物。如肉、禽、鱼、奶、蛋类食物。

3）豆类和坚果类。如大豆、花生、杏仁等。

4）水果、蔬菜和菌类。

5）油脂等纯能量类食物。如动植物油、淀粉、食用糖等。

任何一种天然食物都不能满足人体所需要的全部营养，所以，平衡膳食必须由多种食物组成，才能满足人体的各种营养需求，达到合理营养、促进健康的目的。

（2）健康饮食行为

1）每天保证能吃到五大类食物。

2）按照同类互换、多种多样的原则来调配一日三餐。如大米可与面粉或是杂粮互换，猪肉可与鸡肉、鸭肉、牛肉、羊肉等互换。

3）选择食物时因个人情况而定，如肥胖的人要尽可能少地选择高热量、高脂肪的食物，糖尿病病患应尽量少选择含糖食物。

2. 每天保证足量的谷类摄入，粗细搭配

谷类食物是最好、最便宜的基础食物，它是以植物性食物为主的膳食。

（1）保证每天适量的谷类食物摄入，一般成年人每天摄入 250～400 克。

（2）经常吃一些粗粮、杂粮和全谷类食物，每天最好能吃 50～100 克，如图 5-2 所示。

3. 每天尽量选择多种蔬菜搭配食用

蔬菜含水分多、能量低、富含植物化学物质，是微量营养素、膳食纤维和天然抗氧化物的重要来源。多吃蔬菜对保持身体健康，保持肠道正常功能，提高免疫力，降低患糖尿病、高血压等慢性疾病发病率具有重要作用。建议成人每天吃新鲜蔬菜 300～500 克，如图 5-3 所示。

图 5-2　五谷杂粮

图 5-3　新鲜蔬菜

（1）尽量选择新鲜和应季蔬菜。

（2）多摄入深色蔬菜，如菠菜、韭菜、西红柿、胡萝卜等。因深色蔬菜中胡萝卜素含量较高，尤其是 β-胡萝卜素，胡萝卜素对人体健康非常重要。

（3）少吃酱菜和腌制菜。

4. 每天吃新鲜水果

新鲜水果（见图 5-4）中含维生素（维生素 C、胡萝卜素、B 族维生素）、无机盐（钾、镁、钙）和膳食纤维（纤维素、果胶）等较多，有利于人体健康。

（1）吃新鲜、卫生的水果。用清水清洗一遍后浸泡约 10 分钟，然后

图 5-4　新鲜水果

再用清水冲洗一次。

（2）选择应季的水果。反季节的水果是通过人工条件生产出来的，可能存在食品安全隐患。

5. 每天坚持适量饮奶

奶类营养成分齐全，组成比例适宜，容易被人体消化吸收，含有丰富的优质蛋白质、维生素 A、维生素 B_2 和钙质。儿童、青少年饮奶，有利于生长发育；中老年人饮奶，可以减少钙质流失，有利于骨健康。中老年人应每天坚持饮奶 300 克或者相当量的奶制品，如酸奶 300 克、奶粉 40 克。

（1）购买时仔细阅读食品标签，区分奶和含乳饮料，含乳饮料不是奶。

（2）酸奶更适合乳糖不耐受者、消化不良的病患、老年人和儿童食用。

（3）肥胖人群，患高血脂、心血管疾病的病患适合饮用脱脂奶和低脂奶。

6. 常吃适量的鱼类

鱼类是优质蛋白、脂类、脂溶性维生素、B 族维生素和无机盐的良好来源。鱼类一般脂肪含量较低，并且鱼类中含有的不饱和脂肪酸较多，对预防血脂异常和心脑血管疾病有一定作用。

7. 多吃大豆及豆制品

大豆含有丰富的优质蛋白、不饱和脂肪酸、钙及 B 族维生素，是优质蛋白质的良好来源。此外，大豆还含有多种有益健康的成分，如大豆异黄酮、植物固醇、大豆低聚糖等，对老年人和心血管疾病病患非常有益。

（1）每天吃大豆（包括黄豆、黑豆、青豆等）约 40 克。

（2）常喝豆浆。

8. 控制烹调用油

高脂肪、高胆固醇膳食会导致人体血脂异常，人体血脂长期异常可引起脂肪肝、动脉粥样硬化、冠心病、脑卒中、肾性高血压、胰腺炎、胆囊炎等疾病，也是引起肥胖疾病的主要原因。

（1）每人每天烹调用油摄入量不超过 30 克。

（2）选择健康的烹调方法，减少煎、炸、炒等，多选择蒸、煮、炖、焖、凉拌等。

（3）使用控油壶，坚持家庭定量用油。

（4）少吃油炸食品，如炸鸡腿、炸薯条、油条、油饼等。

9. 限制盐的摄入量

摄入的盐过多，可使人的血压升高，显著增加发生心血管疾病的风险。

（1）健康成人每天摄入盐的量不超过 6 克（包括酱油和其他食物中的含盐量）。

（2）做饭时应使用限盐勺，按量放入菜肴。

（3）使用低钠盐，少放酱油、味精。

（4）菜肴出锅前再放盐。

10. 坚持一日三餐

（1）进餐要定时定量，切忌暴饮暴食。

（2）坚持早餐吃好、午餐吃饱、晚餐适量的原则。

11. 每日足量饮水

水是膳食的重要组成部分，是生命活动必需的物质。

（1）在正常的气候条件下，一般成人每天应喝 1 200 毫升水。

（2）养成主动喝水的好习惯，不要等感到口渴时再喝水。

（3）最好饮用白开水，少喝含糖的饮料。

12. 中国居民平衡膳食宝塔

中国居民平衡膳食宝塔如图 5-5 所示。

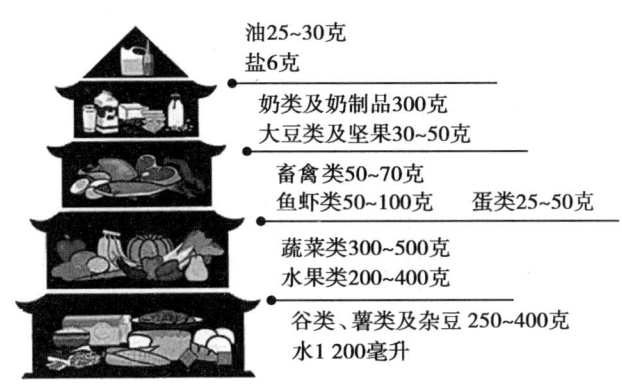

图 5-5　中国居民平衡膳食宝塔

二、适量运动

1. 日常生活中应多活动。如多做家务、步行或骑自行车上班等。

2. 养成规律运动的好习惯。如成年人每天应做 30 分钟的有氧运动，老年人可根据身体情况选择运动方式，如打太极拳、练剑、慢跑等。

3. 运动时采取必要的防护措施，避免运动损伤。

三、戒烟限酒

1. 戒烟

烟草烟雾中含有7 000多种化学物质和化合物，其中数百种有毒，至少有70种致癌，如甲醛、氯乙烯、苯并芘、亚硝基甲苯及砷等，吸烟者患各种癌症（尤其是肺癌）的风险显著增高。因此要做到不吸烟、不敬烟、不送烟，吸烟者尽早戒烟。

2. 限酒

饮酒无节制会使食欲下降，食物摄入量减少，导致多种营养素缺乏、急性酒精中毒、酒精性脂肪肝、肝硬化等。

（1）要文明、适量饮酒，切忌过度饮酒，饮酒时尽量选择低度酒（如啤酒、葡萄酒等）。

（2）饮酒时，不宜同时饮碳酸饮料。

四、心理平衡

心理平衡是健康保健的措施之一，只要做到心理平衡，就掌握了健康的金钥匙。一个人心理平衡了，生理也就平衡了，也就不容易得病，即使得了病也会好得更快。

五、讲究卫生

1. 勤洗手

勤洗手是预防传染病的重要措施，正确洗手是个人卫生的基础。在日常生活中，如果忽视了手部卫生，就会使人罹患流感、腹泻、手足口病、沙眼等传染性疾病。

（1）正确洗手方法的步骤（见图5-6）

1）用水打湿双手，涂上适量的洗手液或香皂。

2）掌心相对，五指并拢，相互揉搓，洗净手掌。

3）掌心对手背，手指交叉，相互揉搓，洗净手背。

4）掌心相对，手指交叉，相互揉搓，洗净指缝。

5）双手轻合成空拳，相互揉搓，洗净指背。

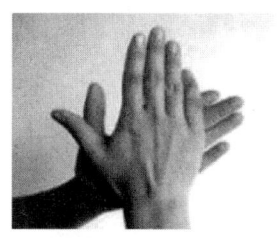 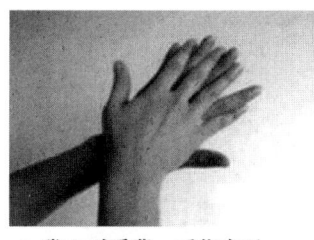 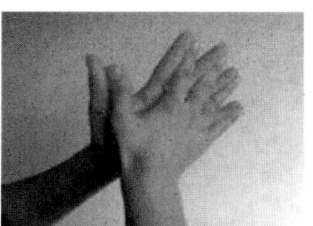

1. 掌心相对，五指并拢，相互揉搓，洗净手掌
2. 掌心对手背，手指交叉，相互揉搓，洗净手背
3. 掌心相对，手指交叉，相互揉搓，洗净指缝

 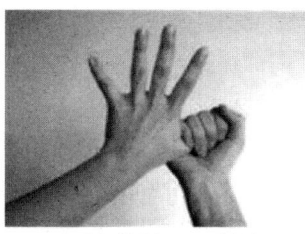 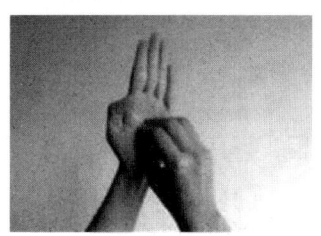

4. 双手轻合成空拳，相互揉搓，洗净指背
5. 一只手握住另一只手的拇指，旋转揉搓，洗净拇指
6. 一只手五指指尖并拢，在另一只手的掌心处揉搓，洗净指尖

图 5-6　六步洗手法

6）一只手握住另一只手的拇指，旋转揉搓，洗净拇指。

7）一只手五指指尖并拢，在另一只手的掌心处揉搓，洗净指尖。

8）一只手握另一只手的手腕旋转数次，洗净手腕。

9）用流动的水将双手冲洗干净。

10）用干净的毛巾或纸巾将手擦干，或自然晾干。

（2）洗手的时机

1）在接触眼睛、鼻子及嘴前。

2）在吃东西或处理食物前。

3）上厕所后。

4）当手接触到呼吸道分泌物污染时，如打喷嚏、咳嗽和擤鼻涕后。

5）护理病患后。

6）触摸过公共设施，如电梯扶手、门把手后。

7）接触动物后。

8）外出回家后。

（3）洗手注意事项

1）尽量用流动的水洗手，如用水盆中的水洗，洗手后，需换一盆清水，将双手冲洗干净。

2）洗手时，用肥皂揉搓双手至少20秒，全部的洗手时间至少30秒，才能达到有效清洁的目的。

2. 经常开窗通风

经常打开窗户通风，可保持室内空气流通，改善室内空气质量。

（1）每日开窗通风至少3次，每次15~20分钟。

（2）儿童、年老体弱者应尽量少去人群密集、空气不流通的公共场所。

六、合理用药

1. 身体不适时，要及时到医院检查诊治，不能滥用药物。

2. 用药时，要仔细阅读药物的说明书，明确药物的用途、用法、用量及不良反应。

3. 用药时，要遵医嘱，不擅自选药、停药。

4. 遵医嘱使用抗生素、成瘾性药物。

培训课程 2 康复护理

学习单元1　给瘫痪病患做肢体被动运动

知=识=要=求

一、瘫痪病人的心理护理

为瘫痪病患做康复运动，要先解除病患的思想负担，告知病患有些症状通过不断锻炼可在1~3年逐步改善，使病患摆脱烦恼，保持积极心态。

1. 在家里给病患安排舒适、安静、方便的休养环境，这样可减轻久病者的心身疲惫感，减少行动不便带来的烦恼。

2. 与家人融洽相处、气氛和谐对病患心理健康很重要。耐心细致地照料病患，如洗漱、擦身、进食、饮水、使用便器、调整体位等，可减少病患的挫折感，增强恢复生活能力的信心和责任感。

3. 饮食结构应加以调整，以高蛋白、低糖、低盐、低脂肪饮食为主并补充足量蔬菜和水果。喂食时让病患取半坐位，将少量食物由病患健侧放入口中，以利于吞咽。如病患吞咽反射障碍则以半流质饮食为宜，并防止呛咳。

4. 当病情稳定后（一般为脑梗死发病1周后、脑出血发病3周后），尽早开始做功能锻炼，以防止关节失用性挛缩。

二、瘫痪病患肢体康复训练方法

瘫痪病患的肢体康复训练主要是在家政服务员的协助下做肢体被动运动，辅以手法按摩。

1. 肢体被动运动的方法和运动次数

（1）上肢运动方法

1）活动肩关节（内旋、外旋、屈、展）。

2）活动肘关节（屈、伸）。

3）活动腕关节（掌屈、背屈、尺斜、桡斜）。

4）活动掌指关节（屈、伸）。

（2）下肢运动方法

1）活动髋关节（屈、伸、内收、外展、内旋、外旋）。

2）活动膝关节（屈、伸）。

3）活动踝关节（背屈、背伸）。

4）活动趾关节（屈、伸）。

（3）运动次数

每日3~4次，每次每个关节运动5~10分钟。

2. 按摩手法

通常可用拇指揉摩、捻摩，或用拇指、手掌揉按，或用肘关节揉背，用手拿捏腿部或肌肉丰厚处、跟腱等部位。根据不同的部位采取不同的手法，具体手法如下。

（1）揉摩适用于病患头面部。

（2）捻揉适合于指关节。

（3）揉按常用于肩背部。

3. 按摩的注意事项

（1）对痉挛性瘫痪，按摩手法要轻，以降低中枢神经系统的兴奋性。

（2）对弛缓性瘫痪，按摩手法宜重，以刺激神经活动过程的兴奋性。

（3）按摩次数、时间以每日3～4次、每次15～30分钟为宜。

三、瘫痪病患肢体康复训练的注意事项

1. 注意活动力度起初不宜过大，时间不宜过长，须逐渐增加活动强度及延长活动时间。

2. 注意保持各关节功能位，预防关节畸形。

3. 锻炼时应先健侧后患侧，并由大关节开始逐渐过渡到小关节。对肘、指、踝关节要特别注意活动，掌指关节活动时注意使手指分开。

4. 按摩应以轻柔、缓慢的手法进行。瘫痪肌给予按摩、揉捏。对抗肌给予安抚性按摩，使其放松。

5. 锻炼的次数、时间可根据病患情况进行适当调整，以病患不感疲劳为度，且每日锻炼至少3次。

6. 每日坚持锻炼，持之以恒，方能收到满意的效果。

学习单元2　照护压疮病患

知=识=要=求

一、压疮的形成机制

1. 压疮的定义

压疮是指身体局部组织长时间受压，血液循环发生障碍，局部组织持续缺血、缺氧、营养不良而导致的软组织溃烂坏死。压疮一旦发生，不仅给病患增

加痛苦，严重时甚至会引起全身败血症而危及病患生命。因此，家政服务员必须加强护理，预防压疮的发生。

2. 压疮发生的原因

压疮主要是机体局部组织长时间受压引起的。具体原因有以下几个。

（1）力学因素

1）压力。卧床病患长时间不改变体位，局部组织持续受压在 2 小时以上，就可引起组织的不可逆损害。

2）摩擦力。病患长期卧床或坐轮椅，皮肤可受到表面的逆行阻力摩擦，还可见于夹板内衬垫放置不当、石膏内不平整或有渣屑等。

3）剪力。剪力与体位密切相关，是由两层相邻组织表面间的滑行而引起的进行性的相对移位，它是由摩擦力和压力相加而造成的。

（2）理化因素

压疮主要受温度和湿度的影响，皮肤长期处于高温和潮湿环境下，角质层受到破坏，易出现破溃和感染。

（3）内在因素

因全身营养不良引起水肿造成的压疮常见于年老体弱、水肿、长期发热、昏迷、瘫痪及恶病质的病患，营养不良是发生压疮的内在因素。

（4）限制因素

使用石膏绷带、夹板及牵引时，松紧不适，衬垫不当等。

二、压疮的易发部位

压疮容易发生在身体受压和缺乏脂肪组织保护、无肌肉包裹或肌肉层较薄而支持重量较大的骨突处，如髋部、骶尾部、肩胛部、枕骨粗隆、脊椎体隆突处、肘部、膝关节的内外侧、内外踝部、足跟部等处。仰卧时，还可发生于髂前上棘、肋缘突出部、膝部等处，坐位时常发生于坐骨结节处。

三、压疮的预防方法

1. 积极消除发病原因

加强病患营养，增强机体抵抗力，多给予病患高蛋白、高维生素、易于消化的膳食。

2. 勤翻身

每 2~3 小时为病患翻身一次，对皮肤微循环不佳的病患应缩短翻身时间，每 1~2 小时翻身一次。翻身时切忌拖、拉、推，以防擦破皮肤。翻身后应在身体着力的空隙处垫海绵垫或软枕，以增大身体着力面积，减轻突出部位的压力。受压的骨突出处要用海绵或海绵圈垫空，避免压迫。

3. 勤擦洗

注意保持病患皮肤清洁、干燥，避免大小便浸渍皮肤和伤口，定时用热毛巾擦身，洗手洗脚，促进皮肤血液循环。

4. 勤按摩

每次协助病患翻身后，先用热水擦洗，再用双手或一只手蘸少许樟脑酒精或 50% 酒精按摩。骨突处要重点按摩，头后枕部、耳郭及足跟部是压疮的好发部位，也不能忽视。按摩时要有足够的力量刺激肌肉，但肩部用力要轻。

5. 勤整理

病患的床上不能有硬物、渣屑，床单不能有皱褶。

6. 勤更换

及时更换潮湿、脏污的被褥、衣裤和分泌物浸湿的伤口敷料。不可让病患睡在潮湿的床铺上，也不可直接睡在橡皮垫、塑料布上。

7. 勤通风

保持居室空气新鲜、阳光充足，并注意保暖，防止上呼吸道感染。

四、压疮的护理方法

压疮是卧床病患最主要的并发症之一。因此，当压疮发生后，应积极治疗原发病，增加全身营养，加强局部治疗和护理。

1. 淤血红润期的护理

淤血红润期为压疮的初期，此时要采取各种预防措施，防止局部再度受压，避免摩擦、潮湿和排泄物的刺激，改善局部血液循环，加强营养摄入，以增强机体抵抗力。

2. 炎性浸润期的护理

在炎性浸润期，红肿部位如果继续受压，血液循环仍得不到改善，静脉回流受阻，局部静脉淤血，受压表面呈紫红色，皮下产生硬结，表皮有水疱出现。此时应加强保护皮肤，避免感染。除采取预防措施外，还应采取防护水疱的措施。

（1）当有水疱时，未破的小水疱用厚层的滑石粉包裹，以减少摩擦，防止破裂感染，让其自行吸收。

（2）大水疱可在无菌操作下，用注射器将水疱内液体抽出（不必剪去表皮），然后涂以0.1%洗必肽或0.02%呋喃西林溶液，用无菌敷料包扎。

3. 溃疡期的护理

在溃疡期，全层皮肤破坏，可深及皮下组织和深层组织，筋膜除外，表皮水疱逐渐扩大、破溃，真皮层疮面有黄色液体渗出。此时应加强疮面清洁，除腐生新，促使愈合。除全身和局部措施外，应根据伤口情况，按外科换药法进行处理。

（1）如果局部已破溃，浅表疮面可用生理盐水清洗消毒，然后涂1%龙胆紫溶液，再以无菌纱布覆盖，每天换一次，直至疮面愈合。

（2）如果疮面有感染，轻者用无菌生理盐水或0.02%呋喃西林溶液清洗疮面，再用无菌凡士林纱布及敷料包扎，每天更换一次。

（3）如果溃疡较深、引流不畅，应用3%过氧化氢消毒液冲洗，以防止厌氧菌滋生，如有坏死组织应予以清除。

4. 理疗

在压疮治疗护理过程中，可辅以理疗，如用紫外线或红外线照射，使疮面干燥，促进血液循环。

（1）紫外线照射

紫外线照射可起到消炎和干燥的作用。治疗前应先清洁疮面，盖上消毒纱布，理疗完毕再敷上药物，按医嘱每日或隔日照射一次。

（2）红外线照射

红外线照射可起到消炎、促进血液循环、增强细胞再生功能等作用，同时可使疮面干燥，减少渗出，有利于组织的再生和修复。

学习单元3　心肺复苏术应用

知=识=要=求

一、心肺复苏术

1. 目的

心肺复苏术可以保护脑和心脏等重要器官，并使其尽快恢复细胞活性和循环功能。

2. 适用范围

心肺复苏术适用于各种突发疾病或事故，如触电、溺水、窒息、心脏疾病、药物过敏等引起的心跳、呼吸骤停。

二、心跳、呼吸骤停的表现

1. 神志消失

怀疑病患有心跳、呼吸停止时，可轻轻摇动病人肩部，并提出简单的问题；如无反应，即可认为病患神志已经消失。

2. 大动脉搏动消失

用手指触摸不到病患的颈动脉或股动脉搏动。

3. 呼吸停止

清理呼吸道的同时，家政服务员以自己的面部靠近病患的口鼻，听或感觉有无气流通过。同时观察病患的胸廓是否有起伏，若无气流、无起伏，则说明病患呼吸已经停止，须立即实施心肺复苏术。

技=能=要=求

技能　心肺复苏术操作方法（单人操作）

一、操作准备

将病患放在硬的平面上，解开病患的衣扣、腰带等，抢救者双腿跪于病患右侧。

二、操作步骤

步骤1 开放气道,可采取仰头举颔法和仰头抬颈法。

(1)仰头举颔法(见图5-7)

抢救者左手掌根放在病患前额处,用力下压,使病患头部后仰。右手食指与中指并拢,放在病患下颌骨处,向上抬起下颌。抬时注意手指不要压迫病患颈前颌下软组织,以免压迫气道。病患口鼻有异物时用手指清除,疑为颈椎骨骨折者不能使用此法。

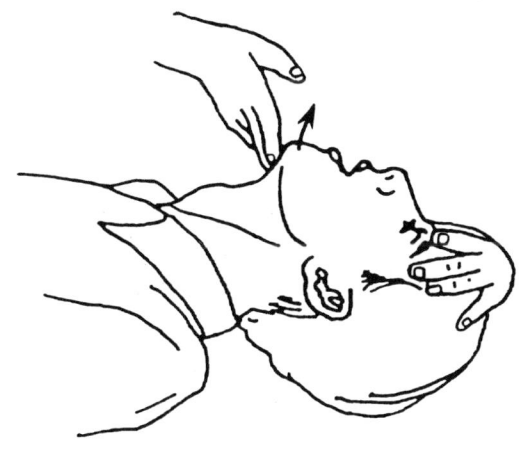

图5-7 仰头举颔法

(2)仰头抬颈法(见图5-8)

抢救者一只手放在病人前额向后下压,使头部后仰,另一只手托住病患后颈部向上抬颈。抬颈时动作要轻柔,用力过猛可能会造成颈椎损伤。病患口鼻有异物时用手指清除,疑为颈椎骨骨折者不能使用此法。

步骤2 人工呼吸(口对口人工呼吸)如图5-9所示。

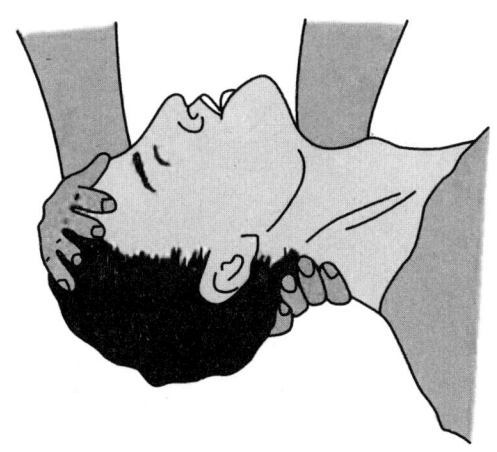

图5-8 仰头抬颈法

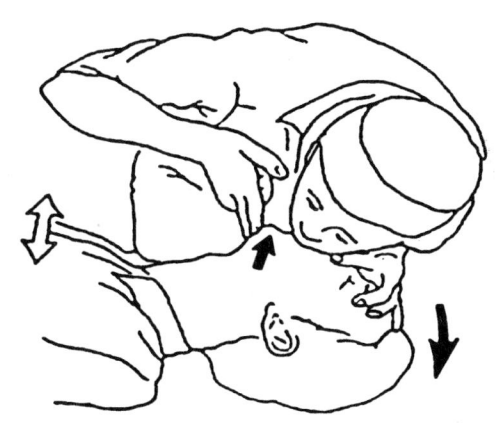

图5-9 人工呼吸

抢救者一只手将病人鼻孔捏住,另一只手托下颌并将病患口唇张开。深吸气后,用自己的口唇紧包病患的口部,用力向病患嘴内吹气。吹气要均匀,吹气的同时观察病患的胸廓,如看到胸廓抬起,表明气体吹进了病患的肺部,吹气有效,力度适中。待病患抬起的胸廓自然回落后,再重复吹气,反复进行。开始时先迅速吹气3~4次,然后每分钟均匀地重复吹气16~20次。

步骤3 胸外心脏按压。胸外心脏按压是现场急救时最实用而有效的心脏复苏方法,主要在病患胸骨下段按压胸壁,以建立人工循环。

(1)定位(见图5-10)

抢救者右手中指与食指并拢,指尖沿右侧肋弓下缘上移至胸骨下切迹(在两侧肋弓交点处寻找);中指定位于胸骨下切迹,不含剑突处,食指紧靠中指,左手掌根紧靠右手食指放在病人胸骨中下1/3处,手掌根部的长轴应与胸骨的长轴平行,不要偏向一侧,右手手指移开,右手掌根重叠放在左手上。

(2)按压(见图5-11)

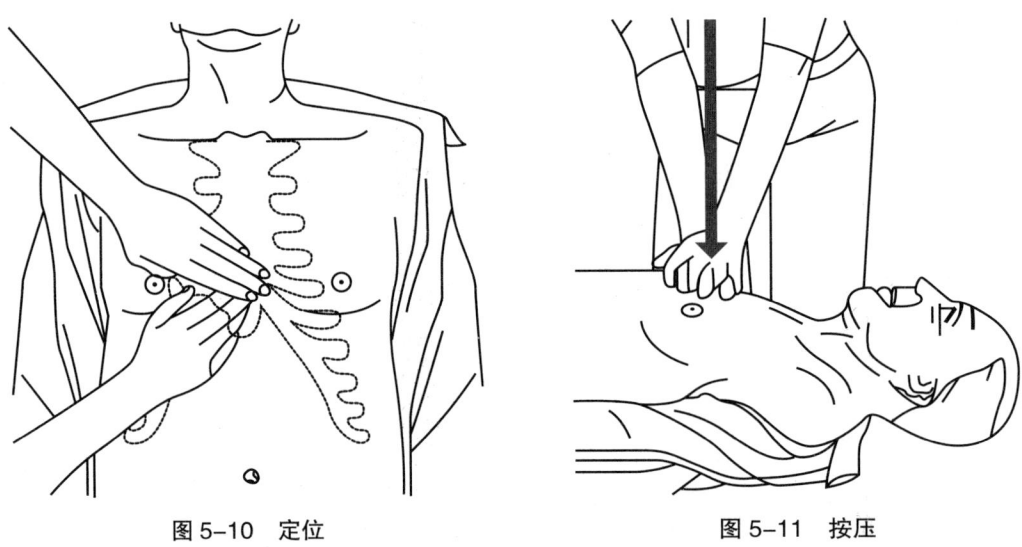

图5-10 定位　　　　　　　　图5-11 按压

抢救者右手掌根重叠放在左手手背上,双手手指交叉翘起,双肘关节伸直,肩、手臂垂直于病患胸部并用力向下按压4~5厘米,然后放松,使病患肋骨复位,放松时掌根不能离开按压部位,反复进行,按压频率为每分钟80~100次。

步骤4 判断复苏效果。如病患颈动脉搏动、自主呼吸出现,则说明心肺复苏抢救成功,必须立即将病患送医院治疗。

三、注意事项

1. 人工呼吸的注意事项

（1）病患的呼吸道要通畅无阻，以便气体容易进出。

（2）每次吹气量不要过大，吹气量过大或吹气过快可使咽部压力超过食管开放压，使气体进入胃部，引起胃膨胀。

（3）吹气的同时不要按压胸部。

（4）如有活动的义齿应立即取出，以免坠入气管。

（5）不论何种原因引起的呼吸停止，均系重症、危症，都应争分夺秒地进行抢救。

2. 胸外按压的注意事项

（1）按压部位要正确，按压部位太低易引起胃内容物反流、剑突折断而致脏器损伤，按压部位太高则易损伤大血管。

（2）按压与吹气的比例为 15∶2。

（3）抢救者的双手应平行叠放，而非垂直叠放，以免力量分散。

（4）按压时，手指要抬离胸壁，以防压力沿手指传至肋骨，引起骨折。

（5）按压时，双臂保持垂直，不能弯曲，并应垂直向下用力。

学习单元 4　观察并及时疏导病患的不良情绪

知＝识＝要＝求

患病后，面对疾病的折磨，人的生理、心理上都会发生巨大的改变，同时会产生许多不良情绪。家政服务员每日都陪伴在病患的身边，是病患最贴心的伙伴。因此，家政服务员要多观察病患的心理变化，发现病患有不良情绪时，要及时给予正确的疏导。

一、病患的心理特点

1. 急重症病患的心理特点

急重症病患发病急、病情重。由于病情突发或恶性事故的刺激，面临生命威胁，在心理方面，病患会出现高度紧张和恐惧感，恐惧、悲哀、绝望等消极情绪会加重病情。在这个时期需要家政服务员对病患进行良好的心理护理，对病患的不良情绪进行疏导。

2. 慢性病病患的心理特点

（1）沮丧心理

慢性病病患由于承受长期的疾病折磨，经历漫长的病程，所以往往会产生极为复杂的心理活动。在没有令人满意的特效治疗方法时，病患只能无奈地适应漫长的疾病过程。情绪低落、孤独、失望、焦虑等，会引发头疼、失眠等类似神经衰弱的症状。

（2）焦虑心理

慢性病病患一开始大都有侥幸心理，不肯承认自己患了疾病。一旦确诊，他们容易产生急躁情绪，到处求医问药。慢性病病患对自己的健康格外小心，要求家人关心自己。在没有得到准确和令人满意的治疗方案时，漫长的疾病过程会加重焦虑的情绪。

（3）多疑和易怒

慢性病病患由于长期患病，容易以自我为中心，敏感、多疑；久治不愈和病情反复导致思想顾虑增多，怀疑自己的病情恶化或是又患有其他疾病等；缺乏对医生的信任，治疗效果不显著，又长期受疾病困扰，病患容易不分场合地发怒或有冲动行为等。

3. 传染病病患的心理特点

传染病病患一旦确诊，心理就会处于高度应激状态。他们往往不敢面对自己的疾病，害怕亲戚、朋友远离自己，同时渴望得到亲人的关心和理解，希望得到最佳和最及时的治疗及护理。病患被确诊后，认为自己成了对周围人造成威胁的传染源，再加上隔离治疗，因而感到自卑。他们会表现出愤怒、爱发脾气、悲观、多疑等，有的传染病病患甚至自闭。

二、病患常见的不良情绪

病患常见的不良情绪主要包括焦虑、忧虑、恐惧、紧张、自卑、抑郁等。

1. 焦虑、忧虑

病患由于疾病的影响以及生活上的诸多不便，其自尊心、自信心受到了极大的打击。病患对于自己所患疾病及预后情况不了解，对手术存有疑惑，听不懂医学术语，会造成病患焦虑、忧虑的情绪。

2. 恐惧、紧张

瞬间袭来的天灾、人祸或恶性事故等超常的紧张刺激可以摧毁一个人的自我应对机制，而使之出现心理异常。一向自以为健康的人突然患了重病，会因过分恐惧、紧张而失去心理平衡，身体的不适感加重了恐惧、紧张心理。恐惧、紧张会导致病患睡眠质量下降，使其体力不支，加重病情，不利于病患身体恢复，使治疗更加困难。

3. 自卑、抑郁

慢性病病患因要长期服用药物治疗，长期承受疾病的折磨，并且病情常常出现反复甚至恶化等，容易产生自卑心理，尤其是青年病患。青年病患由于怕人嘲笑或影响恋爱、婚姻等问题，更易产生自卑心理和抑郁情绪。还有些性病病患，怕被别人歧视，从而产生自卑心理，精神变得颓废、沉闷，长期下去就会出现抑郁心理。

三、影响病患情绪的因素

1. 疾病本身。
2. 病患自身的身心反应。
3. 医疗环境。
4. 家庭支持。

四、病患不良情绪的疏导方法

1. 和病患建立良好的关系

家政服务员与病患交谈时要专注，态度要和蔼、亲切；交谈内容简单明了，解除病患的顾虑，满足病患的心理需要，提高病患用药的自觉性。在病患面前要表现得大方得体，耐心细致地回答病患提出的问题，这样可以减轻病患对疾病的恐惧和焦虑，赢得病患的信赖，使他们主动配合治疗和护理。

2. 认真倾听病患倾诉

认真倾听病患倾诉，能使病患自由地倾诉内心的烦恼或痛苦。这样可使病患产生一种被信任、被接受、被尊重和被理解的感觉，压抑的情感得以表达和疏导，有助于缓解病患的焦虑情绪。

3. 提高病患的认知水平

提高病患的认知水平，可以让病患了解自己的病情，了解治疗过程，消除病患的猜疑心理。可以为病患提供一些与病患疾病有关的正能量的书籍，鼓励病患树立信心，积极治疗。

4. 争取家属、亲友的密切配合

家属、亲友热情的关怀、体贴的抚慰对病患的心理有着积极的作用。经常电话问候和探视病患会给予病患心理上的安慰，这种情感支持能鼓励病患树立信心，战胜疾病。因此，争取家属、亲友的密切配合，能在病患心理上起到关键性的安慰作用。

5. 指导病患进行自我心理护理

让病患知道缓解不良情绪的最好办法不是依赖外力，而是依靠个人的心理防御机制。让病患了解一些医学知识，相信科学是非常重要的。指导病患进行自我心理护理，当心情激愤、悲观厌世时，告诫自己这一切都是暂时的，相信自己一定能战胜疾病。

6. 心理暗示

家政服务员在照顾病患的时候，要巧妙地对病患多施以积极的暗示。不管是有意或是无意地对病患施以消极的暗示，都会带来不好的后果。

7. 多听音乐

音乐可以陶冶人的情操，使人放松心情，暂时忘记烦恼。所以，应该让病患多听听音乐，音乐的选择应当以舒缓、抒情、快乐的作品为主，每次听音乐的时间不宜太长，音量不要超过 70 分贝。

8. 具有幽默感

幽默可以使病患自觉地发笑，使病患的心情变得舒畅，有缓解病患病情的功效。因此，家政服务员可以经常给病患讲一些笑话、幽默的故事，也可以在日常谈话中用幽默感染病患,让病患在快乐中治疗。

9. 合理的饮食照料

合理照顾病患的饮食,保证病患的营养充足。吃饭时要提醒病患细嚼慢咽,慢慢品尝,这样可以减少不良情绪的发生。

10. 不做治疗时,可以陪伴病患在室外活动

家政服务员应根据病患的身体情况适当安排室外运动。在室外可以感受阳光的温暖、空气的新鲜、花草的芳香,这样可以使病患对生活充满希望,对战胜疾病充满信心。

第 4 篇　培训与指导

职业模块 ❻
技能培训与就业指导

内容结构图

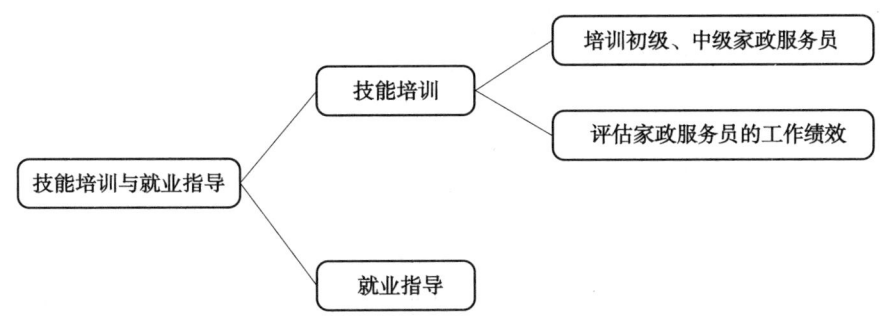

培训课程 1 技能培训

技能培训也称职业技能培训,是对准备就业和已经就业的人员,以开发其职业技能为目的而进行的理论知识和操作技能的教育和训练。技能培训是以劳动者为特定培训对象,以直接满足社会、经济发展的某种特定需要为培训目的,按照国家职业分类和职业技能标准进行的规范性培训。

学习单元1 培训初级、中级家政服务员

知=识=要=求

一、培训内容

1. 初级家政服务员培训内容

(1)制作家庭餐

1)主要内容

①加工配菜。

②烹制膳食。

2)目标

①加工配菜。掌握蔬菜分类常识与食用方法,能初加工油菜、番茄等时令蔬菜。掌握家禽、家畜类食物原料的初加工方法与注意事项,能初加工鸡、鸭、猪、牛、羊等食物原料。掌握鱼、虾的加工方法与注意事项,能加工鱼、虾等食物原料。

掌握食物原料的保鲜、冷冻、解冻处理方法,能对食物原料进行保鲜、冷冻、解冻处理。掌握刀具的种类及使用保养方法,掌握直刀、平刀、斜刀等刀

工技术操作方法，能将食物原料加工成丁、片、块、段或条。

②烹制膳食。掌握单一主料凉菜的制作方法与注意事项，能制作 3 种单一主料凉菜。掌握酸、甜、苦、辣、咸等味型调制技术要求，能调制 3 种以上单一味膳食。

掌握灶具、炊具、电饭煲、微波炉使用方法，能运用蒸、煮等烹饪技法制作主食，能运用蒸、炒、煮、炸等烹饪技法制作菜肴，能制作 3 种汤食。掌握燃气与用电安全注意事项。

（2）洗涤收纳衣物

1）主要内容

①洗涤衣物。

②收纳衣物。

2）目标

①洗涤衣物。掌握衣物洗涤标志的作用，能识别衣物洗涤标志。掌握纺织品衣物质地鉴别常识，掌握常用洗涤用品使用方法，能依据衣物质地选用洗涤用品。掌握手工洗涤衣物的方法，能手工洗涤棉、麻、化纤类衣物。掌握洗衣机的使用方法，能使用洗衣机洗涤衣物。

②收纳衣物。掌握晾衣架的使用方法及不同质地衣物的晾晒方法，能依据质地特性晾晒衣物。掌握衣物折叠、整理、收纳的注意事项，能折叠、整理、分类收纳衣物。掌握衣物防霉、防蛀的处理方法及注意事项，能对衣物进行防霉、防蛀处理。

（3）清洁家居

1）主要内容

①清洁居室。

②清洁家居用品。

2）目标

①清洁居室。掌握拖布、吸尘器等清洁器具的使用方法，能清洁、擦拭门窗与玻璃。掌握居室清洁程序与要求，掌握居室地面、墙面质地分类常识与清洁注意事项，能清洁、擦拭涂料类硬质居室墙面，能清洁、擦拭居室地面。

②清洁家居用品。掌握家庭常用清洁、消毒用品的使用方法。掌握厨具、灶具、餐饮用具清洁注意事项，能清洁厨具、灶具、餐饮用具。掌握常见家用

电器清洁与使用方法,能清洁、擦拭电冰箱、电饭煲、微波炉、电视机等电器。掌握家具清洁、擦拭注意事项,能清洁、擦拭衣橱、桌椅、板凳类家具。掌握卫生洁具清洁、消毒方法,能清洁、消毒卫生洁具。

(4)照护孕产妇与新生儿

1)主要内容

①照护孕妇。

②照护产妇。

③照护新生儿。

2)目标

①照护孕妇。掌握孕妇膳食制作的要求及注意事项,能为孕妇制作常规膳食。掌握孕妇盥洗、沐浴、更衣的注意事项,能照护产妇盥洗、沐浴、更衣。掌握孕妇出行安全的注意事项,能陪同孕妇出行并准备出行物品。

②照护产妇。掌握产妇膳食制作要求,能为产妇制作常规膳食。掌握产妇盥洗、沐浴的注意事项,能照护产妇盥洗、沐浴。掌握产妇擦浴、更换衣物的注意事项,能为卧床产妇擦浴、更换衣服。掌握开奶与母乳喂养方法,能指导产妇喂哺新生儿。

③照护新生儿。掌握奶具清洗、消毒的方法与注意事项,能清洗、消毒奶具。掌握新生儿人工喂养的方法与注意事项,能为新生儿冲调奶粉,能给新生儿喂奶和水。掌握托抱新生儿注意事项,能托抱新生儿。掌握新生儿盥洗、沐浴的注意事项,能照护新生儿盥洗、沐浴。掌握新生儿的生理特点,能为新生儿穿、脱并洗涤衣服或换纸尿裤等。

(5)照护婴幼儿

1)主要内容

①料理膳食。

②照护起居。

2)目标

①料理膳食。掌握婴幼儿膳食器具清洁、消毒的注意事项,能清洁、消毒婴幼儿膳食器具。掌握婴幼儿生理发育特点。掌握婴幼儿人工喂养的方法与注意事项,能给婴幼儿喂奶、喂水、喂食。掌握婴幼儿辅食添加与制作的方法,能给婴幼儿制作3种以上主食、辅食。掌握婴幼儿呛奶、呛水处理的注意事项,

能处理婴幼儿呛奶、呛水。

②照护起居。掌握婴幼儿用品清洁、消毒的注意事项。掌握婴幼儿生理发育特点。掌握婴幼儿生活照料及饮食特点。掌握照护婴幼儿盥洗、沐浴注意事项。掌握婴幼儿意外情况处理方法。

（6）照护老年人

1）主要内容

①料理膳食。

②照护起居。

2）目标

①料理膳食。掌握老年人生理特点。掌握老年人膳食特点及膳食制作要求，能为老年人制作3种以上主食、菜肴，能为老年人制作3种以上的汤。掌握老年人进食、进水的注意事项，能照护老年人进食、进水。

②照护起居。掌握与老年人相处的技巧。掌握老年人日常盥洗注意事项，能照护老年人盥洗。掌握老年人衣物换洗的注意事项，能为老年人换洗衣物、修剪指（趾）甲。掌握体温计的使用方法，能给老年人测量体温。掌握老年人外出的注意事项，能陪伴老年人散步、购物、就医。

（7）照护病患

1）主要内容

①料理膳食。

②照护起居。

2）目标

①料理膳食。掌握病患膳食特点及常见病患膳食制作要求，能为病患制作3种以上主食和菜肴，能为病患制作3种以上的汤。掌握病患进食、进水的注意事项，能照护病患进食、进水。掌握病患膳食器具收纳方法，能清洁、消毒病患膳食器具。

②照护起居。掌握与病患相处的技巧。掌握病患日常盥洗的注意事项，能照护病患日常盥洗。掌握卧床病患洗头、擦澡、翻身、更换衣物的注意事项，能给卧床病患洗头、擦澡、翻身、更换衣物。掌握照护卧床病患二便的方法，能照护卧床病患二便。掌握体温计的使用方法，能给病患测量体温和脉搏。掌握口服给药的方法及注意事项。掌握轮椅、拐杖等助行器的使用方法及注意事项。能陪伴

病人就诊。

2. 中级家政服务员培训内容

（1）制作家庭餐

1）主要内容

①加工配菜。

②烹制膳食。

2）目标

①加工配菜。掌握食物原料质量识别常识。掌握剞刀技术操作方法，能将食物原料加工成丝、茸。掌握馅料制作的方法与注意事项，能制作馅料。掌握干制植物性原料水发加工方法，能水发加工干制植物性原料。掌握拍粉、上浆、挂糊、勾芡操作技术的注意事项，能进行原料拍粉、上浆、挂糊、勾芡处理。掌握水粉糊、全蛋糊、水粉浆、全蛋浆的调制方法，能调制水粉糊、全蛋糊、水粉浆、全蛋浆。掌握动物性原料腌制处理技术要求，能腌制动物性原料。掌握咸鲜味、酸甜味、咸甜味、咸香味等味型的调制方法，能调制咸鲜味、酸甜味、咸甜味、咸香味等味型。

②烹制膳食。掌握煎、烤、烙等主食制作技术方法，能用煎、烤、烙等技术方法制作主食。掌握煎、炖、汆、烩、烧、焖等烹调方法的注意事项，能用煎、炖、汆、烩、烧、焖等技术方法烹制菜肴。掌握复合调味的方法与技术要求，掌握复合原料冷菜拼盘制作技术要求，能制作复合原料的冷菜拼盘。

（2）洗烫衣物

1）主要内容

①洗涤衣物。

②熨烫衣物。

2）目标

①洗涤衣物。掌握衣物质地鉴别方法。掌握羽绒类衣物洗涤的注意事项，能洗涤羽绒类衣物。掌握丝绸类衣物洗涤的注意事项，能洗涤丝绸类衣物。掌握毛织品衣物洗涤的注意事项，能洗涤毛织品类衣物。

②熨烫衣物。掌握家用熨烫设备的使用方法及衣物熨烫的注意事项，能熨烫衬衫、领带、西服衣裤、套裙类服装。

（3）保洁家居

1）主要内容

①保洁家居设施。

②保洁家居用品。

2）目标

①保洁家居设施。掌握常见保洁设备的使用方法，能使用保洁设备进行家居保洁。掌握家居装饰墙面的保洁方法与注意事项，能进行居室装饰墙面保洁。掌握居室地板的保洁方法与注意事项，能进行居室地板保洁。

②保洁家居用品。掌握皮革类家居用品的养护方法与注意事项，能清洁、养护皮革类家居用品。掌握板式家具养护的注意事项，能进行更衣柜、展示柜等板式家具保洁。掌握厨房操作台面材质分类与养护方法，能清洁、养护厨房操作台面。掌握挂毯、地毯保洁的注意事项，能进行挂毯和地毯保洁。

（4）照护孕产妇与新生儿

1）主要内容

①照护孕妇。

②照护产妇。

③照护新生儿。

2）目标

①照护孕妇。掌握妊娠期营养需求与食物来源，能为孕妇制订营养膳食计划。掌握妊娠期滋补膳食制作方法，能为孕妇制作6种滋补膳食。掌握妊娠期乳房护理内容与护理方法，能指导孕妇进行乳房护理。掌握妊娠期工作、生活安全注意事项，能指导孕妇进行安全自护。

②照护产妇。掌握产妇营养需求常识，能为产妇制作6种以上营养膳食。掌握催乳食品的制作方法与注意事项，能为产妇制作6种以上催乳食品。掌握产妇乳房保健护理的内容与护理方法，能为产妇做乳房护理。掌握吸奶器的适用对象与使用方法，能指导产妇做形体恢复操。掌握产妇照护工作日志记录内容，能填写产妇照护工作日志。

③照护新生儿。掌握新生儿口服给药方法，能给新生儿喂服药物。掌握新生儿二便特点与常见异常，能照护新生儿二便并观察异常。掌握新生儿抚触方法与注意事项，能给新生儿做抚触。掌握新生儿脐带护理的注意事项，能护理新生

儿脐带。掌握新生儿呛奶、呛水的处理方法与注意事项，能处理新生儿呛奶、呛水。

（5）照护婴幼儿

1）主要内容

①料理膳食。

②照护起居。

2）目标

①料理膳食。掌握婴幼儿营养需求与食物特点，能给婴幼儿制订营养膳食计划。掌握婴幼儿膳食的制作方法与注意事项，能给婴幼儿制作6种以上主食、辅食。

②照护起居。掌握给婴幼儿说儿歌、讲故事的注意事项，能给婴幼儿说儿歌、讲故事。掌握婴儿抬头、翻身训练的注意事项，能训练婴幼儿抬头、翻身。掌握婴幼儿坐、爬、站立、行走训练的注意事项，能训练婴幼儿坐、爬、站立、行走。掌握水浴、日光浴、空气浴的照护方法与注意事项，能给婴幼儿做水浴、日光浴、空气浴。掌握婴幼儿抚触的注意事项，能给婴幼儿做抚触。

（6）照护老年人

1）主要内容

①料理膳食。

②照护起居。

2）目标

①料理膳食。掌握老年人必需营养素的食物来源，能为老年人制定日常食谱。掌握老年人膳食的制作要求与注意事项，能为老年人制作6种以上主食、菜肴、汤。

②照护起居。掌握给老年人读书、读报的目的，能给老年人读书、读报。掌握老年人的情感特点与交流方法，能与老年人进行情感交流。掌握老年人忧虑、恐惧、焦虑、抑郁等情绪的疏导方法，能观察并及时疏导老年人的不良情绪。掌握血压计的使用方法与注意事项，能为老年人量血压、测脉搏。掌握老年人的心理特点与保健方法。

（7）照护病患

1）主要内容

①料理膳食。

②照护起居。

2）目标

①料理膳食。掌握病患的营养需求与食物来源，能为病患制作6种以上的常规膳食。掌握治疗膳食的应用范围与制作要求，能遵医嘱为病患喂食治疗膳食。掌握导管喂食的方法与注意事项，能遵医嘱为病患进行导管喂食。

②照护起居。掌握病患的情感特点与交流方法，能与病患进行情感交流。掌握口腔清洁护理的目的与注意事项，能为失能病患清洁口腔。掌握给卧床病患更换床单、被褥的方法与注意事项，能给卧床病患更换床单、被褥。掌握血压计的使用方法与注意事项，能给病患量血压、测脉搏。掌握冷敷、热敷护理技术的应用范围，能给病患做冷敷或热敷护理。掌握中草药煎煮的注意事项，能为病患煎煮中草药。

二、教学技巧

教学技巧分为教学设计、教学方法、课堂教学技能三部分内容。

1. 教学设计

（1）教学设计的含义

教学设计是教师运用系统方法，将教学理论与学习理论的原理转换成对教学目标与教学内容的分析、教学策略与教学媒体的选择、教学活动的组织，以及教学评价等教学环节进行整体规划的过程。

家政服务员培训教学设计，是教学设计原理在家政服务员培训中的应用，是指高级家政服务员运用系统方法，按照一定的教学目标和要求，针对具体教学对象，对培训程序及其具体环节所做出的行之有效的策划，其目的是优化培训效果，达到预期培训设想。

（2）教学设计的作用

1）使学习者得到更多的关注。学习者是教学的中心。在教学设计项目开始阶段，教学设计者要付出相当多的努力来了解学习者。教学设计者应更多地着眼于学习者，试图获取信息，使学习者更好地获得学习内容，更有利于促进学习者的学习。

2）使教学理论与教学实践完美结合。从教学理论到具体的教学实践需要一定的转换工具，作为"桥梁"的教学设计就起到了沟通教学理论与教学实践的作用。教学设计一方面可以将已有的教学理论运用到实际教学当中，指导教学工作；另一方面也可以把教学经验升华为教学科学，充实和完善理论。

3）使教学工作得到优化。在传统教学中，教学上的许多决策都依靠教师个人的经验和意向。经验丰富的教师可以取得较好的效果。但是，由于缺乏客观标准，很难把这些技术传授给其他教师。教学设计可以有效地解决这个问题，一般教师只要懂得相关的理论，掌握科学的方法，就可以迅速在实际教学过程中加以运用，优化整个教学工作。

（3）教学设计的主要内容

针对不同层次学习任务、不同学习者的教学，教学设计的具体内容有所不同。其基本内容包括以下几个方面。

1）前期分析。前期分析主要包括学习需求分析、学习任务分析、学习者分析和学习背景分析。前期分析有利于使教学设计工作更加科学。

2）教学目标的确定。教学不能没有教学目标，教学目标的确定是建立在前期分析的基础上的。教学目标确定了教学活动的方向。

3）教学策略的制定。应根据前期分析提供的信息和教学目标，同时根据学习理论和教学理论，制定合适的教学策略。

4）教学设计方案的实施。教学设计方案的实施是依据制定的方案，结合课堂教学的实际进行教学的过程。教学过程一般包括以下五个环节。

①课堂导入。课堂导入是在教学内容或活动开始时，教师用以引导学习者做好心理准备和认知准备进入学习的行为方式。课堂导入是能够引起学习者注意、激发学习者学习兴趣、明确学习者学习目的和建立知识间联系的教学活动。

②问题探讨。问题探讨是教师在课堂教学中，通过创设问题情境、设置疑问，引导和促进学习者学习的教学行为方式。

③课堂练习。课堂练习是学习者将所学知识应用到实践当中，巩固已学知识的教学行为，能培养学习者掌握知识与实践操作的综合能力，激发学习者的学习兴趣和培养学习者的良好习惯。课堂练习是教师检查教学效果、反馈教学效果、提高教学水平、改进教学方法的途径之一。

④课堂小结。课堂小结是教师在完成一个教学活动时，通过归纳、总结帮助学习者及时对新知识和新技能进行系统巩固和运用，并将其纳入原有的认知结构中去的一种教学行为。课堂小结是一个教学活动的结尾，又是下一

个教学活动潜在的开始，其和课堂导入首尾呼应，缺一不可。课堂小结有梳理课堂知识、深化教学内容等作用。

⑤布置作业。一个教学活动结束后，教师可适当地布置作业。作业可以是对此次教学活动的巩固练习，也可以是对下一个教学活动的预习。

以上五个环节不是彼此孤立的，而是相互关联、相互补充、层层递进的整体。教师要准确把握，适时合理地转化。

5）教学评价

①形成性评价。形成性评价是指在教学设计方案形成后进行的评价。教师可根据评价的数据，修改与进一步完善教学设计方案。

②总结性评价。总结性评价是指根据教学目标和教学实施结果进行的评价。教师可通过收集、分析和总结数据，评价教学是否有效地解决了问题。

2. 教学方法

（1）常见教学方法

教学方法是教师和学习者为了实现共同的教学目标，完成共同的教学任务，在教学过程中运用的方式与手段的总称。常见的教学方法有以下几种。

1）讲授法。讲授法是最基本的教学方法，对重要的理论知识的教学采用讲授的教学方法。讲授法直接、快速、精练地让学习者掌握知识，为学习者在实践中能更游刃有余地应用所学内容打下坚实的理论基础。

2）讨论法。讨论法是学习者通过讨论，进行合作学习。讨论法让学习者在小组或团队中进行学习，让所有的人都能参与到明确的集体性任务中，强调集体性任务，强调教师放权给学习者。合作学习的关键在于小组成员之间相互依赖，相互沟通，相互合作，共同负责，从而实现共同的目标。开展课堂讨论能提高学习者的思维能力、语言表达能力，能让学习者多多参与，激发学习兴趣，促进学习者主动学习。

3）演示法。演示法是学习者通过观看真实的或栩栩如生的关于将要学习的技能或过程的事例来学习的方法。演示法可以由教师现场演示，也可以利用视频工具播放相关内容。

4）案例教学法。案例教学法是在学习者掌握有关基本知识和分析技术的基础上，在教师的精心策划和指导下，根据教学目的和教学内容的要求，运用典型案例，将学习者带入特定事件的现场进行案例分析，通过学习者的独立思考和集体协作，进一步提高其识别、分析和解决某一具体问题的能力，同时培养沟通能力和协作精神的教学方法。

5）情景教学法。情景教学法是将教学过程安置在一个模拟的、特定的情景场合之中。通过教师的组织、学习者的演练，在愉悦、宽松的场景中达到教学目标，既锻炼了学习者临场应变与实际操作的能力，又活跃了教学气氛，提高了教学的感染力。

（2）选择教学方法的依据

为了达到教学目标，完成教学任务，教师必须科学地选择教学方法。教学方法选择的依据如下。

1）依据教学规律和教学原则。教学方法的选择必须依据教学规律和教学原则。例如，家政服务员在学习新知识和新技能时，要遵循理论与实际相结合的教学原则，也要遵循在实践活动中掌握知识和形成能力的教学规律。

2）依据教学目标与教学任务。每一个教学活动都有具体的教学目标。目标不同，就需要选择不同的教学方法，应选择与教学目标相适应的能够实现教学目标的教学方法。

3）依据教师素质。教学方法必须通过教师的具体教学来实施。教师的素质结构包括知识结构、能力结构、心理结构、品德结构等，都与教学方法的选择有关。教学方法只有适应教师的素质条件，能为教师所掌握，才能更好地发挥作用。

4）依据学习者特点。教学方法要适应学习者的基础条件和个性特征。

5）依据教学的组织形式、时间、设备条件。不同的教学组织形式、教学时间设置的长短、教学的设备条件都是影响教学方法选择的因素。选择教学方法时，应考虑多方面的因素，最终选出合适的教学方法。

（3）教学方法设计的原则

1）多样性原则。为了更好地完成教学任务，实现教学目的，必须坚持运用多种教学方法。教师应博采众长，综合地运用各种教学方法。

2）综合性原则。综合性原则要求在教学中全面地、整体地、辩证统一地看待教学方法。反映在教学方法上，就是教法与学法的统一。

3）灵活性原则。教学方法的丰富性、教学活动的多变性，决定了教学方法选择的灵活性原则。

4）创造性原则。创造性原则要求教师在教学中对已有的教学方法进行改造、组合，使之发生随机变化，从而发挥最大功能。这就要求教师发挥其长处，运用其擅长的教学技巧，通过各种途径，实现教学方法的创造。

3. 课堂教学技能

课堂教学技能是指教师在课堂教学中，依据教学理论，运用专业知识和教学经验等，为促进学习者学习、实现教学目标而采取的一系列教学行为方式。教学技能一般包括课堂教学过程的教学技能和课堂教学场面的教学技能。

（1）课堂教学过程的教学技能

1）课堂导入技能。课堂导入是课堂教学环节中的重要一环，是课堂教学的前奏。良好的课堂导入能引起学习者的注意，提高学习者的兴趣，为课堂教学创造一个良好的开端。

2）反馈和强化技能。反馈是指教师在教学活动的各个环节上及时进行信息反馈，以迅速了解教与学的活动状态；强化是指教师使学习者在教学过程中将注意力集中到教学活动上。

3）课堂组织技能。课堂组织技能是指教师组织学习者、管理纪律、引导学习、营造和谐的教学环境，帮助学习者达到预定的教学目标的行为方式。

4）变化技能。变化技能是指在整个教学过程中能依据课堂的具体情况进行合理调整。

5）接受技能。接受技能是指教师在教学过程中培养学习者的学习兴趣，激发学习者的求知欲，使学习者能更好地接受知识。

（2）课堂教学场面的教学技能

1）讲授技能。讲授技能也叫讲解技能，是指教师运用教学语言，辅以各种教学媒体，引导学习者理解教学内容并进行分析、综合、抽象、概括，形成概念、认识规律和掌握原理的教学行为方式。

2）讨论技能。讨论技能是指教师基于某一知识点或问题组织学习者进行讨论的行为。

3）演示技能。演示技能是指教师利用各种教具、实物或示范实验，使学习者获得有关知识的感性认识的教学行为。

技能要求

技能 培训初级家政服务员

一、操作准备

1. 确认培训内容

对初级家政服务员进行培训,要熟悉相关培训内容,如要对初级家政服务员进行衣物清洗收纳方面的培训,需熟悉初级家政服务员衣物清洗收纳培训内容(见表6-1)。

表6-1　　　　　　　　初级家政服务员衣物清洗收纳培训内容

职业模块	培训课程	培训内容	技能要求
洗涤收纳衣物	洗涤衣物	衣物洗涤标志的作用 纺织品衣物质地鉴别常识 常用洗涤用品使用方法 手工洗涤衣物方法 洗衣机的使用方法	能识别衣物洗涤标志 能依据衣物质地选用洗涤用品 能手工洗涤棉麻、化纤类衣物 能使用洗衣机洗涤衣物
	收纳衣物	晾衣架的使用方法 不同质地衣物晾晒方法 衣物折叠、整理、收纳注意事项 衣物防霉、防蛀处理方法及注意事项	能依据质地特性晾晒衣物 能折叠、整理、分类收纳衣物 能对衣物进行防霉、防蛀处理

2. 确认培训对象

培训对象为初级家政服务员。

3. 选择教学方法

(1)讲授法。

(2)演示法。

4. 环境及教具准备

准备教学用到的投影设备、黑板等。

二、操作步骤

步骤1 问题导入。教师提问:如何洗涤衣物及收纳衣物?学习者讨论并回答,教师导入新课。

步骤2 讲解重点、难点。根据培训内容及技能要求,教师讲解洗涤收纳衣物的重点及难点内容。

步骤3 演示洗涤收纳衣物。根据培训内容及技能要求,教师演示如何洗涤及收纳衣物。

步骤4 组织课堂实操练习。组织学习者分组完成洗涤收纳衣物的实践操作,提高学习者对知识的认识和掌握水平。操作完成后,教师点评,学习者对不足之处进行弥补。

步骤5 内容总结。总结本课程所讲重点内容。

步骤6 布置作业。布置作业的目的是促进学习者巩固和消化课堂所学知识,形成学习者自己的知识和技能。布置作业时,应明确作业的类型和形式,并布置下次课程的预习要点。

三、注意事项

1. 对初级家政服务员进行培训时,应根据培训目标选择合适的培训内容。
2. 选择教学方法时,应遵循教学方法设计的原则。

学习单元2 评估家政服务员的工作绩效

知=识=要=求

一、评估家政服务员工作绩效的基本理论

1. 工作绩效

家政服务员的工作绩效是关于对家政服务员工作寄予的期望,以及旨在促使家政服务员提高工作绩效的目标导向计划的一种具体描述。

2. 绩效评估

绩效评估又称绩效考核、绩效评价,是一种员工评估制度。绩效评估指对照工作目标或绩效标准,采用科学的方法,评定员工的工作目标完成情况、员工的工作职责履行程度、员工的发展情况等,并将上述评定结果反馈给员工的过程,即根据一定的目的、程序,并采取一定的方法对员工的工作绩效给予评定。

（1）绩效评估的作用

1）达成目标。从本质上讲，绩效评估不仅仅是对工作结果的考核，同时也是对过程的评估，要求两者都要达成目标。

2）发现、解决问题。绩效评估的反馈信息，为工作考核计划的重新制订或调整提供了参考和依据，可以发现、解决问题。

3）利益分配。绩效评估的结果为员工的激励、奖励和惩罚提供了客观依据。

4）促进成长。在考核过程中，个人和企业能不断发现问题、解决问题，从而不断提升，实现个人和企业的双赢。

（2）绩效评估的方法

1）等级评估法。等级评估法是绩效评估中常用的一种方法。根据工作分析将被评估岗位的工作内容划分为相互独立的几个模块，在每个模块中用明确的语言描述完成该模块工作需要达到的工作标准。同时将标准分为几个等级选项，如优、良、合格、不合格等。评估者（如高级家政服务员）根据被评估者（如初级、中级家政服务员）的实际工作表现，对每个模块的完成情况进行评估。

2）目标评估法。目标评估法评估的对象是员工的工作业绩，即以工作目标的完成情况为依据的绩效评估方法。评估前，评估者和被评估者应该对需要完成的工作内容、时间期限、评估的标准达成一致。在时间期限结束时，评估人根据被评估人的工作状况及原先制定的评估标准来进行评估。

3）评语评估法。评语评估法是指由评估者撰写一段评语，来对被评估者进行评价的一种方法。评语的内容包括被评估人的工作业绩、工作表现、优缺点和需努力的方向。

4）情景模拟评估法。情景模拟评估法是一种模拟工作评估方法。它要求被评估者在评估者面前，完成类似于实际工作中可能遇到的活动，评估者根据完成情况对被评估者的工作能力进行评估。

5）综合评估法。综合评估法就是将各类绩效评估的方法进行综合运用，以提高绩效评估结果的客观性和可信度。

二、家政服务员工作绩效报告的内容

家政服务员工作绩效报告必须具备以下三个要素。

1. 目标

目标确立是一种改善工作绩效的有效策略，它可以使岗位责任更加明确，并为家政服务员指明努力的方向。

2. 度量

确立目标之后，需要对目标的实现情况进行度量。

3. 评估

工作绩效报告的第三个要素是评估，有系统地对完成目标的进展程度进行评估，可以促使家政服务员不断提高自己的工作绩效。

三、家政服务员工作绩效报告的编写方法

1. 确定评估内容（项目）

编制工作绩效报告应先确定工作绩效评估的内容。编制初级、中级家政服务员工作绩效评估报告，应确定初级、中级家政服务员工作绩效评估的内容。

2. 编制评估试题

（1）编写评估题目

编写评估题目时，要注意以下几个问题。

1）题目内容要客观明确，语句要通顺流畅，简单明了，不会产生歧义。

2）每个题目都要有准确的定位，题目与题目之间不要有交叉内容，同时也不应该有遗漏。

3）题目数量不宜过多。

（2）制定评估标准

可以采用等级划分法制定评估标准，如可制定五类标准：极差、较差、一般、良好、优秀。也可采用分数法，如 4 分法、5 分法、10 分法、100 分法等多种标准。

3. 确立评估目标

根据评估内容和试题，确立评估目标。

4. 选择评估方法

根据评估内容的不同，评估方法也可以采用多种形式。采用多种方式进行评估，可以有效地减少评估误差，提高评估的准确度。

5. 完成工作绩效报告

完成评估内容选取、评估试题编制、评估目标确立、评估方法选择及其他一些相关工作之后，就可以将这些工作成果汇总并系统化，写出完整的工作绩效报告。

技=能=要=求

技能　评估家政服务员的工作绩效

描述：小玲，女，35岁，某家政服务公司的家政服务员，被分配到一个三口之家，主要负责照护家里的产妇和新生儿。现由高级家政服务员对小玲的工作绩效进行评估，评定小玲的工作目标完成情况、工作职责履行程度。

一、操作准备

1. 人员准备

评估者：高级家政服务员。

被评估者：家政服务员小玲。

2. 方案准备

（1）选择评估内容。以"照护产妇和新生儿"为考核项目。

（2）选择评估方法。以目标评估法为评估方法。

（3）准备制定工作绩效考核表的相关资料。

二、操作步骤

步骤1　选取评估内容。根据服务家庭的需求和小玲的职业等级等特定情况，收集、整理评估信息，确定评估内容，得出照护产妇和新生儿评估内容（见表6-2）。

步骤2　编制评估试题及评估标准。根据初级家政服务员关于照护产妇和新生儿的知识和技能要求编制评估试题及评估标准。

表 6-2　　照护产妇和新生儿评估内容（初级家政服务员）

名称	知识要求	技能要求
照护产妇与新生儿	产妇膳食制作要求 产妇盥洗、沐浴注意事项 产妇擦浴、更换衣物注意事项 开奶与母乳喂养方法 产妇照护工作日志记录内容	能为产妇制作常规膳食 能照护产妇盥洗和沐浴 能为卧床产妇擦浴、更换衣物 能指导产妇喂哺新生儿 能填写产妇照护工作日志
	奶具清洗、消毒方法与注意事项 新生儿人工喂养方法与注意事项 托抱新生儿注意事项 新生儿盥洗、沐浴注意事项 新生儿生理特点	能清洗、消毒奶具 能为新生儿冲调奶粉 能给新生儿喂奶、喂水 能托抱新生儿 能照护新生儿盥洗、沐浴 能为新生儿穿、脱并洗涤衣服或换纸尿裤等

步骤 3　选择评估方法。评估方法多种多样，应根据评估对象、评估内容等各方面因素，选择合适的评估方法。

步骤 4　制订绩效考核计划。确立考核目标，完成初级家政服务员工作绩效考核表的编制（见表 6-3）。

表 6-3　　初级家政服务员工作绩效考核表

评估对象		性别		年龄		职业级别	
评估项目		照护产妇和新生儿					
评估期间		＿＿年＿＿月＿＿日至＿＿年＿＿月＿＿日					
评估内容		评估目标		得分			备注
1. 照护产妇 （50分）	产妇膳食制作	能为产妇制作常规膳食		10　8　6　4　2			
	产妇盥洗、沐浴	能照护产妇盥洗、沐浴		10　8　6　4　2			
	产妇擦浴、更衣	能为卧床产妇擦浴、更衣		10　8　6　4　2			
	开奶、母乳喂养	能指导产妇哺喂新生儿		10　8　6　4　2			
	工作日志	能填写产妇照护工作日志		10　8　6　4　2			
2. 照护新生儿 （50分）	奶具清洗、消毒	能清洗、消毒奶具		10　8　6　4　2			
	人工喂养	能为新生儿冲调奶粉、喂奶、喂水		10　8　6　4　2			
	托抱新生儿	能托抱新生儿		10　8　6　4　2			
	新生儿盥洗、沐浴	照护新生儿盥洗、沐浴		10　8　6　4　2			
	新生儿生理特点	熟悉新生儿生理特点		10　8　6　4　2			
3. 工作态度		□100%　□90%　□80%　□60%　□不及格					
4. 沟通技巧		□100%　□90%　□80%　□60%　□不及格					
5. 创造能力		□100%　□90%　□80%　□60%　□不及格					

步骤 5 进行工作绩效评估。由高级家政服务员依据初级家政服务员工作绩效考核表对小玲进行工作绩效评估。

步骤 6 分析数据，反馈结果。工作绩效评估完成后，需要对评估结果进行分析并反馈。

三、注意事项

1. 工作绩效评估要有科学性、权威性。
2. 进行工作绩效评估时，必须有明确的绩效考核标准。
3. 应客观、及时地反馈评估结果。

培训课程 2 就业指导

就业指导是指围绕职业发展过程提供的指导、辅导、咨询等服务。就业指导是由指导者根据被指导者的个人与职业相关的背景（包括教育背景、职业兴趣、职业追求、职业目标、职业经历以及人生价值观等），围绕本人提出的具体问题，进行诊断、分析、评估、判断，为其提供职场导航、职业辅导、职业咨询等服务，共同提出合理的解决方案。高级家政服务员应具备对初级、中级家政服务员进行就业指导的能力。

知=识=要=求

一、就业指导的主要任务

1. 提供就业咨询，开发职业潜力

家政服务行业是一个新兴的行业，家政服务员职业的产生是社会发展的需

求。随着社会经济的发展，人民群众生活水平的不断提高，百姓对家政服务的需求日益增长，家政服务已经成为百姓生活中不可缺少的服务项目。

2. 引导树立正确的服务意识

家政服务员这个职业是社会分工的产物，职业没有高低贵贱之分。家政服务业越来越受到社会各界的广泛关注，家政服务员也越来越得到社会的尊重。当今社会，职业只是用来区分工作的标志，人们的职业虽然不同，但都是在为社会创造价值，只是服务的对象有所不同。高级家政服务员应引导初级、中级家政服务员正视自己的工作，树立正确的服务意识。

3. 指导规划职业生涯

家政服务员的等级分为初级、中级、高级、技师，高级家政服务员、家政服务员技师要指导初级、中级家政服务员规划职业生涯。根据初级、中级家政服务员的自身素质指导择业、就业及继续学习，指导初级、中级家政服务员进行客观的职业生涯规划。

4. 提高求职技巧

求职技巧主要包括以下几点。

（1）正确的职业定位

家政服务员在求职之前必须明确自己想干什么、擅长于做什么，要整合自身的兴趣、特长、专业或经验，制定出比较适合自己的客观的职位目标。

（2）信息搜集

家政服务员接到用人单位的面试通知后，要对用人单位的相关情况做进一步的信息收集，以便更好地应对面试。

（3）沟通技能

沟通技能是面试时决定成败的关键技能，如果不能有效沟通，即使再优秀的人也无法将才能展现给客户。

（4）塑造职业形象

去面试时，需根据应聘职位修饰一番自己的容貌、衣着，注意言行举止，把握每一个细节。职业形象是应试者综合素质的体现。家政服务员要充满信心，设法通过容貌、衣着打扮、知识能力等多种形式表现自己。

二、家政服务员择业注意事项

1. 选择正规渠道就业

家政服务员要到合法的中介机构和正规的家政服务公司求职。求职时需要填写求职登记表，签订劳动合同或家政服务合同。劳动合同或家政服务合同中应约定雇佣双方的权利和义务。其中要包括工作内容、工资待遇、服务期限、食宿条件、劳动纪律等相关内容。

家政服务员与雇主签订了家政服务合同，就确定了双方的雇佣关系，完备的务工手续是对务工人员合法权益的保障，是务工人员维护自身权益的保证。一旦双方在服务过程中发生矛盾与纠纷，可以通过劳动中介机构、家政服务公司为雇佣双方调解矛盾纠纷，维护家政服务员的利益。也可以凭借劳动合同或家政服务合同向人力资源社会保障部门要求劳动仲裁，或向人民法院起诉。

2. 依据个人能力择业

家政服务员择业时一定要做到实事求是，在与雇主详细洽谈之后，可依据自己的能力、特长，以及喜好来判断是否胜任此项工作。如果把握不准，可与家政服务机构的工作人员或同事商量。家政服务员不要相互攀比，不要"这山望着那山高"。因为家政服务员自身的情况不同，而雇主的情况同样存在差异，相互之间没有可比性。

3. 办理合法手续

家政服务员通过雇主的面试之后，就应该进入下一个程序，与家政服务公司或与雇主签订劳动服务合同或家政服务合同。目前，我国的家政服务机构主要存在两种运作模式，一种是中介管理模式，另一种是员工管理模式。

（1）中介管理模式

中介管理模式是目前家政行业采用最多的模式，家政服务员与中介公司没有隶属关系，中介公司为家政服务员和雇主提供的是信息服务。中介公司负责为雇佣双方办理家政服务合同的签订与解除手续，签订合同的主体是家政服务员与雇主。家政服务合同不是劳动合同，中介公司只收取介绍服务费。

（2）员工管理模式

目前，我国鼓励家政服务企业实行员工制的管理模式。家政服务员与家政服务公司签订劳动合同，家政服务员作为家政服务公司的员工，由家政服务公司派遣到雇主家庭去从事家政服务工作。雇主需要家政服务员服务时，只需要和家政服务公司来洽谈服务条件、服务报酬，与家政服务公司签订用工合同；家政服务公司根据雇主的需求为其提供合适人选。雇主将服务费用交到家政服务公司，家政服务员由家政服务公司发放工资；家政服务员的安全、权益能够获得公司的有效保障和维护；家政服务公司收取管理费。

4. 认真填写登记表

在中介机构和家政服务公司办理手续时，一般需要求职者填写求职登记表。求职者在填写求职登记表时，应如实填写并注意文字整洁清晰，书写认真的表格会给中介机构和雇主留下较好的印象，从而增加被录用机会。填写在求职登记表中的个人信息要准确无误，填写个人情况时既要突出自己的主要长处，也要避免夸大其词，文字要简洁通顺。

5. 合理把握工资价位

家政服务员择业时比较注重工资价位，为了正确把握工资价位，可事先进行市场调查，了解当地家政服务市场上的一般工资价位情况，了解家政服务员的市场供需情况，然后依据自身情况和市场行情，确定适当的工资价位。确定工资价位时通常要注意以下几个问题。

（1）依据服务内容来确定工资价位

服务内容多、服务难度大、服务责任大的，工资价位可高些，反之则低些。通常以母婴护理、育婴早教、家庭厨师、医院护工工资较高，照看孩子、照看完全不能自理的病人、从事一般家务、陪伴老年人次之。

（2）依据劳动强度、工时来确定工资价位

劳动强度、工时也是确定工资价位高低的依据。雇主家庭人数多、住房面积大、服务时间长，特别是长期陪护病患，服务时间较长的，工资价位可高些，反之则低些。

（3）依据个人能力来确定工资价位

家政服务员学历高，能力强，经过专业培训，具有熟练的家政服务技能、丰富的家政服务经验、良好的服务心态、较强沟通能力的，可适当提高工资价位。

（4）依据需求与特长来确定工资价位

如果家政服务员曾经接受过专业职业培训，取得过国家有关部门颁发的等级水平评价证书或其他相关证书，可以获得较高的工资价位。